FLIA 法律与国际事务学会系列丛书（学术版）
Foundation for Law & International Affairs

数据下的美国法治人才培养研究

The Education of Legal Professionals in the United States: A Statistical Analysis

主　编　李晓郛
副主编　段　威　胡旭宇　张艾思

知识产权出版社
全国百佳图书出版单位

图书在版编目（CIP）数据

数据下的美国法治人才培养研究 / 李晓郛主编．—北京：知识产权出版社，2017.4

ISBN 978-7-5130-4864-4

Ⅰ.①数… Ⅱ.①李… Ⅲ.①法学教育—人才培养—研究—美国 Ⅳ.①D971.2

中国版本图书馆 CIP 数据核字（2017）第 063847 号

责任编辑：雷春丽　　**责任出版：**刘译文

封面设计：SUN 工作室　韩建文

数据下的美国法治人才培养研究

主　编　李晓郛

副主编　段　威　胡旭宇　张艾思

出版发行：知识产权出版社有限责任公司　网　址：http：//www.ipph.cn

社　址：北京市海淀区西外太平庄 55 号　邮　编：100081

责编电话：010-82000860 转 8004　责编邮箱：leichunli@cnipr.com

发行电话：010-82000860 转 8101/8102　发行传真：010-82000893/82005070/82000270

印　刷：北京嘉恒彩色印刷有限责任公司　经　销：各大网上书店、新华书店及相关专业书店

开　本：720mm×1000mm　1/16　印　张：18

版　次：2017 年 4 月第 1 版　印　次：2017 年 4 月第 1 次印刷

字　数：280 千字　定　价：46.00 元

ISBN 978-7-5130-4864-4

出版权专有　侵权必究

如有印装质量问题，本社负责调换。

《数据下的美国法治人才培养研究》
编 委 会

主　编　李晓郛

副主编　段　威　胡旭宇　张艾思

编委会成员（按姓氏拼音排序）

陈佳丽　女，法学硕士，上海市嘉定区人民检察院检察官助理。

陈佳莹　女，华东政法大学知识产权学士。

陈　锦　男，法学硕士，福建省平潭县人民检察院政治处副主任，微信公众号“法律读品”创始人。

程川森郎　男，法律硕士，兴业证券场外业务总部律师/经理。

段　威　女，法学博士，天津社会科学院助理研究员。

胡旭宇　女，华东政法大学刑法学博士，上海市闵行区人民检察院检察官助理，美国威斯康星州立大学麦迪逊分校法学硕士（LL. M.）。

李　玲　女，法学硕士，泉州师范学院讲师。

林泽昕　男，华东政法大学刑事诉讼法学硕士。

邱文娟　女，厦门大学民商法学博士。

曲秋实　女，厦门大学国际法学博士。

苏腾云　男，华东政法大学刑事侦查学学士。

许方钱　男，法学硕士，北京市惠诚律师事务所上海分所律师。

薛伟雄　男，法学硕士，上海市奉贤区人民检察院检察官助理。

王婧茹　女，华东政法大学知识产权学士。

吴才毓　女，法学博士，中国人民公安大学法学院讲师，美国杨百翰大学访问学者。

俞永乐　男，法学硕士，广厦控股集团有限公司法务经理。

张艾思　女，美国伊利诺伊大学厄巴纳-香槟分校法律科学博士（J. S. D. ）。

郑至炫　女，美国惠蒂尔学院法学博士（J. D. ）。

朱绍明　女，美国宾夕法尼亚州立大学法律科学博士（J. S. D. ），法律与国际事务学会（FLIA）创始人。

朱韦悦　女，美国宾夕法尼亚州立大学法律科学博士（J. S. D. ），德恒律师事务所纽约分所律师助理。

前　言

国内当前正处于全面迈进小康社会的决定性时期，《中共中央关于全面推进依法治国若干重大问题的决定》全方位地对这一历史时期的依法治国工作作出指导性安排，要求相关部门在机制方面进一步发挥创新作用，以培养更多优秀法治人才。[①]在这个精神方针的引导下，总结过去法治人才培养模式的成功经验和失败教训，不断探求新的法治人才培养方式，促进国内法学人才整体素质的全面提高，不仅有利于法学教育的发展，也是使法学教育能够更好地为实现依法治国目的服务的前提条件。毋庸置疑，完善和创新法治人才培养机制是推动社会主义民主法治建设，不断促进国家治理体系和治理能力现代化的必然要求。同时，培养大批具有法律人格、法律知识和法律职业技能的专门人才，适应国际、国内市场经济活动的内在规律和根本原则，发展和提高生产力，是社会主义市场经济持续前行的前提之一。[②]

改革开放后，国内法学教育呈现快速发展势头：1977 年，国内首批招收法学本科生的高校只有北京大学、吉林大学和郑州大学，[③]而今天，开设法学

① 《中共中央关于全面推进依法治国若干重大问题的决定》(2014 年 10 月 23 日)，全文可参见人民网：http://cpc.people.com.cn/n/2014/1029/c64387-25927606.html，访问日期：2016 年 11 月 9 日。

② 张文剑、刘琪、饶丹雪："法治人才培养机制创新的现实障碍和路径选择"，载《中国高校科技》2016 年第 9 期。

③ 有的新闻报告称"1977 年国内首批招收法学生的大学为北京大学、吉林大学、郑州大学和湖北财经学院"。北京大学法学院和吉林大学法学院均有 1977 级校友档案可寻。根据郑州大学法学院网站上的"学院简介"，"郑州大学法学院溯源于 1980 年成立的郑州大学法律系，为'文革'后全国首批恢复法学教育和拥有 1977 级法学专业本科生的高等院校之一"。具体信息可参见：http://www5.zzu.edu.cn/newlaw/singlePageDir/xyjj.html，访问日期：2016 年 11 月 15 日。湖北财经学院后来演变成今天的中南财经政法大学。根据中南财经大学网站上的"学校简介"，"1978 年 1 月，学校经湖北省批准更名为湖北财经学院，并成为首批恢复招收本科生和研究生的高校之一"。因此，湖北财经学院在 1977 年招收法学本科生的说法存疑。具体信息可参见：http://www.zuel.edu.cn/about/，访问日期：2016 年 11 月 15 日。

专业的院校超过700所，法学专业在校生超过60万人。法律人才应当是高素质、精英式的人才，但目前国内法学人才教育存在与社会对法律人才需求不相符、教育结果与教育目标不相符的严重问题。不论是教育部的统计，还是麦可思数据有限公司的《中国大学生就业报告》,①其中的数据都显示从大学校门走出的毕业生与市场需求存在脱节，法学专业历来都是就业“红牌”专业。

马克思主义法律观的本土化为国民带来社会主义法治理念，社会主义法治理念下如何进行法治人才培养，既需要因地制宜，也需要鲁迅先生的“拿来主义”。法治人才的培养离不开法学教育，法学教育的定位有三个层次：一是法学教育属于专业教育，而非大学里的通识教育。二是法学教育不仅是专业教育，而且是“专门职业教育”（professional education）。三是法学教育是大众化教育时代的精英教育，因为其肩负着培养法治人才的责任。② 作为一种较为成功的法学教育典范，美国的法学实践教育一直为世界各国所借鉴和效仿。不同于德国以培养法官作为法学教育的主要目标，美国以培养律师作为法学教育的主要目标。他山之石，可以攻玉。全面认识和比较他国的法学教育，对创新国内法治人才培养体系、目标、方法等均具有重要意义。

基于编委们多数具有美国留学/访学的经验以及从事国内外法律工作的基础，本书以“法学教育”和“法学实践部门”作为美国法治人才培养的两个主要切入点：一方面，系统阐述美国法学教育的机理和机制，包括法学教育管理体系、教学课程安排以及各类教学方法；另一方面，为能更加直观地介绍美国法治人才市场，也是从另一个角度探寻美国法学教育的本质和目的，本书专门分章节叙述以法律职业教育为基础的各种职业选择和路径，不仅包括律师、法官、检察官和教学科研人员等国内接触较多的职

① 具体信息可参见麦可思数据有限公司网站：http：//www. mycos. com. cn，访问日期：2016年10月29日。

② 黄进：“如何办好中国特色社会主义法学教育”，载《中国高等教育》2016年第7期。

业，而且包括政府法律顾问等国内正在兴起的职业。为了尽量达到客观，同时消除国内对美国法治人才的一些疑问，例如律师资格是否作为美国法官任职的必要条件、高校教师终身制如何实施，本书大量采用最新数据进行回答和分析。本书还穿插中外学者对美国法治人才培养模式的讨论，既有宏观层面，也有微观层面，以期引发广大读者对国内法治人才培养人本化、现代化和国际化的思考。

目　录

第一篇　美国法学教育

第二篇　法学实践部门

第三篇　其　他

第一篇　美国法学教育

第一章　美国法学教育概况

美国高等院校就性质而言可分为公立和私立两大类。公立院校是指由联邦政府、州政府和地方政府资助建立的学校；私立院校则是由个人及私人团体（如教会或者企业等）资助建立的学校。美国大学一般都设董事会，这是高校的法定代表机构。换句话说，在法律意义上，董事会就是高校，两者具有同等含义。除了那些被称为“州的机构”的公立高校之外，高校和政府具有同等的法律地位，而不是隶属关系。美国联邦政府成立之初就遇到了一个有关契约的高校案件——“达特茅斯学院诉伍德沃德”（Dartmouth College v. Woodward，17 U. S. 518）。这是合众国历史上第一桩关于高等教育的诉讼案，以首席大法官马歇尔为代表的联邦最高法院对此案的判决不仅维护了契约神圣原则，而且使得美国私立大学发展有了坚强的法律后盾。该案的判决导致美国公立和私立高等院校的分离，确保了私立院校的自治权，并促进了院校间的竞争以及整个高等教育多样化的发展。①一般而言，不论是公立高校，还

---

①　作为“常春藤盟校”之一的达特茅斯学院成立于1769年，那时北美洲还是英国的殖民地，由英国总督向学院颁发经国王乔治三世签字的特许状（Charter）。根据这一特许状，学院建立用于募捐的信托基金，设立管理学院的董事会，它有权补充董事缺额，选任院长。学院所在的新罕布什尔州议会通过的这项法律修改了达特茅斯学院原来的特许状，把学院转为公立大学，由州长威廉·普卢默（William Plumer）和州政府选派的监事会管理。普卢默这样做的主要理由是州政府有权决定以何种方式来管理大学，他还批评原来学院自行决定连选连任的体制是贵族专制，违背美国人珍视的民主和自由的原则。此案从州法院一直上诉到联邦最高法院。由马歇尔大法官撰写的判词把案件分成两个问题：第一个问题是达特茅斯学院的特许状能否看成是联邦宪法所要保护的契约？如果回答是肯定的话，第二个问题是新罕布什尔州议会通过的法律是否构成毁约行为？尽管在此之前的弗莱彻诉培克（Fletcher v. Peck）一案中，马歇尔已根据《美国联邦宪法》第1条第10款（保护契约条款，Contract Clause）宣布个人的财产属于不可被任何法律剥夺的既定权利（vested right）之一，但在该案中，马歇尔把这一条款进一步延伸到法人。既然辩护人韦伯斯特以达特茅斯学院拥有免于州立法干涉的宪法契约权利为由，马歇尔遂着重分析契约条款和达特茅斯学院法律地位的关系。他认为，学院的特许状就是一份契约，特许状所确立的学院是一个私人团体而非像新罕布什尔州议会所认定的那样是一家公共机构。也因为这个案件的结果，达特茅斯学院一直未更名为“达特茅斯大学”。

是私立高校，政府都没有权力强迫高校董事会执行它的决策，董事会的权力主要由法律、章程等进行调节。董事会还是美国各类高校的最高权力机关，是高校治理体系的核心。董事会的主要责任包括任命校长、支持校长、监督校长、坚持清晰的高校使命、坚持长期规划、评估教育项目、确保良好的管理、保护高校独立、在高校与社区之间建立联系、充当上诉法院、评估董事会绩效等。任命、支持和监督校长（在必要的时候也包括解聘校长）是美国高校董事会的首要治理责任，其次是确保高校财政良好运转。

虽然董事会对高校所有事务拥有最后的决定权，但它并非事必躬亲、独揽高校治理大权。美国高校董事会的主要责任是“治理”而不是“管理”。董事会不会直接参与高校的日常管理，而是将行政权力授予以校长为首的管理层，将学术权力授予教师，从而确保高校具有清晰的治理结构，实现“共同治理”。①

不同于国内公立大学的办学机制，美国法学教育随同其联邦制结构，不设立官办的国立法学院，由各州自行安排和管理。目前，美国律师协会（American Bar Association，ABA）认证了全美 204 所能够颁发 J. D. 的法学教育机构和美国陆军法官学院（U. S. Army Judge Advocate General's School）。②法学院大部分设于大学之内，也有少部分属于独立的法学院，比如纽约市中心的布鲁克林法学院（Brooklyn Law School）。法学院也分公立和私立，公立大学收费相对便宜一些——不少学校对本州学生的学费减半，私立大学则一视同仁。公立大学中来自本州的学生比例高一些，私立大学来自外州的学生比例高一些，不论是公立大学还是私立大学，都有一定比例的海外留学生。

美国的初级法学教育被置于大学本科教育之后，通常被认为是研究生层次的职业教育，这是美国法学教育与多数国家所不同的地方。③美国没有设置法学学士学位至少有三个方面的原因：第一，法律是一门渊深的学科，学生

---

① 王绽蕊：“美国大学的董事会作用大”，载《科学时报》2007 年 6 月 19 日，第 2 版。

② 有四所机构是 ABA 临时认证的：（1）Concordia University School of Law；（2）Indiana Tech Law School；（3）Lincoln Memorial University Duncan School of Law；（4）University of Massachusetts School of Law-Dartmouth。具体信息可见“ABA-Approved Law Schools”，ABA 网站：http://www. americanbar. org/groups/legal_education/resources/aba_approved_law_schools. html，访问日期：2016 年 10 月 29 日。

③ 丁相顺：“美国的法学教育”，载《光明日报》2012 年 6 月 2 日，第 5 版。

必须具有相当的成熟度才能对其有深刻的理解；第二，律师于国民安定、社会发展有重大关系，因此法学教育应当具有较高起点；第三，把法学教育置于较高的平台上有利于法律职业本身的进步。①

第一节　美国法学教育管理体系②

英美的法律教育起初都是以学徒式职业教育模式发展起来的。在英美法的发展过程当中，以法官为主的法律职业者起了主要作用而不是学院里的法学家，法律职业者阶层形成一个有势力的利益集团，他们一直企图把法学教育控制权牢牢掌握在自己手中。这种形式直到近代才有所改变，法学院取得对法律教育的主导地位。③独立战争以前，美国法学教育处于类似“盘古开天”的混沌阶段，缺乏自己的法学教育模式和理念，学习法律采“学徒制”（apprentice system），弟子跟着一个师傅学习，等到出师才能执业，学习的教材是由老师自己撰写或前辈相传留下，没有法律书籍。1765 年，布莱克斯通的《英国法释义》出版以后，逐渐兴起主要以讲授法律原则以及模拟法庭辩论的私人业主性质的法律学校，此时也出现了专门的讲课授业。渐渐地，一些大学开始设置法律教授的席位，让法学课程走进大学校园。哈佛大学法学院创办于 1817 年，是美国最古老的法学院。1829 年，哈佛大学法学院设立“戴恩法律教授”讲座，④直接推动了美国法学发展，标志着美国现代法律教育的开始。哈佛大学法学院的教育特点是采用教授与学生诘问辩难的“苏格拉底式”教学法，其结果是众多著名法学家和大法官不断涌现，加上首任院

---

① 李晓郛主编：《美国法学院申请攻略》，知识产权出版社 2016 年版，第 2 页。

② 本节及本章开头主要由李晓郛博士和陈佳荧学士共同整理和编写。

③ 李龙博：“兰代尔判例教学法及其法律观”，载《法学教育研究》2014 年第 1 期。

④ 1895 年，兰代尔辞去院长职务。1900 年，在他辞掉戴恩教授之职时，哈佛大学授予他为名誉法学戴恩教授。1903 年，哈佛大学为表示对他的敬意以其名字设兰代尔教授之职，这是哈佛大学对一个尚在世的人从未有过的褒扬。并且在 1906 年兰代尔去世时，哈佛大学为法学院建造一栋名为“兰代尔礼堂”的楼房，而且大楼竣工之时它将成为唯一一座以一位教授的名字命名的大学建筑，这成为对兰代尔的永恒纪念。李龙博：“兰代尔判例教学法及其法律观”，载《法学教育研究》2014 年第1 期。

长兰代尔（C. C. Langdell）推动的“案例教学法”逐步扩展到世界各地，产生了更广泛的影响。①

目前，美国法学教育管理体系内有三个协会起着举足轻重的作用，它们分别是美国律师协会（American Bar Association，简称 ABA）、美国法学院协会（Association of American Law Schools，简称 AALS）和美国法律图书馆馆员协会（American Association of Law Libraries，简称 AALL）。除此之外，还有一些联邦政府机构配合上述机构进行管理。

一、美国律师协会（ABA）

1878 年 8 月 12 日，来自美国 20 个州和哥伦比亚特区的 75 名律师在纽约成立 ABA，现在已经发展成为一个主要由律师和法学院学生组成的全国性组织。根据 ABA2015 年的数据，其会员超过410 000人，全国性中心设在伊利诺伊州的芝加哥，首都华盛顿特区还有一个重要的分部。ABA 第 1 版章程即明确自己的主要使命：提高判例科学，促进司法行政和全国统一立法。相应地，ABA 最重要的内容是为法学院制定学术标准（academic standards）和为法律职业者制定道德规范（model ethical codes）。成立一百多年来，ABA 历经了许多特别的时刻，其中一些事件不仅对协会具有重要意义，而且对整个法律界都有积极意义（见表 1.1）。②

表 1.1　ABA 历史上的重要事件

年份	事件
1878	ABA 在纽约正式成立
1889	ABA 在芝加哥举办第一次年会，当时与会成员已经有 158 个
1893	美国律师协会设立第一个部门（section）——法学教育及律师资格授予部门（Section of Legal Education and Admissions to the Bar）
1900	帮助美国法学院协会（AALS）成立，直到今天，AALS 仍然是 ABA 的 28 个附属机构之一

① 汪习根：“美国法学教育的最新改革及其启示——以哈佛大学法学院为样本”，载《法学杂志》2010 年第 1 期。

② “History of the American Bar Association”，ABA 网站：http://www.americanbar.org/about_the_aba/history.html，访问日期：2016 年 11 月 20 日。

续表

年份	事件
1908	1908 年，ABA 正式出版第一部全美律师道德标准文书
1913	ABA 第一次离开美国，在加拿大蒙特利尔举办年会
1918	ABA 吸收来自克利夫兰的 Mary Belle 和丹佛的 Mary Florence 成为首批女会员
1929	ABA 决定颁发历史上第一枚最高荣誉奖章，获此殊荣的学者来自哈佛大学法学院（塞缪尔·威利斯顿教授）
1943	ABA 吸收首位黑人会员
1957	1957 年，ABA 主席查里斯·赖尼（Charles S. Rhyne）等人倡议法律职业者应该有一个自己的节日——“法律日”。1958 年 2 月 3 日，时任美国总统的艾森豪威尔（Eisenhower）正式宣布每年的 5 月 1 日为美国的“法律日”
1984	ABA 设立公益性奖项，授予那些为穷人和弱势群体提供志愿服务的个人或者机构
1995	ABA 出现首位女性主席（Roberta Cooper Ramo）
2003	ABA 出现首位黑人主席（底特律前市长 Dennis W. Archer）
2005	ABA 出现首位非美国本土出生的主席（Michael S. Greco）
2015	ABA 出现首位有色女性主席（Paulette Brown）
2016	ABA 引入一项新的道德规则：禁止律师使用性别歧视、种族主义和屈从的条款

ABA 领导人也非泛泛之辈，成立初期即有多位国会议员通过努力成为 ABA 主席，如 John W. Stevenson（1884 ~ 1885 年）、George G. Wright（1887 ~ 1888 年）和 Charles F. Manderson（1899 ~ 1900 年）。连美国总统都青睐 ABA 主席的位置：成为 ABA 主席（1913 ~ 1914 年）的塔夫脱（William Howard Taft），之前担任过美国总统（1909 ~ 1913 年），卸任 ABA 主席后，他还担任了美国联邦法院首席大法官（1921 ~ 1930 年）。之后的 ABA 主席 George Sutherland（1916 ~ 1917 年）、Charles E. Hughes（1925 ~ 1926 年）和 Lewis Franklin Powell, Jr.（1964 ~ 1965 年）也分别在卸任之后成为美国联邦最高法院大法官。①

① “Office of the President”，ABA 网站：http://www.americanbar.org/groups/leadership/office_of_the_president.htmll，访问日期：2016 年 11 月 20 日。

作为世界上最大的法律职业组织，同时也是一个多元化的民间组织，ABA 始终坚持为大众提供更好的法律环境和法律服务而努力，通过实现四个目标来促成使命：（1）服务会员。通过提供福利、项目和服务，提升会员专业水平以及生活质量；（2）促进职业发展。通过高质量的法学教育，提高能力、道德操守和专业精神，由法律专业人士促进公益和公共服务；（3）减少歧视和增加多样性。通过促进所有人充分和平等地参与 ABA、法律职业和司法系统；（4）促进法治。通过提高公众对法治、法律程序以及法律职业在国内和世界各地的作用的理解和尊重，要求政府依法承担法律责任，为公正的法律而工作，包括人权和公平的法律程序，确保所有人有意义地获得公正，保持法律专业和司法机构的独立性。[①]

值得一提的是，不同于国内只有一个律师组织的情况，美国有不少全国性律师组织，如建立于 1937 年的 The National Lawyers Guild，是一个比 ABA 更自由、更激进的，强调法律在社会中扮演重要作用的人权组织。[②]又如建立于 1901 年的 The National Bar Association，是作为黑人律师组织建立的（20 世纪 40 年代之前黑人律师被拒绝加入 ABA）。随着 1969 年黑人律师大会组织成立后，The National Bar Association 的主要功能是在法律和政治上提出律师观点。[③]还有一些全国性律师组织，如全美女性律师协会、同性恋律师协会以及宗教律师协会等，也都是申请者自愿参加的组织。

据介绍，美国所有的各个律师协会之间都没有隶属关系，相互独立。所有的律师协会在经费上都不依靠财政，其经费主要来源有：会员会费、社会捐助、协会自身的各项收入。各州法律对律师加入律师协会不作硬性规定，一个律师可以不加入任何律师协会，也可同时加入几个律师协会。但是，现实情况是律师一般都要加入律师协会。因为律师必须不断提高充实自己，而加入律师协会就可以获得业务资料信息、参加业务培训以及进行相互交流的

---

① “ABA Mission and Goals”，ABA 网站：http://www.americanbar.org/about_the_aba/aba-mission-goals.html，访问日期：2016 年 11 月 20 日。

② “History”，The National Lawyers Guild 网站：https://www.nlg.org/about/history/，访问日期：2016 年 11 月 18 日。

③ “History”，AALS 网站：http://www.aals.org/about/，访问日期：2016 年 11 月 18 日。

机会。因此，多数律师在加入本州和本市律师协会的同时，也会加入美国律师协会。[①]

二、美国法学院协会（AALS）

AALS 成立于 1900 年，目前是由 179 个法学院组成的非营利性团体。AALS 的使命是维护和实现卓越的法学教育。为了支持这一使命，AALS 倡导优秀的教学质量、学术自由和多样性的核心价值观，包括背景和观点的多样性，同时寻求改善法律职业、促进正义和为多层次的社区（包括国家或者国际社会）进行服务。AALS 是其会员学校的9 000多个法律教员学习的一个社会，AALS 为他们提供广泛的专业发展机会，包括 AALS 年会。目前，AALS 已经成立 100 个由志愿者主导的课程，为新老教师提供指导，并作为讨论重要法律问题的资源，涉及议题包括反垄断、争议解决、税务、公民权利、刑事司法和国际法。AALS 每年举办一次教师招聘会议，为新的法学院教师举办讲习班，并管理在线教师以及登记事项。[②]

AALS 立法机构类似美国参议院，由每个会员学校教师选出一名代表共同组成立法机构。立法机构在 AALS 年会上举行会议，年会基本都在每年的 1 月举行。执行委员会有责任在选举主席团成员和其他执行委员会成员的众议院年度会议之间临时举行协会的事务。AALS 主席任期为 1 年，一旦当选即以主席身份开展工作。执行委员会成员之间每年见面 4 次，偶尔也会采用电话会议的形式。[③]

三、美国法律图书馆馆员协会（AALL）

AALL 于 1906 年 6 月 2 日成立，成立当初只有 24 名成员，到今天，已经有大约4 500个图书馆加入 AALL，成为一个全国性、专业性的组织。AALL 的

---

① 转引自刘桂明："美国律师如何成为法官检察官"，载刘桂明新浪博客：http://blog.sina.com.cn/s/blog_4a47cd200102w5ok.html，访问日期：2016 年 11 月 18 日。

② "About"，AALS 网站：http://www.nationalbar.org/NBA/About_Us/History/NBA/History.aspx?hkey = f3b6e3cb – 0688 – 4a91 – a797 – cf0ed3246ac7，访问日期：2016 年 11 月 18 日。

③ "Governance"，AALS 网站：http://www.aals.org/about/governance/，访问日期：2016 年 11 月 18 日。

目标是推进法律图书馆这个职业，并通过在法律信息和信息政策领域的领导和倡导支持其会员的专业成长。AALL 的价值观包括：（1）终身学习和智力成长；（2）承诺多样性；（3）使得公众公平和永久地获取法律信息；（4）继续改善诉诸司法的机会；（5）社区和协作；（6）法律图书馆馆员在自身组织和民主社会中的重要作用。①

AALL 力求通过文字向会员以及全世界的法律人士传达最前沿的法律信息。目前，AALL 主要有五本连续出版物，分别是《法律期刊索引》（The Index to Legal Periodicals）、《外国法律期刊索引》（Index to Foreign Legal Periodicals）、《法律图书馆学刊》（Law Library Journal）、《AALL 新闻月刊》（AALL Newsletter）和《每两年法律图书馆员工资调查报告》（AALL Biennial Salary Survey）。②美国法律图书馆年会和研讨会（AALL Annual Meeting and Conference）是 AALL 每年的主要学术和教育活动，也是法律图书馆馆员一年一度的盛会。每次年会都在不同城市举行，与会者可以利用这个机会，不仅进行专业学习和业务交流，还能够亲身感受当地的风土人情和地方文化，有很大的收获。年会一般在暑期召开，会期为五天。年会和研讨会征集大量的学术论文，汇编成为会议文集发给与会代表及出售。③

国内大学不论公立和私立都要受到教育部管理和监督，公办大学更是国家机构的一种特殊形式——事业单位。④然而，美国法学教育属于研究生层次的教育，加上培养目标主要为律师，因此，非政府行政机构的 ABA 和 AALS 是美国法学教育的主要管理者，其中又以 ABA 为主导。ABA 主要通过制定认证制度来管理法学教育。法学院认证制度是在美国宪政体制和教育分权体制下产生的。高等教育的认证制度在美国大学本科及以上的教育中起着最重要的作用。美国高等教育的认证制度来源于两个方面：一个是专业认证，另一个是院校认证。专业认证来自二百多年前的医学领域：早在 18 世纪，美国

① “About US”，AALL 网站：http://www.aallnet.org/tm/about，访问日期：2016 年 11 月 18 日。

② “Publications”，AALL 网站：http://www.aallnet.org/mm/Publications，访问日期：2016 年 11 月 18 日。

③ “Annual Meeting”，AALL 网站：http://www.aallnet.org/conference，访问日期：2016 年 11 月 18 日。

④ 本书正文出现的“国内”，除非特别指出，均指中华人民共和国大陆地区。

医学协会建立了一个负责医学教育的委员会，目的在于保护本行业的发展，与行业和低质量的专业教育做斗争。到了19世纪初期，该委员会建立一套医学院评价标准，并且通过这套标准对医学院进行评估和排名。院校认证的源头来自几个不同的民间组织，在1882年，有一个名为“美国大学女性协会”的组织便开始通过一系列的标准对院校进行考察，并且得出一个合格名单，这些院校便有资格加入协会。[①]因此，到了ABA成立的1900年，ABA便承担起对法学院进行评估，然后允许获得认证的法学院毕业生加入己身的工作。要想让自己的毕业生能够有资格加入ABA，美国法学院需要满足一定的要求，最基本的要求是该法学院开设法学教育课程达到五年，毕业学生已有三届，才能获得到ABA认证的机会。除此之外，AALS作为美国各大法学院的联合会，在法学院管理机制中也起着一定的作用，对各大法学院颁布一定的要求。AALL对全美法律图书馆进行管理，制定各种标准并且定期进行检查和评比。[②]

ABA作为民间非营利性组织，要能够取得这么大的权力来对全美法学院进行认证和审查，也是得到联邦政府的支持和授权，由于联邦政府在教育方面的干预力度并不大以及自由思想的传统，政府对ABA主要进行资质等方面的审查而非左右ABA的认证内容和标准。联邦政府根据授权者对这些组织的认证授权进行分类：教育部授权以及由高等教育认证协会（Council for Higher Education Accreditation）进行相关活动。美国高等教育认证协会是一个非政府、非营利性的全国性组织，每年对全美超过3 000所大学/学院以及60多个国家或者区域性协会进行认证。[③]美国联邦政府还设置了一个高等院校资格鉴定委员会，这个委员会并非官方认证机关，不能对组织进行授权，只能在各个组织之间进行协调和规约，制定程序保证公正。

---

① 转引自胡晓进：“美国律师协会的法学院设置标准”，载《高校发展与评估》2011年第6期。

② “Bar Admissions”，ABA网站：http://www.americanbar.org/groups/legal_education/resources/bar_admissions.html，访问日期：2016年11月18日。

③ “The Council for Higher Education Accreditation Mission Statement”，美国教育部网站：http://files.eric.ed.gov/fulltext/ED494266.pdf，访问日期：2016年11月18日。

第二节　美国法学院排名概况①

表 1.2　U. S. News 2017 法学院 Top100 基本信息②

排名	大学名称	全日制学费（平均值）	注册人数	LSAT 平均分	GPA 分数段	录取率	毕业后十个月就业率
#1	Yale University	$ 58 050/年	614	170 ~ 176	3. 86 ~ 3. 98	9. 7%	86. 1%
#2	Harvard University	$ 58 242/年	1 767	170 ~ 175	3. 75 ~ 3. 96	17. 9%	94. 4%
#2	Stanford University	$ 56 274/年	572	169 ~ 173	3. 78 ~ 3. 97	11. 3%	93%
#4	Columbia University	$ 62 700/年	1 165	168 ~ 173	3. 59 ~ 3. 81	21. 3%	95. 7%
#4	University of Chicago	$ 56 916/年	617	166 ~ 172	3. 69 ~ 3. 97	21. 9%	96. 2%
#6	New York University	$ 59 330/年	1 395	166 ~ 171	3. 61 ~ 3. 87	33. 1%	96. 7%
#7	University of Pennsylvania	$ 58 918/年	753	163 ~ 170	3. 52 ~ 3. 95	18. 8%	97. 8%
#8	University of California—Berkeley	$ 48 679 /年（州内） $ 52 630/年（州外）	935	162 ~ 168	3. 66 ~ 3. 9	21. 1%	95. 5%
#8	University of Michigan—Ann Arbor	$ 53 112/年（州内） $ 56 112/年（州外）	932	164 ~ 169	3. 54 ~ 3. 87	28%	93. 3%
#8	University of Virginia	$ 54 000/年（州内） $ 57 000/年（州外）	934	163 ~ 170	3. 59 ~ 3. 94	20. 2%	96. 6%

① 本节主要由李晓郛博士根据 U. S. News 2017 提供的信息进行整理和编写。

② 美国有多个机构对大学进行排名，除了《美国新闻和世界报道》（US News & World Report）之外，还有《普林斯顿评论》（The Princeton Review）、《商业周刊》（Business Week）、《华尔街日报》（Wall Street Journal）等，其中最有影响力的是《美国新闻和世界报道》发布的美国大学整体和各项排名。

续表

排名	大学名称	全日制学费（平均值）	注册人数	LSAT平均分	GPA分数段	录取率	毕业后十个月就业率
#11	Duke University	$57 717 /年	668	166～170	3.56～3.84	23.3%	93%
#12	Northwestern University	$58 398/年	658	163～169	3.56～3.85	22.6%	90%
#13	Cornell University	$59 900/年	588	164～168	3.62～3.82	30.6%	96.3%
#14	Georgetown University	$55 255/年	1 725	161～168	3.47～3.85	28.1%	87.2%
#15	University of Texas—Austin	$33 162/年（州内）$49 244/年（州外）	949	162～169	3.48～3.86	21.9%	86.9%
#16	Vanderbilt University	$51 360/年	538	161～168	3.5～3.83	38.1%	87.1%
#17	University of California—Los Angeles	$45 284/年（州内）$51 778/年（州外）	974	162～169	3.51～3.86	29.7%	87.5%
#18	Washington University in St. Louis	$51 626/年	684	161～168	3.18～3.8	27.6%	91.1%
#19	University of Southern California	$58 022/年	598	161～167	3.49～3.86	29.9%	85.7%
#20	Boston University	$49 330/年	672	160～164	3.41～3.75	37.9%	80.5%
#20	University of Iowa	$24 177/年（州内）$42 021/年（州外）	387	156～162	3.44～3.79	43.5%	86.9%
#22	Emory University	$51 510/年	836	156～166	3.45～3.88	32%	89.9%
#22	University of Minnesota	$42 231/年（州内）$50 373/年（州外）	632	158～166	3.48～3.9	44.4%	81.5%

续表

排名	大学名称	全日制学费（平均值）	注册人数	LSAT平均分	GPA分数段	录取率	毕业后十个月就业率
#22	University of Notre Dame	$52 372/年	581	161～165	3.46～3.79	35%	85.5%
#25	Arizona State University (O'Connor)	$27 074/年（州内）$42 794/年（州外）	623	158～163	3.39～3.8	43.3%	88.4%
#25	George Washington University	$54 114/年	1 469	158～166	3.38～3.8	39.7%	89.2%
#25	Indiana University—Bloomington (Maurer)	$31 800/年（州内）$51 800/年（州外）	538	155～162	3.31～3.88	53.1%	82.4%
#28	University of Alabama	$22 324/年（州内）$37 664/年（州外）	431	156～164	3.29～3.93	36.7%	85.4%
#28	University of California—Irvine	$44 765/年（州内）$51 259/年（州外）	334	161～165	3.38～3.7	26.5%	84.9%
#30	Boston College	$48 670/年	694	158～163	3.39～3.65	45.3%	83.9%
#30	Ohio State University (Moritz)	$29 131/年（州内）$44 081/年（州外）	523	156～161	3.44～3.81	49.7%	89%
#30	University of California—Davis	$47 339/年（州内）$56 590/年（州外）	494	159～165	3.27～3.68	31.1%	82.2%

续表

排名	大学名称	全日制学费（平均值）	注册人数	LSAT平均分	GPA分数段	录取率	毕业后十个月就业率
#33	College of William and Mary	$30 800/年（州内）$39 800/年（州外）	645	158～164	3.4～3.86	36.2%	82.3%
#33	University of Georgia	$19 476/年（州内）$37 524/年（州外）	576	156～164	3.36～3.83	33%	77.9%
#33	University of Washington	$31 962/年（州内）$44 124/年（州外）	496	159～166	3.41～3.78	26.9%	74.5%
#33	University of Wisconsin—Madison	$21 378/年（州内）$40 074/年（州外）	519	155～162	3.27～3.76	48.8%	79.7%
#37	Fordham University	$54 116/年	956	160～165	3.35～3.69	35.1%	74.3%
#38	Brigham Young University	$11 970/年（州内）$23 940/年（州外）	392	156～164	3.45～3.86	40.3%	88.4%
#38	University of North Carolina—Chapel Hill	$23 041/年（州内）$39 672/年（州外）	657	160～164	3.31～3.68	44.6%	77%
#40	University of Arizona（Rogers）	$24 500/年（州内）$29 000/年（州外）	359	155～162	3.22～3.68	32.5%	81.9%

续表

排名	大学名称	全日制学费（平均值）	注册人数	LSAT 平均分	GPA 分数段	录取率	毕业后十个月就业率
#40	University of Colorado—Boulder	$31 864/年（州内） $38 650/年（州外）	555	157~163	3.28~3.77	46.3%	78.8%
#40	University of Illinois—Urbana-Champaign	$41 328/年（州内） $49 078/年（州外）	477	158~163	3.26~3.68	45.7%	82.2%
#40	Wake Forest University	$42 738/年	492	157~162	3.37~3.73	56.1%	83.4%
#40	Washington and Lee University	$46 497/年	314	158~162	3.08~3.58	48.6%	74.8%
#45	George Mason University	$25 351/年（州内） $40 737/年（州外）	329	156~162	3.15~3.68	34.9%	79.9%
#45	Southern Methodist University（Dedman）	$49 962/年	560	156~163	3.27~3.75	46.9%	82.7%
#45	University of Utah（Quinney）	$25 752/年（州内） $48 908/年（州外）	322	154~160	3.36~3.76	47.1%	78%
#48	University of Florida（Levin）	$22 299/年（州内） $38 904/年（州外）	961	155~160	3.28~3.68	61.8%	76.1%
#48	University of Maryland（Carey）	$30 177/年（州内） $43 657/年（州外）	514	154~160	3.25~3.63	53.7%	77.4%

续表

排名	大学名称	全日制学费（平均值）	注册人数	LSAT平均分	GPA分数段	录取率	毕业后十个月就业率
#50	Florida State University	$ 20 683/年（州内）$ 40 695/年（州外）	565	156 ~ 161	3. 26 ~ 3. 68	43. 9%	77. 2%
#50	Temple University (Beasley)	$ 23 336/年（州内）$ 36 336/年（州外）	534	155 ~ 162	3. 29 ~ 3. 69	43. 1%	71. 4%
#50	Tulane University	$ 51 130/年	570	155 ~ 161	3. 15 ~ 3. 59	60. 2%	76. 1%
#50	University of California (Hastings)	$ 48 638/年（州内）$ 54 638/年（州外）	903	155 ~ 161	3. 28 ~ 3. 64	42. 1%	58%
#50	University of Houston	$ 29 784/年（州内）$ 44 044/年（州外）	605	155 ~ 161	3. 29 ~ 3. 71	38. 3%	83. 6%
#55	Baylor University	$ 55 547/年	393	158 ~ 162	3. 28 ~ 3. 72	29%	73. 5%
#55	University of Richmond	$ 39 950/年	469	155 ~ 161	3. 23 ~ 3. 66	41. 7%	81. 9%
#57	Case Western Reserve University	$ 48 760/年	380	156 ~ 162	3. 12 ~ 3. 66	41. 8%	66. 1%
#57	Georgia State University	$ 16 858/年（州内）$ 36 466/年（州外）	455	155 ~ 160	3. 12 ~ 3. 6	27. 8%	79. 7%
#57	University of Nebrask—Lincoln	$ 14 721/年（州内）$ 33 415/年（州外）	330	152 ~ 158	3. 4 ~ 3. 85	62. 2%	87. 2%

续表

排名	大学名称	全日制学费（平均值）	注册人数	LSAT 平均分	GPA 分数段	录取率	毕业后十个月就业率
#60	University of Cincinnati	$24 010/年（州内） $29 010/年（州外）	277	152～157	3.23～3.78	58.4%	82.4%
#60	University of Kentucky	$21 618/年（州内） $40 836/年（州外）	374	152～158	3.17～3.69	60.2%	88.7%
#60	University of Miami	$47 774/年	909	154～160	3.15～3.6	54.4%	79.4%
#60	University of New Mexico	$16 490/年（州内） $35 183/年（州外）	344	150～157	3.21～3.73	41.7%	86.5%
#60	University of Oklahoma	$19 973/年（州内） $30 398/年（州外）	467	154～159	3.33～3.8	49.2%	79%
#65	Loyola Marymount University	$50 050/年	800	156～161	3.28～3.65	44.7%	71%
#65	Pepperdine University	$51 180/年	598	154～161	3.24～3.71	48.7%	59.6%
#65	Seton Hall University	$51 018/年	353	153～159	3.12～3.68	48.6%	83.5%
#65	University of Connecticut	$27 934/年（州内） $57 852/年（州外）	328	153～158	3.12～3.62	50.9%	69%
#65	University of Kansas	$20 718/年（州内） $35 328/年（州外）	362	152～159	3.16～3.66	65.8%	79.8%

续表

排名	大学名称	全日制学费（平均值）	注册人数	LSAT 平均分	GPA 分数段	录取率	毕业后十个月就业率
#65	University of Missouri	$ 20 771/年（州内） $ 38 400/年（州外）	324	154 ~ 159	3. 08 ~ 3. 72	58. 8%	80. 7%
#65	University of Tennessee—Knoxville	$ 19 256/年（州内） $ 37 930/年（州外）	385	153 ~ 161	3. 31 ~ 3. 8	37. 3%	66. 9%
#72	Loyola University Chicago	$ 45 288/年	582	155 ~ 160	3. 07 ~ 3. 55	54%	71. 8%
#72	University of Denver（Sturm）	$ 44 530/年	701	154 ~ 158	3. 14 ~ 3. 61	45. 1%	65. 3%
#74	St. John's University	$ 53 290/年	604	154 ~ 159	3. 26 ~ 3. 73	40. 6%	73. 9%
#74	University of San Diego	$ 48 830/年	634	156 ~ 161	3. 19 ~ 3. 63	40. 5%	58. 6%
#74	Villanova University	$ 42 540/年	491	152 ~ 158	3. 27 ~ 3. 74	48. 5%	77. 7%
#74	Yeshiva University（Cardozo）	$ 54 895/年	852	156 ~ 161	3. 15 ~ 3. 62	56. 4%	67. 3%
#78	American University（Washington）	$ 51 002/年	1 052	152 ~ 158	2. 96 ~ 3. 48	59. 2%	70. 2%
#78	University of Nevada—Las Vegas	$ 25 749/年（州内） $ 37 149/年（州外）	275	155 ~ 161	2. 98 ~ 3. 58	32. 2%	71. 2%
#78	University of Oregon	$ 31 506/年（州内） $ 39 210/年（州外）	366	154 ~ 159	2. 97 ~ 3. 55	49%	59. 8%
#78	University of Pittsburgh	$ 32 426/年（州内） $ 40 250/年（州外）	453	153 ~ 159	3. 03 ~ 3. 63	36. 8%	71. 5%

续表

排名	大学名称	全日制学费（平均值）	注册人数	LSAT 平均分	GPA 分数段	录取率	毕业后十个月就业率
#82	Louisiana State University—Baton Rouge (Hebert)	$21 947/年（州内） $41 297/年（州外）	525	153～158	3.12～3.7	59.2%	82%
#82	Northeastern University	$46 400/年	453	152～162	3.3～3.75	34.7%	61.1%
#82	St. Louis University	$39 195/年	418	152～158	3.17～3.66	66.3%	78.3%
#82	University of New Hampshire School of Law	$37 383/年（州内） $41 383/年（州外）	215	153～159	3.18～3.65	53.2%	73%
#86	Illinois Institute of Technology	$46 822/年	635	152～158	3.09～3.58	62%	67.6%
#86	Pennsylvania State University (Dickinson)	$45 078/年（州内） $45 078/年（州外）	157	158～161	3.15～3.72	38.6%	72.2%
#86	Pennsylvania State University—University Park	$45 392/年（州内） $45 392/年（州外）	354	152～159	3.15～3.73	43%	72.2%
#86	Syracuse University	$47 178/年	505	151～156	3.07～3.51	54.6%	72%
#86	University of Arkansas—Fayetteville	$15 224/年（州内） $31 443/年（州外）	350	151～158	3.06～3.65	67%	79.1%
#86	University of Tulsa	$35 529/年	238	151～156	2.98～3.57	37.2%	84.7%
#92	Lewis & Clark College (Northwestern)	$41 328/年	414	154～161	3.08～3.59	58.8%	64.1%

续表

排名	大学名称	全日制学费（平均值）	注册人数	LSAT平均分	GPA分数段	录取率	毕业后十个月就业率
#92	Rutgers, the State University of New Jersey—Camden	$26 842/年（州内） $39 048/年（州外）	893	153～158	2.96～3.54	48.8%	71.1%
#92	University of Hawaii—Manoa (Richardson)	$20 880/年（州内） $42 384/年（州外）	232	151～158	2.91～3.6	36.7%	72.4%
#92	University of Louisville (Brandeis)	$20 288/年（州内） $37 628/年（州外）	302	151～157	3.12～3.7	68.2%	81.3%
#92	University of South Carolina	$24 208/年（州内） $48 472/年（州外）	618	152～157	3～3.56	58.6%	74.8%
#97	Brooklyn Law School	$1 526 /学分	907	152～158	3.11～3.59	51.6%	63.9%
#97	Wayne State University	$30 111/年（州内） $32 894/年（州外）	365	154～159	3.05～3.61	52.1%	62.1%
#97	West Virginia University	$19 008/年（州内） $35 568/年（州外）	323	151～157	3.11～3.69	52.9%	79.1%
#100	Indiana University-Indianapolis	$25 625/年（州内） $45 210/年（州外）	519	148～156	3.03～3.55	69.7%	76%

西班牙足球甲级联赛中，巴塞罗那俱乐部和皇家马德里俱乐部长期是夺冠的最大热门。类似地，哈佛大学法学院和耶鲁大学法学院也一直被公认是美国最好的法学院。有意思的是，如果是国际法学院排名，哈佛大学经常力压耶鲁大学夺得头筹，而耶鲁大学则在国内法学院排名上更胜一筹。加上刚去世的斯卡利亚大法官，统计最近九位美国联邦最高法院大法官（Supreme Court Justice），哈佛大学贡献了五位，分别是 Chief Justice John G. Roberts, Jr. –Harvard（J. D.）; Justice Antonin Scalia-Harvard（LL. B.）; Justice Anthony M. Kennedy-Harvard（LL. B）; Justice Stephen G. Breyer-Harvard（LL. B.）; Justice Elena Kagan-Harvard（J. D.）。耶鲁大学贡献了三位，分别是 Justice Clarence Thomas-Yale（J. D.）; Justice Samuel A. Alito, Jr. – Yale（J. D.）; Justice Sonia Sotomayor-Yale（J. D.）。有一位大法官来自芝加哥大学，她是美国历史上第二位女性大法官 Justice Ruth Bader Ginsburg-Columbia（LL. B.）。① 2017 年 2 月 1 日，美国第 45 任总统特朗普（Donald Trump）提名 Neil Gorsuch 作为斯卡利亚大法官的继任者，同样是出自哈佛大学法学院（J. D.），也担任过联邦最高法院书记员（clerk）。哈佛大学法学院和耶鲁大学法学院也是美国联邦最高法院书记员最重要的“培养单位”：1882 年以来，哈佛大学法学院输送了 607 位（27%）书记员，耶鲁大学输送了 396 位（18%）书记员，第三名芝加哥大学法学院只输送了 156 位（7%）书记员。

一般认为，Top3 包括了哈佛大学法学院、耶鲁大学法学院以及斯坦福大学法学院，加上哥伦比亚大学法学院、芝加哥大学法学院和纽约大学法学院，以上就是美国法学院的“Top6 阵容”。

从 U. S. News 近几年的排名来看，宾夕法尼亚大学法学院、杜克大学法学院、加州大学伯克利分校法学院、弗吉尼亚大学法学院、密歇根大学安娜堡分校法学院、西北大学法学院、康奈尔大学法学院、乔治城大学法学院与前面的六家法学院，共同组成美国法学院的“Top14 阵容”（见表 1.3）。

① “Biographies of Current Justices of the Supreme Court”，美国联邦最高法院网站：http://www.supremecourt.gov/about/biographies.aspx，访问日期：2016 年 10 月 8 日。

表 1.3　U. S. News 2010 ~ 2017 年美国法学院"Top14"排名变迁

法学院所属的大学	2017	2016	2015	2014	2013	2012	2011	2010
Yale University	1	1	1	1	1	1	1	1
Harvard University	2	2	2	2	2	3	2	2
Stanford University	2	2	2	3	3	2	3	3
Columbia University	4	4	4	4	4	4	4	4
University of Chicago	4	4	4	4	4	4	5	5
New York University	6	6	6	6	6	6	6	6
University of Pennsylvania	7	7	7	7	7	7	7	7
Duke University	11	8	8	10	11	11	11	11
University of California —Berkeley	8	8	8	9	9	7	9	7
University of Virginia	8	8	8	8	7	7	9	10
University of Michigan —Ann Arbor	8	11	11	10	9	10	7	9
Northwestern University	12	12	12	12	12	12	12	11
Cornell University	13	13	13	13	13	14	13	13
Georgetown University	14	14	14	13	14	13	14	14

U. S. News 2017 年美国最佳法学院排名标准：排行榜上的 196 所由 ABA 认证的法学院是在以下各项评价因子的加权平均值上计算得出的。数据收集时间为 2015 年秋季和 2016 年的早些时候。以下是有关标准的翻译，提供给读者，作为一种参考。①

1. 质量评估（权重 0.40）

同行评审评分（0.25）：2015 年秋季，由法学院院长、分管学术事务的院长、教师任用委员会主席和终身教职人员组成的评审委员会对相关项目进行评分，等级从差（1）到优秀（5）。成员对于相关学校了解不充分的以"不知道"记录。学校最终评分是所有分数的平均值。"不知道"的含义既不

① 专业排名仅基于同行机构的法律教育工作者提供。详细信息可见：http://www.usNews.com/education/best-graduate-schools/articles/law-schools-methodology? int = 9d0608。

代表支持也不代表反对，调查过程中有67%的人作出此类回答。

律师和法官作出的评分（0.15）：2015年秋季，类似之前的做法，法学专家、律师事务所的合伙人、执业律师和法官组成的评审委员会对相关项目进行评分，等级从差（1）到优秀（5）。成员对于相关学校了解不充分的以“不知道”记录。学校最终评分是最近三年受访者分数的平均值。受访者的名字是由法学院自己提供给U.S. News。学校最终评分是所有分数的平均值。“不知道”的含义既不代表支持也不代表反对。评估数据由Ipsos Public Affairs进行搜集整理。

2. 选择性（权重0.25）

LSAT分数的平均分（0.125）：此数值取2015年J.D.项目全日制和在职学生入学成绩的平均分。

本科生GPA的平均分（0.10）：此数值取2015年J.D.项目全日制和在职本科生成绩的平均分。

录取率（0.025）：此数值与2015年全年J.D.项目全日制和在职学生申请的比例相结合。

3. 实习状况（权重0.20）

实习状况是在2014年毕业生就业率（0.04）和及时就业率（毕业10个月的就业率，权重0.14）以及律师资格考试通过率（0.02）的基础上得出的。近年来，ABA从法学院发布的有关毕业生就业的法学岗位中获得大量信息，这也有助于提升报告质量：每年，各法学院都要向ABA汇报最近几年毕业生的就业情况。对于2014年毕业生，ABA延长对毕业生评价的时间，从9个月变成10个月（原标准是ABA长期采用的标准）。实习信息的评估由工作类型、工作地位和时间等评价因子按照不同的权重计算，而这些评价因子来源于43种不同的J.D.毕业生所从事的工作。ABA要求法学院做具体汇报，例如，每个毕业生的就业时间是长期（至少1年）还是短期，全职或者兼职，以及是否通过律师资格考试。许多法学教育专家评估时看重此类实在的法律工作。对于不管是专业或者非专业人士都可以获得的长期全职（工作不要求通过律师资格考试）、需要额外高级学历以及开工时间会被拖延的工作，这三种情况会被评估者打低分。如果是兼职并且短期的工作，那么会被评估者打最低分，这类情况还包括法学院提供的不能决定工作时间长短以及非全职的工作。由法学院或者大学提供的工作，即便工作到第二年，U. S. News 也会减少评价的分数。超过一年工作的减分情况与法学院或者大学提供的一年内的工作减分情况相同。所有的这些数据均由 2014 年的 J. D. 毕业生进行整理归类。数据仅用于学校排名，不进行公开。在排名表中的就业数据反映所有 2014 级 J. D. 毕业生的真实信息，包括是否全职、是否长期工作、是否通过律师资格考试以及拥有 J. D. 文凭是必须条件还是优势条件。

律师资格考试通过率（0. 02）：2014 年夏季和 2014 年冬季所有首次参加律师资格考试的应试者中，该法学院 2014 届毕业班学生通过律师资格考试与所在州考试人数的比例。2014 年夏季和 2014 年冬季首次参加律师资格考试应试者的通过率由国家律师资格考试考生协会（National Conference of Bar Examiners）提供。

4. 师资力量（权重 0. 15）

学生开支（0. 1125）：此为 2014 和 2015 会计年度内学生的平均支出。其中，平均教学、图书馆和相关支持服务支出占比（0. 0975），包括助学金在内的其他项目支出占比（0. 015）。

师生比例（0. 03）：此为 2015 年学生和教职员工数目的比值。根据之前 ABA 的定义建立模型测算。

馆藏资源（0. 0075）：此为 2015 会计年度快结束时，法学院法律图书馆书目的总数以及书名。

事实上，针对美国法学院的排名很多，试举一例。《普林斯顿评论》（Princeton Review）每年也对全美各个高校进行排名，排名分类繁多，如资助最好的大学、学术最好的大学、校园最美的大学等。2016 年 1 月，《普林斯顿评论》公布一份美国十大就业前景最佳法学院排行榜，这份排名与 U. S. News 最佳法学院排名不大一致（见表 1. 4）。[1]

---

① 《普林斯顿评论》网站：https://www.princetonreview.com，访问日期：2016 年 12 月 4 日。

表 1.4　《普林斯顿评论》出具的全美最佳就业前景法学院排名

排名	学校	与 2015 年排名相比
1	宾夕法尼亚大学	上升 3 名
2	纽约大学	上升 3 名
3	芝加哥大学	没有变化
4	斯坦福大学	新上榜
5	哥伦比亚大学	上升 1 名
6	哈佛大学	上升 1 名
7	加州大学伯克利分校	下降 5 名
8	西北大学	下降 7 名
9	弗吉尼亚大学	下降 1 名
10	乔治城大学	新上榜

第三节　美国法学学位概况[①]

国人在美国法学院获得较多的学位类型主要有 J. D. 、LL. M. 和 J. S. D. 。

J. D. （Juris Doctor），法学博士学位，这也是国内比较容易产生误解的一种法学学位。关于法学第一学位教育，在英美法系国家中，存在 LL. B.（Bachelor of Laws，源自拉丁文 Legum Baccalaureus，法学学士学位）和 J. D. 之分。两者的区分主要是在称谓上，而非在实质内容上。前者是英联邦国家法学教育的传统，且仍在坚守着自己的阵地；而后者则肇始于美国的法学教育，并在美国占据统治地位。根据哈佛大学法学院介绍，其于 1820 年首次向学生授予 LL. B. ，并在全国很快成长为标准的“法学第一学位”之称谓。当时之所以向学生授予学士学位（bachelor）是基于 19 世纪美国绝大多数法学院的入学条件只要求申请者圆满完成高中学业的事实。到了 20 世纪，情形有所变化。1902 年，哈佛大学法学院曾建议大学向学生颁发 J. D. ，但没有得到大学的同意。1903 年，芝加哥大学法学院等 5 个法学院开始向毕业生授予

① 本节主要由李晓郛博士和俞永乐律师共同整理和编写。

J. D. 。虽然1904年《哈佛法律评论》（Harvard Law Review）的编辑们曾呼吁哈佛大学作出同样的改变，仍是没有引起重视。近代美国法学院对J. D. 的接受与时任俄克拉荷马城市大学法学院（Oklahoma City University School of Law）院长John G. Hervey之推崇和努力是分不开的。ABA的法学教育及律师资格授予部门于1965年一致通过决议，建议其所认可的法学院优先考虑将J. D. 作为“法学第一学位”（as the first professional degree）来授予。哈佛大学于1969年4月7日投票通过“J. D. 作为法学第一学位授予”的内容，同时决定在先毕业的本校LL. B. 持有者可以通过申请将学位名称更换成J. D. 。[①]美国多数法学院J. D. 学制为3年。现在，从入学条件看，J. D. 申请者要求已获得某个大学或者文理学院的文学士学位（Bachelor of Arts）或者理学士学位（Bachelor of Science），并通过“法学院入学考试”（Law School Admission Test，简称LSAT）方可进行攻读，如果是国内申请者，一般还需要有托福考试成绩或者雅思考试成绩。

21世纪以来，加拿大也积极进行更名运动。由于名称上剔除了“学士”因素，J. D. 头衔能向外人传递这样一个信息：学生在学习法学之前已经在其他学科完成并拥有学士学位，J. D. 属于精英教育。同时，为了表征加拿大法学第一学位教育模式已与美国模式趋同，而不同于传统的英国模式和澳大利亚模式，即便身为英联邦国家，加拿大法学学位的更名运动还是如火如荼地上演了：不包括法语区的魁北克省，加拿大多数法学院已经完成从LL. B. 到J. D. 的变化。除形式意义上的追求，加拿大的变革也有地理原因。作为邻邦，加拿大相当部分法学生倾向去美国求职，当地雇主可能更熟悉J. D. 这一称谓。更名给他们创造工作机会上的平等，有利于毕业生就业。

LL. M. （Master of Laws），法学硕士学位，国内被戏谑为“老流氓”。美国多数法学院LL. M. 学制为1年。概括申请LL. M. 的硬件：工作经验 > 在校GPA > 语言 > 所在学校 > 相关实习经历 > 普通实习经历 > 学生会社团经历。LL. M. 项目分成general program和specialized program两种，大多数学校

---

① “What is the difference between the LL. B. degree and the J. D. degree?”，哈佛大学法学院网站：http://asklib.law.harvard.edu/faq/115308，访问日期：2016年10月21日。

只提供 general program，选择 general program 的本科生可以任意选课；少数学校，例如纽约大学法学院提供 corporate LL. M. 项目，这类 specialized program 对选课有一定要求，例如一定要选满相关课程多少分才能通过考核。相对于 J. D. 学生，攻读 LL. M. 的国际学生比例高很多，除经济省时的原因，还有可能在获得学位后参加纽约州或者加利福尼亚州的律师资格考试。[①]也有已经获得 J. D. 以后去读 LL. M 的人士，目的主要是从事法律教育和攻读 J. S. D。还有一些学位，例如宾夕法尼亚大学、康奈尔大学，允许成绩优秀的 LL. M. 学生转读 J. D.，甚至一些学校免去申请者 LSAT 成绩，使其直接转读 J. D.，并可以将 LL. M. 的部分学分带入 J. D.。

J. S. D 或者 S. J. D.（Doctor of Juristic Science），法律科学博士学位。只有获得 LL. M 才可以申请 J. S. D，部分法学院偏爱自己培养的硕士学位获得者申请 J. S. D，例如哈佛大学、耶鲁大学。J. S. D 学制不定，有的申请者甚至终生拿不到学位，其属于学术研究性质的学位，欲致力于学术研究的人士建议以 J. S. D. 为主要考虑目标。一些法学院允许 J. S. D 入学一年后离校，边工作边进行论文写作，论文完成后，回法学院答辩。J. S. D 不能代替 J. D，故学位获得者也不能凭此参加美国律师资格考试。

其他。一些法学院还为在美国从事高级研究的外国学者授予“比较法硕士学位”（Master of Comparative Law，简称 M. C. L.），以及为社会作出突出贡献的公民颁发“荣誉法律博士学位”（Doctor of Law，简称 LL. D.）。[②]

LSAT 成绩是美国、加拿大等越来越多国家法学院录取程序中不可或缺的内容，LSAT 由美国法学院入学委员会（Law School Admission Council）主办。LSAT、GMAT 和 GRE 三者的不同之处在于适用学科范围。

以下是 LSAT 考试 2016 年考试费用：考试报名费：175 美元；迟注册报名费：90 美元；换考试中心：90 美元；换考试日期：90 美元；法学院报告：

---

① 威斯康星大学麦迪逊分校（University of Wisconsin-Madison）的法学硕士项目名称比较特殊，其 9～12 月制项目的正式名称为“Master of Laws-Legal Institutions Program”，该项目与美国其他法学硕士项目一样，均通过 LSAC 申请，成绩单必须通过 CAS 认证递交，需要有托福成绩，但是不需要有 LSAT（Law School Admission Test）成绩。具体申请方法与注意事项可见威斯康星大学网站（http://law. wisc. edu）。

② 李晓郛主编：《美国法学院申请攻略》，知识产权出版社 2016 年版，第 3 页。

30 美元；考生退考可获得退款：50 美元；网上注册考试的考生可通过以下形式报名：VISA，MasterCard，American Express 和 DISCOVER credit cards。

LSAT 历时半天，每年举办 4 次。LSAT 包括 5 个部分，每部分均为选择题，答题时间 35 分钟，其中 4 个部分构成考生的分数，不计入分数的那部分主要是对测试的预备考察或者列举测试的题型。不计分的这部分位置并不固定，通常申请者只有在收到成绩单后，才能确定哪一部分不计入分数。在选择题之外，LSAT 还包括一场写作测试，这场考试被安排在考试的最后，考试时间为 35 分钟，虽然不计入分数，但是申请者的写作试卷将会被寄送至所有申请者申请的法学院。在 LSAT 考试中，选择题共有 3 种题型：阅读理解题、分析推理题和逻辑推理题，具体内容可见官方网站：http://www.lsac.org/J.D./lsat/about-the-lsat。

第四节　美国法学院学费概况[①]

不同于德国（德国公立大学不收学费），也不同于国内（因为高校多数专业学费上涨缓慢），[②]美国大学法学院平均收费高出本国其他专业以及他国法学专业很多。其中有不少原因，一大原因就是作为精英教育，美国的大学，即便是公立大学也对法学申请者收取不菲的各种费用。

U.S. News 对 ABA 认证的 196 所法学院进行统计（2015～2016 年度），数据显示，私立大学平均学费为45 467美元，最高学费来自哥伦比亚大学，为62 700美元，最低学费来自杨百翰大学，为23 940美元；公立大学（针对本州申请者）平均学费为25 890美元，最高学费来自弗吉尼亚大学，为54 000美元，最低学费来自北达科他大学，为11 161美元；公立大学（针对外州申请者及国际学生）平均学费达38 885美元，最高学费来自康涅狄格大学，为57 852美元，最低学费来自美国哥伦比亚特区大学，为22 402美元。

---

① 本节主要由李晓郛博士和陈佳荧学士根据相关大学法学院网站的信息共同整理和编写。

② 中国高校经费以中央财政拨款和地方财政拨款加上社会捐赠为主。中国教育网特别开通专门网页：“全国各地高校收费标准大全”，http://gkcx.eol.cn/z/sfbz.html，访问日期：2016 年 11 月 3 日。

美国大学法学院 Top30（包括 32 所学校）（2016～2017 年度）的学费统计数据如下：其中 27 所高校 LL. M. 学费持续走高，仅 5 所学校费用环比下降，依次是纽约大学、德州大学奥斯汀分校、爱荷华大学、加州大学戴维斯分校和印第安纳大学布鲁明顿分校；学费方面，哥伦比亚大学以63 048美元拔得头筹，共有 4 所学校学费突破 6 万美元大关，分别是哥伦比亚大学、西北大学、杜克大学和康奈尔大学；总花费方面，按照 2016 年 7 月的美元兑换人民币平均汇率，超过 60 万元人民币的学校达到 5 所，50 万～60 万美元的学校共有 16 所。①

以下是美国法学院 Top17（2016～2017 年度）学费与预算总额明细，区分州内申请者和州外申请者后收取学费是公立大学的一大特点，供读者参考（注：单位为美元）。

1. 耶鲁大学法学院

Tuition	University Administrative & Activities Fee	Room, Board, & Personal Expenses	Books	University Hospitalization Coverage	Total
$ 57 615	$ 2 250	$ 17 000	$ 1 100	$ 2 264	$ 80 229

以上为耶鲁大学法学院 LL. M. /J. D. 的学杂费，资料来源：https://www. law. yale. edu/admissions/cost-financial-aid/cost-attendance。

2. 哈佛大学法学院

Tuition	Room/ Board/ Personal Allowance	Mandatory HUHS Student Health Fee	Waivable Harvard University Student Health Insurance Plan (HUSHP) Fee	Books and Supplies Allowance	Travel Allowance	Stafford Loan Fees	Total
$ 59 550	$ 22 262	$ 1 088	$ 2 630	$ 1 300	$ 1 550	$ 220	$ 88 600

① 此信息结合律政留学（公众号“法学院申请专家”）“最新最全 T30LLM 学费汇总和涨幅分析”的统计。

以上为哈佛大学法学院 LL. M. /J. D. 的学杂费，资料来源：http://hls.harvard.edu/dept/sfs/financial-aid-policy-overview/student-financial-aid-budget/。

3. 斯坦福大学法学院

Tuition	Rent	Food	Personal Expenses	Transp-ortation	Books and Supplies	Campus Health Service Fee	Cardinal Care Health Insurance	Total
$ 56 079	$ 12 330	$ 5 820	$ 3 870	$ 1 230	$ 1 530	$ 609	$ 4 968	$ 86 436

以上为斯坦福大学法学院 LL. M. /J. D. 的学杂费，资料来源：http://financialaid. stanford. edu/grad/budget/。

4. 哥伦比亚大学法学院

Tuition	Student Activity Fee	University Facilities Fee	Health Services Fee	Student Health Insurance-Gold Level	Document Fee
$ 63 048	$ 270	$ 922	$ 1 020	$ 2 862	$ 105
Books & Supplies	Room	Board	Personal	Total	
$ 1 575	$ 12 538	$ 5 200	$ 4 000	$ 91 540	

以上为哥伦比亚大学法学院 LL. M. /J. D. 的学杂费，资料来源：http://web. law. columbia. edu/financial-aid/costs-and-billing/costs-budgeting。

5. 芝加哥大学法学院

Tuition	Medical Insurance	Student Life Fee	Room and Board	Transcript Fee (one time for new student)
$ 59 541	$ 3 615	$ 1 128	$ 16 830	$ 60
Books	Personal Expenses/Misc.	Transportation Expenses	Computer Allowance	Total
$ 1 785	$ 2 880	$ 2 361	$ 1 500	$ 89 700

以上为芝加哥大学法学院 LL. M. /J. D. 的学杂费，资料来源：http://www. law. uchicago. edu/prospectives/financialaid/budget/。

6. 纽约大学法学院

Tuition	Health, Registration, Service, and Tech Fees	Room and Board	Books and Supplies	Health Insurance-Basic Plan (estimated)	Loan Fees	Total
$ 59 558	$ 2 064	$ 23 500	$ 1 300	$ 2 700	$ 220	$ 89 342

以上为纽约大学法学院 LL. M. /J. D. 的学杂费，资料来源：http://www. law. nyu. edu/financialaid/budgetandbudgeting/studentexpensebudget。

7. 宾夕法尼亚大学法学院

Tuition	General Fee & Technical Fee	Room	Board	Books	Miscellaneous, Health Insurance, and Clinical Fee	Total
$ 57 236	$ 3 752	$ 9 675	$ 5 355	$ 1 750	$ 7 072	$ 84 840

以上为宾夕法尼亚大学法学院 J. D. 的学杂费，资料来源：https://www. law. upenn. edu/admissions/financing/applicants/。

Tuition	University & Law School Fees	LLM Summer Program	Room & Board	Books	Personal expenses, Clinical Fee, and Medical Insurance	Total
$ 57 242	$ 3 728	$ 2 750	$ 16 700	$ 1 750	$ 7 090	$ 89 260

以上为宾夕法尼亚大学法学院 LL. M. 的学杂费（J. S. D. 学杂费在 L. L. M. 的基础上变化），资料来源：https://www. law. upenn. edu/admissions/grad/tuition-fees. php。

8. 杜克大学法学院

School	Tuition	Medical Insurance	Health Fee (mandatory)	Law Student Activity Fee	Graduate Student Activity Fee	Graduate Student Services Fee	Recreation Fee
Duke	$ 68 484	$ 2 400	$ 772	$ 110	$ 36	$ 20	$ 274

Transcript Fee (one time only)	Loan Fees	Rent & Utilities	Food	Books & Supplies	Personal/Miscellaneous	Local Transportation	Total
$ 40	$ 1 406	$ 8 658	$ 4 644	$ 1 400	$ 3 420	$ 1 746	$ 93 410

以上为杜克大学法学院 LL. M. /J. D. 的学杂费，资料来源：https://law.duke.edu/admis/tuition/。

9. 加州大学伯克利分校法学院

Tuition and Fees (Total)	Living Expenses (Total)	Books & Supplies	Health Insurance Fees	Total CA Resident Student Budget
$ 54 913	$ 24 854	$ 1 500	$ 4 146	$ 85 413

以上为加州大学伯克利分校法学院 LL. M. 的学杂费，［注：（1）J. D. 的学费是 $ 52 653. 50；（2）J. S. D. 的学费是 $ 28 562. 50，学生卫生健康保险费是 $ 3 754，3 年杂费是 $ 60 000］，资料来源：https://www.law.berkeley.edu/academics/llm/tuition-financial-aid/。

10. 弗吉尼亚大学法学院

	Tuition and Fees	Living Expenses	Health Insurance	Books and Supplies	Loan Fees	Total
LL. M.	$ 59 300	$ 16 808	$ 2 874	$ 2 450	—	$ 81 432
J. D.	$ 59 300	$ 16 808	$ 4 465	$ 1 800	$ 220	$ 82 593

以上为弗吉尼亚大学法学院 LL. M. /J. D. 的学杂费［注：（1）如果是本州 LL. M. 申请者，学费从 $ 59 300 降到 $ 56 300，其他不变，总费用从

$81 432降到$78 432；（2）如果是本州 J. D. 申请者，学费从$59 300降到$56 300，卫生保险费从$4 465降到$4 345，其他不变，总费用从$82 593降到$79 473；（3）J. S. D. 的学费为$8 000]，资料来源：http://www. law. virginia. edu/html/prospectives/grad/tuition. htm。

11. 密歇根大学法学院

Tuition and Fees	Rent/Utilities/Food	Books and Supplies	Personal Expenses (clothing/laundry, recreation/entertainment, phone, transportation, misc.)	Loan Origination Fees	Total
$58 104	$14 240	$1 100	$3 450	$220	$77 114

以上为密歇根大学法学院 LL. M. /J. D. 的学杂费（注：如果是本州申请者，学费从 $58 104降到 $55 104，其他不变，总费用从 $77 114降到$74 114），资料来源：https://www. law. umich. edu/financialaid/Documents/budget. pdf。

12. 西北大学法学院

	Tuition	Room and Board	Books	Personal
LL. M.	$62 306	$14 040	$1 418	$2 610
J. D.	$59 550	$14 040	$1 418	$2 610
	Transportation	Health Insurance	Loan Fees	Total
LL. M.	$1 584	$3 799	$2 068	$87 825
J. D.	$1 584	$3 799	$1 732	$84 733

以上为西北大学法学院 LL. M. /J. D. 的学杂费，资料来源：http://chicagofinancialaid. northwestern. edu/tuition/law. html。

13. 康奈尔大学法学院

	Tuition	Student Activity Fee	Room	Board	Books and Supplies
LL. M.	$63 726	$85	$11 250	$5 516	$1 100
J. D.	$61 400	$85	$11 250	$5 516	$1 100
	Personal/Travel	Health Insurance	Loan Fee	Total	
LL. M.	$5 000	$2 560	$200	$89 237	
J. D.	$5 000	$350	—	$84 921	

以上为康奈尔大学法学院 LL. M. /J. D. 的学杂费，资料来源：http://www. lawschool. cornell. edu/admissions/tuition/tuition_expenses. cfm。

14. 乔治城大学法学院

Tuition	Living Allowance	Books	Health Insurance	Total
$57 576	$24 189	$1 235	$2 500	$85 500

以上为乔治城大学法学院 LL. M. /J. D./ J. S. D. 的学杂费，资料来源：https://www. law. georgetown. edu/academics/academic-programs/graduate-programs/visas/NewF－1andJ－1Students/After-you-have-been-admitted. cfm。

15. 德州大学奥斯汀分校法学院

Tuition & Fees	Books & Supplies	Room & Board	Travel	Misc.	Loan Fees	Total
$50 480	$1 294	$12 620	$1 490	$3 950	$1 090	$71 194

以上是德州大学奥斯汀分校法学院第一年的学杂费［注：（1）未明确是否针对 J. D. ；（2）如果是本州申请者，学费从 $50 480降到 $33 995，其他不变，总费用从 $71 194降到 $54 709；（3）第二年及之后的学杂费，本州/外州申请者学费为 $48 312/ $32 538，其他不变，总费用为 $69 026/ $53 252；（4）奥斯汀分校不设立 J. S. D. 项目，但是有 Ph. D. 项目］，资料来源：https://law. utexas. edu/admissions/tuition-fees-and-expenses/。

16. 范德堡大学法学院

Tuition	Rent/Utilities	Personal /miscellaneous	Meals
$ 52 682	$ 10 504	$ 5 322	$ 4 158
Transportation	Books and Supplies	Activity & Recreation Fees	Total
$ 1 994	$ 1 842	$ 438	$ 76 940

以上为范德堡大学法学院 LL. M. 的学杂费，资料来源：http://law. vanderbilt. edu/html/prospectives/grad/tuition. htm。

17. 加州大学洛杉矶分校法学院

Tuition	Health Insurance	Mandatory Health Facilities Fees	Living Expenses	Total
$ 54 932. 92	$ 3 642. 08	$ 238. 00	$ 20 000. 00（学院预测）	$ 78 813. 00

以上为加州大学洛杉矶分校法学院 LL. M. 的学杂费，资料来源：http:// law. ucla. edu/llm-sjd/llm-program/tuition-and-visa-information/。

Tuition	Health Insurance	Books and Supplies	Living Expenses	Total
$ 28 685. 28	$ 3 642. 09	$ 786. 50	$ 20 000. 00（学院预测）	$ 53 113. 87

以上为加州大学洛杉矶分校法学院 J. S. D. 的学杂费［注：不同于 LL. M.，如果 J. S. D. 是本州申请者，Tuition 从 $ 28 685. 28降到 $ 13 583. 28，其他不变，总预算从 $ 53 113. 87降到 $ 38 011. 87］，资料来源：http://law. ucla. edu/llm-sjd/sjd-program/tuition-and-visa-information/。

第五节 国内法学院申请者的“常春藤”情结[①]

名校情结，各国都有。2016 年暑假开播的电视剧《小别离》中的若干剧情，也反映出中国人美国留学申请中的名校情结，可以概括成“常春藤”情结。就法学申请而言，“常春藤”情结有如下几种表现。

一是专注“常春藤”，放弃其他高校。“常春藤盟校”（Ivy League）由美国七所大学和一所学院组成：马萨诸塞州的哈佛大学（1636 年建立，1780 年更名），康涅狄格州的耶鲁大学（1701 年），宾夕法尼亚州的宾夕法尼亚大学（1740 年），新泽西州的普林斯顿大学（1746 年建立，1896 年更名），纽约州的哥伦比亚大学（1754 年建立，1896 年更名），罗德岛的布朗大学（1764 年建立，1804 年更名），纽约州的康奈尔大学（1865 年）以及新罕布什尔州的达特茅斯学院（1769 年）。八所常春藤盟校确实以悠久的历史、出色的学术环境和优越的教育制度成为诸多美国本土学生和国际学生的首选。然而，值得指出的是，上述八所名校主要是英殖民时期在美国东北部地区建立的高等学府，随着美国经济和社会的发展，中部和西部也出现了诸多名校，其教育资源、学术环境等并不逊于常春藤盟校，有些高校法学专业排名甚至整体排名还高于大部分常春藤盟校。例如，“美国大学联盟”（Association of American Universities）已经被公认为一流研究大学的“集中营”，[②]它由 14 所可以颁发博士文凭的高校于 1900 年在芝加哥大学成立：美国天主教大学（The Catholic University of America），克拉克大学（Clark University），哥伦比亚大学（Columbia University），康奈尔大学（Cornell University），哈佛大学（Harvard University，AUU 首任主席），约翰·霍普金斯大学（The Johns Hopkins University），普林斯顿大学（Princeton University），斯坦福大学（Stanford University），加州大学伯克利分校（University of California，Berkeley），

---

① 本节主要由李晓郛博士整理和编写。

② The Association of American Universities：A Century of Service to Higher Education，美国大学联盟网站：http://www.aau.edu/WorkArea/DownloadAsset.aspx? id =1090，访问日期：2016 年 10 月 31 日。

芝加哥大学（University of Chicago），密歇根大学（University of Michigan），宾夕法尼亚大学（University of Pennsylvania），威斯康星大学麦迪逊分校（University of Wisconsin-Madison）和耶鲁大学（Yale University），这里面加州大学、密歇根大学和威斯康星大学属于公立高校。截至 2014 年，美国大学联盟已经拥有 59 所美国高校和 2 所加拿大高校，公立大学约占一半，[①]这 61 所高等学府基本上都设置专门的、学术评价靠前的法学院。更重要的是“常春藤盟校”中，普林斯顿大学和布朗大学没有设立专门的法学院和商学院，虽然它们授予类似的学位，例如荣誉法律博士学位。

二是注重私立大学，轻视公立大学。这种申请态度/意愿可以看作“常春藤”情结的衍生。与常春藤盟校对应的还有一个词：“公立常春藤”（Public Ivies），是指一些无论学术还是教学水平都可以与常春藤盟校匹敌的美国公立大学。“公立常春藤”一词是由理查德·摩尔（Richard Moll）在其 1985 年出版的《公立常春藤：美国最好的公众本科大学指南》一书中首先发明的。摩尔曾任耶鲁大学的招生官以及鲍登学院、加州大学圣克鲁兹分校、瓦萨尔学院的招生委员会主任，他走遍全国，考察美国高等教育质量，觉得不少公立大学是以“在公立学校的价格提供常春藤盟校的教育”，但很多人并不清楚这一点。摩尔将这些一流的公立大学命名为“公立常春藤”，并在 1985 年出版一本专著。在这本专著中，他指出八所（和常春藤盟校的数量一致）被他认为是从外在到内涵都和常春藤盟校一致的公立学校。此外，还有“新常春藤”（New Ivies），来自著名教育研究机构 Kaplan-Newsweek 在 2007 年发布的 How to Get into College Guide 一书中对其作出阐释。“新常春藤”或者“泛常春藤”，指的是除了八所常青藤学校之外的美国顶尖公立大学或者私立大学。它们拥有和八所常春藤学校相同甚至更好的科研和教学能力，涉及 25 所大学。从法学排名来看，加州大学伯克利分校法学院、弗吉尼亚大学法学院和密歇根大学安娜堡分校法学院长期是 U. S. News 排名中法学院 Top14 的成员。代表中西部顶尖公立名校的“十大盟校”（Big Ten Conference），成员

---

① 1999 年，作为美国大学联盟创始会员的克拉克大学决定离开组织，因为其目标与其他会员追求高质量研究的目标背离。

多数也是 U. S. News 法学院 Top50 的来源。[1]而像麻省理工学院（Massachusetts Institute of Technology，1861 年）这样的全球知名私立研究型机构，其法学院排名并不靠前。[2]

三是偏爱大学，忽视文理学院。不同于国内热衷“学院变成大学”的态度，“institution”和“college”两者一直在美国高等教育中不可或缺，前述多次 Quacquareui Symonds（QS）排名第一的麻省理工学院用的是“institution”，而文理学院（Liberal Arts College），又称“博雅学院”，是美国高校的重要种类之一，其奉行博雅教育，以本科教育为主，规模精小。由于法学教育属于研究生教育，故文理学院部分在此不展开。然而，有兴趣进行美国高等教育研究或者有志于美国留学的人士千万不要忽视文理学院，例如 2016 年美国总统候选人之一的克林顿·希拉里以及宋庆龄就是从韦尔斯利学院（Wellesley College）毕业的。

值得一提的是，有些法学院申请者虽然没有“常春藤”情结，但是过分相信排名榜，这也是留学申请过程中的一个误区。本章第二节列出 U. S. News 美国法学院排名的方法，事实上，在这些指标和数据之外，还有其他一些因素值得申请者去考虑，例如学院重点学科、学杂费、在校期间学习成绩、工作后的薪资水平以及学校/学院的风格。这些因素在求学期间或多或少都会影响申请者的工作和生活态度。而且，最重要的是，在选择学校/学院之前应

---

① 和常春藤盟校一样，十大盟校最初也是因体育结盟的。联盟创建于 1896 年，虽然是“十大”，但是其实有 11 所学校：伊利诺伊大学、密歇根大学、明尼苏达大学、西北大学、普渡大学、威斯康星大学、芝加哥大学、印第安纳大学（1899 年）、爱荷华大学（1899 年）、俄亥俄大学（1912 年）和宾夕法尼亚州立大学（1990 年）。十大盟校每年约招收 50 万学生，74% 学生的高中成绩位于全美的前 1/4。该联盟同 AUU 一样，来去自由：密歇根大学 1912 年曾经退出，后于 1917 年重新加入，媒体开始以“Big Ten”称呼这个联盟；芝加哥大学于 1946 年退出。具体信息可见 Big Ten 网站：http://www. bigten. org/school-bio/big10-school-bio. html，访问日期：2016 年 11 月 8 日。

② 世界大学排名的权威之一 Quacquarelli Symonds（QS）发布 2017 年世界大学排名，麻省理工学院蝉联第一。QS 排名的六大要素：（1）Academic reputation（学术声誉）（40%）；（2）Employer reputation（雇主声誉）（10%）；（3）Student-to-faculty ratio（师生比）（20%）；（4）Citations per faculty（引用率）（20%）；（4）International faculty ratio（国际教师比）（5%）；（6）International student ratio（国际学生比）（5%）。麻省理工学院法学院网站：https://gecd. mit. edu/grad-and-med-school/prepare-graduate-school/law-school，访问日期：2016 年 11 月 16 日。

当对自己未来职业发展有一个清晰的思路，对想学什么专业/方向、想在哪里就业等问题有一个大概的构思，然后根据对自己未来的规划选择适合自己的学校/学院。事实上，进行法学院申请，千万不能只看排行榜，排行榜只是大学或者法学院整体实力的排名，标准是否科学也是见仁见智。

第二章　美国法学院教育方法及课堂内容

法学教育是高等教育的重要组成部分，也是司法培训的重要组成部分。它肩负着为国家、为社会培养法治人才的重任，也肩负着传承法律知识、法律技能和法律精神的使命。1999 年第九届全国人民代表大会第二次会议通过《中华人民共和国宪法修正案》，把“依法治国”正式写入宪法后，法学教育面临巨大挑战——国内现阶段严重缺乏高素质法律人才。法律人才来自法学教育。美国法学教育造就一批杰出的政治领袖和律师，对美国的法治建设功不可没。[①]哈佛大学法学院之所以成为全世界最好的法学院之一，原因固然有多方面，但不可忽视的一个标志性因素就是在全美首先设计出现代法学院教学方法与课程体系，并成为美国内外竞相模仿的蓝本。基于案例的问题教学法是哈佛大学法学院教学方法的最大特色。这是一种“苏格拉底式”（Socratic Method）的问题教学法，通过师生对话，在老师问题的启发下，共同探讨法律世界各种现实问题，通过对案例与问题的研讨，促进学生学习法律知识、接受法律的系统熏陶。[②]

---

① 张乐平、路景菊：“美国法学教育对中国法学教育改革的启示”，载《河北法学》2005 年第 9 期。

② 汪习根：“美国法学教育的最新改革及其启示——以哈佛大学法学院为样本”，载《法学杂志》2010 年第 1 期。

第一节　美国法学院教材和教学模式[①]

一、法学教材

（一）法学教材的类型

1. 教材

美国法学院教材主要分为汇编式与著作式两种。由于大多数法学院采用案例教学法，因此教材中不仅呈现各类具有教学指导价值的案例，还有其他引申的材料，法学教材也经常以“cases and materials”或者“case and doctrine”为副标题。这些材料除了与法律有关，也可能与政策、社会思潮等相关。例如，国际金融法课程的教材多以背景知识介绍为主，案例较少，总体信息量大而广泛。

著作式教材通常不会单独使用，而是与其他汇编式教材结合使用。由于美国法学院主要关注律师职业训练，因而案例式教材的设计中，即便存在学术性探讨，也是为律师训练服务的。著作式教材则存在更多学术探讨的篇幅。这些学术探讨与实务案例结合得十分紧密，有利于从正反两个角度对案例事实与程序进行界定判断。案例教学法要求老师事前反复精选案例，布置学生阅读，并为预先没有知识背景的学生提供知识背景、分析视角、技艺和引导性材料。[②]因此，案例教材很大程度上由精选案例汇编而成。选入案例按照章节进行划分，分别指向前后具有一定逻辑连贯性的法律规则。案例材料本身是未经提炼的或是稍经剪裁的原始文本，呈现法官的法言法语，这与国内的案例教程存在很大不同，案件事实与法律意见存在于未经提炼的法律文本中，

---

① 本节及本章开头主要由吴才毓博士和曲秋实博士共同整理和编写。

② 汪习根：“美国法学教育的最新改革及其启示——以哈佛大学法学院为样本”，载《法学杂志》2010年第1期。

需要学生进行阅读、理解和初步归纳，从第一时间即培养学生接触法律实践文本。

教材出版社主要包括 Aspen、Foundation Press、Wolters Kluwer 等。Foundation Press 出版的一套“University Casebook Series”教材被很多美国法学院或者教授采用。美国案例书教材的标准配置是 500～2000 页的精装册。按照定价（list price），许多一年级核心课的教材定价在＄200 以上。作者版税高低主要关乎于新书的销量分成，教材价格过高使得部分学生转向购买二手书或者教材租赁服务，二手书的回收与再售使得教材书店等经销商得以不断从中获取利润，从而作者的收入无形中被降低。这样的定价模式多源于教材出版商和经销商的强势话语权与定价权，几大教材出版商垄断市场、制定规则，按照销售策略，推出修订版本或习题增强版本。

随着法律现实主义思潮的兴起，基于美国 20 世纪案例教学法的教材内容随之发生些微变化，诊所式法学教育的出现促进教学改革，也促进教材改革。①

2. 辅导教材

“入门书”（Hornbook）或者“案例举要”（Case-note Legal Briefs）在法学院学习中扮演关键角色，在正式开启法学院学习之前，应该研读的并非正式的案例教材书，而是 Hornbook 式的入门教辅。在法学院期末考试（特别是长达八小时甚至八小时以上的考试）中，教辅书列出的提纲能够提供很多帮助。

第一类为伊曼纽尔法律精要（Emanuel Law Outline）系列。作为典型的法学院教辅书籍，该系列的定位是总结课程脉络，帮助学生在普通法的学习中理解部门法整体体系。虽然丛书的定位不是期末考试复习教材，但是在预习以及期末考试中非常有用。该系列内容涵盖广泛，包括财产、侵权、合同、刑法、刑事程序、证据、公司与其他商业组织、民事程序、宪法、职业责任等，由 Wolters Kluwer Law & Business 公司出版。以知名的 Steven L. Emanuel 写作的《伊曼纽尔法律提纲：民事程序》为例，该书已经修订到第 25 版，

---

① 刘剑：“美国法律现实主义视野下的法学教育”，载《当代法学》2009 年第 3 期。

全书共计 576 页。书的定价为 $45. 95，参考 eBay，其网络售价的折扣在 20% 以上，从 $30. 77 ~ $36. 94 不等（较低的价格可能需要另付邮费）。二手书的售价是 $30. 07 左右。

第二类为案例与解析（Examples and Explanations）系列。Joseph W. Glannon 编著的《例子与解释：侵权法》（Examples & Explanations：The Law of Torts）在 Amazon 排行榜上属于最畅销的侵权法教材，也是美国法学院学生耳熟能详的一本著作。该系列教辅书籍也由 Wolters Kluwer Law & Business 公司出版，网络售价从 $36. 93 ~ $48. 40 不等。“Examples & Explanations”教辅系列还包括 Glannon 撰写的另外一本关于民事程序的教辅、Brian A. Blum 编著的合同法、Barlow Burke 编著的财产法、Richard G. Singer 编著的刑法等。

第三类同样是 Wolters Kluwer Law & Business 出版集团旗下的《伊曼纽尔：最后时刻》（Emanuel：Crunch Time）。这一系列教辅的定位是为复习期末考试做准备，科目类型与上述 Outline 系列类似，内容通常包括流程图（Flow Charts）、内容提要（Capsule Summary）、考试技巧（Exam Tips）、简答题的基本问题（Short-Answer Q&As）、多选题的基本问题（Multiple-Choice Q&As）、论文的基本问题（Essay Q&As）等。相较于上述两类，这类教辅的页数通常较少，价格方面较大折扣的可能性很大。

从上面可以看出，教辅书重点涉及的科目都是法学院 J. D. 一年级的必修科目，对于二年级之后的进阶课程较少涉及，一方面受众较小、销路不易打开；另一方面二年级学生基本上掌握法学院的学习方法与节奏，购买教辅书的需求不旺。

3. 无指定教材：泛材料化倾向

以斯坦福大学法学院为例，Marcus Cole 教授的合同法课程没有指定教材，而使用电子版案例书以及公告板上的阅读材料。课程中，“当代宪法问题”“当代体育法问题”“交易（一）”“争议系统设计”和“国际刑事审判”等亦没有指定教材。此外，大量的法律诊所课程、研讨会（seminar）、模拟法庭、工作坊、J. S. D. 学术报告会等技能类课程没有指定教材。

部分法学院的课堂上还会有教师准备的与课程内容并不直接相关的材料。例如，杨百翰大学（Brigham Young University）法学院 Brett Scharffs 教授在为新生开设的课程中，每一堂课都会发给学生一个小故事，记载着他在法学路上求索的故事，激励新生不断积极进取。有的补充材料是收费的，在部分法学院中，每学期学费项目中包括复印费 \$60 ~ \$70，补发材料（handout）的费用从中扣减。无指定教材并不意味着阅读量小，针对某节课的指定案例材料和补发材料亦可能超过一百页。

（二）法学教材的科目举要

1. 民商法领域

以“textbook list”和“Law School”为关键词，可以检索到部分法学院的课程与配套课本。侵权法、合同法、公司法、财产法通常是法学院 J. D. 一年级的必修科目。以斯坦福大学法学院 2016 年秋季学期为例，合同课程分为三个班级进行授课，不同教授指定不同的教材，其中包括：Knapp, Crystal, and Prince, Problems in Contract Law: Cases and Materials, 8th Ed., 2016, Aspen（新书 \$20 ~ \$211.56，注：依据书商销售政策不同而差异较大）；Frier and White, The Modern Law of Contracts, 3rd Ed., 2012, West（新书 \$190 左右）。侵权法领域的教材例如：Franklin, Rabin, Green and Geistfeld, Tort Law and Alternatives: Cases and Materials, 10th Ed., 2016, Foundation（新书 \$187 左右）；Abraham, Forms and Functions of Tort Law, 4th Ed., 2012, Foundation（新书 \$61 左右）等。

2. 刑法领域

斯坦福大学法学院民事程序课程的指定教材是：Ohlin, Criminal Law: Doctrine, Application, and Practice, 1st Ed., 2016, Aspen（定价为 \$235，amazon 全新价格为 \$223.39）；Dubber and Kelman, American Criminal Law: Cases, Statutes, and Comments, 2nd Ed., 2009, Foundation（新书 \$214 左右）；Kaplan, Weisberg, and Binder, Criminal Law: Cases and Materials, 7th Ed., 2012, Aspen（新书 \$206 左右）。

3. 法理、社会法领域

虽然法哲学等法理课程在大陆法学院教学中不受特别重视，但是在判例法国家，法哲学的地位举足轻重。在美国法学院，法律正义（Legal Justice）课程中，古典法律思想（Classical Legal Thought）与实用主义法学（Legal Realism）等法律观点、流派代表不同的法律价值观念，从而在案件判法上呈现很大不同。

立法与规则课程（Legislation and Regulation）是许多法学院 J. D. 一年级的必修课，课程内容包括国会立法、行政机关制定的行政法规、政府的运作和结构、政府对法律结果的影响和作用等。①代表教材如：William Eskridge Jr & Philip Frickey, Cases and Materials on Legislation and Regulation：Statutes and the Creation of Public Policy, 5th, West Academic Publishing, 2014（新书 $214 左右）。部分法学院会突出自身特色课程，以美国犹他州的杨百翰大学为例，该大学法学院以“宗教与法律”作为研究特色，在高年级的课程中，开设多门相关课程，涉及的教材如：Brett G. Scharffs and W. Cole Durham, Law & Religion：National, International and Comparative Perspectives, Wolters Kluwer Law & Business, 2009（新书 $70 左右）。

相对而言，国内法学院的本科教育强调规则的熟记与理解，研究生教育则强调学术研究，要求研究生关注规则背后的理由和政策，配套法教义学及各种法律解释方法对文本进行分析。由于美国法学教育本身属于研究生教育，在一开始即强调各种法律价值观念的学习，以引导学生思考演绎法律问题。

4. 程序法领域

斯坦福大学法学院民事程序课程的指定教材是：Silberman, Stein, & Wolff, Civil Procedure：Theory & Practice, 4th Ed., 2013, Aspen（新书 $230 左右）；Federal Rules of Civil Procedure, 2016－17 Educational Edition, 2016, West（新书 $18 左右）；Kevin Clermont, Federal Rules of Civil Procedure and Selected Other Procedural Provisions, 2016, Foundation（新书 $43.89 左右）。

---

① 汪习根：“美国法学教育的最新改革及其启示——以哈佛大学法学院为样本”，载《法学杂志》2010 年第 1 期。

5. 法律技能课程

法律写作课程中比较有名的教材例如：Richard K. Neumann Jr.，Legal Reasoning and Legal Writing：Structure，Strategy，and Style，Seventh Edition（新书 $108 左右）。斯坦福大学法学院的法律研究与写作课程教材是：Merino，CP：Stanford，2016，3rd Ed.，Aspen（该教材目前只能在学校书店购买到）。除法律诊所之外的法律写作、法学方法论、法律逻辑、法律推理等课程将在下文技能篇中举要详述。

（三）法学教材的获得方法

1. 购买新书

纸质的新书对于还在国内的准新生们是没有必要的：一方面，脱离教师指导、过早阅读包括大量材料的教材令人无从找到头绪，丧失学习兴趣，不利于培养法律思维；另一方面，纸质书价格昂贵，难以携带，如果确定自己希望提前了解教材内容，可以在 Amazon 的 Kindle Store 或其他网站购买电子版，方便随时阅读。到达美国之后，可以选择在校园书店中购买课本，以杨百翰大学为例，其校园书店即在学生中心内部设立，可以购买到绝大部分的本学期课本。

2. 购买二手书

二手课本的购买渠道同样包括实体书店与网络。实体书店包括大学内的书店。网络以 Amazon、EBay 等为代表。如果不再需要使用二手书，可以在 EBay、Amazon 或者其他统一收购二手书的平台进行转卖。二手书按照品质不同亦有价格区别，品质从差到好区分为可接受（acceptable）、好（good）、非常好（very good）。就编者的经验，品质为“可接受”的二手书通常是通书均有笔记或者高亮笔划过的痕迹，或者有少许不影响阅读的破损，同时缺少光盘等附件。品质为“好”的二手书通常没有太多笔记痕迹，可能有少许痕迹。品质为“非常好”的二手书可能直接由 Amazon 进行运输，与新书一样毫无使用痕迹，但是不保证一定有访问代码（access code，也称为“序列号”）或者 CD。

国内法学院采用线上系统评阅作业的情况还比较少见，而美国法学院则司空见惯。如果授课教授使用线上系统评阅作业，教科书所附的访问代码则是必要的，访问代码较为昂贵。以斯坦福大学法学院合同课程的指定教材“Problems in Contract Law：Cases and Materials”为例，二手书可以 \$6～\$8 的价格购买到，新书网络售价则是 \$211.56，其中包括至少 \$100 的访问代码费用。很多线上访问代码有两周的试用期，如果教授同意开放本课程所有的作业清单，可以利用这两周的时间抓紧完成所有作业。在个别情况下，教授也有可能允许个别学生做纸面作业，以节约访问代码的昂贵费用。

由于美国教材经常更新版本，二手书往往意味着较老的版本。对于许多教材而言，修订版本往往只是更新教材中习题的数量或顺序，对于课程实质性内容没有太大变动。此时，需要求证任课教师的授课风格，教师是否经常留给学生教科书上的习题作业，如果不是的话，完全可以选择购买版本老一些、但实惠得多的二手书。

3. 借阅教材

美国大学通常有较为丰富的藏书，但是教材库存本最多也不过几本。为了让更多人可以读到，图书馆通常将本学期的教材馆藏本放置于教材库本（textbook reserve）专区，依照各个大学、学院图书馆规则，通常可以借阅2～24小时不等。以美国杨百翰大学法学院图书馆为例，如果借阅教材库本，2 小时内必须归还，归还后不能够马上再借出，需要等待 1 小时，如果无人借阅，方可再借阅 2 小时。总体而言，由于教材包括大量阅读材料，课前预习 20 页以上的材料稀松平常，如此短的借阅时间，难以满足持续性学习的需要，对于非母语学习者而言，快速深入理解材料内容更是存在难度。

4. 租赁教材

短期租赁教材，通常的大部头教材月租通常在 30 美元以上，一个学期的租赁价格通常高于该教材二手版本的最低买断价格。教辅中的 Crunch Time 系列定位于期末考试的辅导，因此一般仅需要在期末考试阶段租赁阅读即可，

5. 部分章节的扫描影印

美国高校图书馆中通常设置有大型影印机和扫描仪，可以扫描影印小部分章节。但是，该机器旁边印有醒目标识，提示过分扫描影印将触犯法律。同时，长时间占用影印机亦会带来持续噪音、引人侧目。

对于同样一本书，国内影印版或印度等地区影印版比起美国本土教材，前者的价格可能只是美国教材的1/20。教材的影印版在大陆地区有法律出版社、方正出版社、中国人民大学出版社、武汉大学出版社等进行出版。中信出版社出版了伊曼纽尔法律精要系列、案例与解析影印系列、案例教程影印系列，推荐购买阅读。

在美国使用中国大陆购买的影印版教材是否违法？美国教材出版社和书店一直致力于打击包括反向流入在内的可能有损于美国国内市场营利的行为。但是，编者认为，根据知识产权法中的“合理使用”原则（fair use），在学生使用教材的合理范畴内，使用反向流入的教材不应属于违法行为。但如果除了自己使用之外，还参与分发或利用影印版本营利，而超出合理使用范畴，则应当承担法律责任。“首次销售”原则（first-sale doctrine），又称“权利用尽原则”，在版权法领域中，它是对版权人所享有的专有权利（发行权）的限制。该规则被适用于在本国销售本国生产的作品复制件时，并不存在争议。但该原则是否可以适用于平行进口（未经知识产权权利人许可，从国外合法购买并进口权利人在当地制造、销售的知识产权产品的行为）中作品复制件的销售行为，即版权的权利用尽是“地区用尽”还是“国际用尽”，不同国家有不同标准，一直存有争议。当地时间 2013 年 3 月 19 日，美国联邦最高法院就 Kirtsaeng v. John WileySons, Inc. 上诉案作出裁定，推翻了联邦第二巡回/上诉法院 2011 年 8 月就此案作出的二审判决。联邦最高法院认定：“在国外合法印制的版权作品复制件适用美国版权法第 109 条第 a 款规定的‘权利用尽原则’，即泰国学生 Kirtsaeng 将在泰国出版发行的正版教科书拿到美国再出售赚取差价，并不违反美国版权法。”①

---

① 判决具体信息可见：https://www.supremecourt.gov/opinions/12pdf/11-697_4g15.pdf，访问日期：2016 年 11 月 5 日。

二、案例教学

（一）课前阅读

就阅读而言，每学期的第一堂课，从一开始，授课教师就会对其课程进行简明扼要的介绍。其中一部分是介绍课程得分的各项指标，例如课上讨论与课后作业各自所占期末考试的权重；另一部分则是给学生开阅读书单（reading list），而这一阅读书单才是掌握整门课程精髓的“屠龙宝刀”。

阅读书单一般会涉及本门课程指定的参考书目，包括书名、作者、出版社、版本、出版日期、购买与下载途径，并且区分必读书目和选读书目。为了配合课程进度，书单会明确学生需要准备的案例，同时标注用于课堂讨论的案例，以及主要通过授课教师讲解的案例。

法学院授课所使用的案例书动辄上千页，但是课堂涉及的案例不会超过教材页数的一半。因此，在真正开始学习前阅读课本，并不一定能够在课堂上用到。教授在开学初会分发教学大纲（syllabus），在授课结束后一般会布置或强调下一堂课程的阅读任务，一般只需要按部就班地阅读教授指定的范围即可，指定范围通常包括课本的页码范围、教授群发的电子版材料（含PPT等）和某案例材料（需要学生使用数据库检索）。教学大纲通常包括本学期每节课的主讲内容、每节课提前阅读的书本页码及其相关资料、每节课的性质（讲授课、讨论课或阶段小结课）等。①

上课前，学生可以多练习提炼案件事实，关注核心问题，精简摘录法官的论证过程，如此，在面临课堂上教授苏格拉底式的诘问，则有据可依，能够充分参与课堂讨论。参与讨论的英语词汇量要求并不高，主要是日常词汇、基础性法律专业词汇以及预习材料中的新概念等。法学生学习的案例多是创建新规则的经典案例，分析语言一般较为严谨细致，引用很多先例。许多案例教程的章节后附有注意事项与课后问题部分（notes and questions），其中的

① 张帆：“美国法律教育初体验——北卡大学教堂山分校见闻录”，南京财经大学法学院网站，http://fxy.njue.edu.cn/content.asp? id=1164，访问日期：2016年10月11日。

课后问题仅有设问，而没有回答。以美国杨百翰大学法学院的宗教自由研讨会课程为例，Gene Schaerr 教授是华盛顿 D. C. 执业的律师，每周五从首都到犹他州进行讲学。其讲授“Protecting the freedom to Define and Carry out One's Religious Mission”一章时，布置了教科书中的“Chapter 10：III&IV：Religious Autonomy”部分以及 Hosanna-Tabor v. EEOC（2011）案例材料的阅读。

可是，如果单纯相信授课教师在第一堂课上对于课程内容的简要介绍，学生就觉得只要发挥“头悬梁、锥刺骨”勤奋刻苦的拼命三郎精神，即能把本门课程完成得八九不离十，那么就很有可能小瞧授课教师设计本门课程的良苦用心与经验智慧。因为，阅读工作并不像授课教师说的那么轻松。在阅读时，学生往往会发现，授课教师只是提及了阅读中的核心部分，而这个核心部分所占阅读工作量的比例，远比想象中得少。

通常来说，指定的必读书目会是基础性教材，讲的是本门课所涉及的基本法律概念与基本理论框架。读过必读书目后，学生可能只对这门课有了一个粗略的概貌性了解。而如果要理解这些概念与细致的法律规则，并且熟知与运用这些规则，同时，在运用这些规则的过程中，体会到立法者用心之良苦、法律条款设计之精妙，那么，学生的阅读量就在以几何积数倍增。于是乎，就要求学生一定要去阅读选读文献，而非按字面解释，“选读文献”就是仅凭个人喜好挑着读乃至不读。那么，在这样的情况下，学生需要先扫清全部待读文献中的专业法律术语，特别是拉丁语术语，编者推荐使用 Black's Law Dictionary、元照英美法词典与牛津法律大辞典。接下来，在之后的阅读过程中，需要厘清文献中的作者观点、论证思路、论证手法、得出的结论。这就需要学生一边阅读一边思考整个文章的行文脉络，揣摩作者在探讨一个什么样的法律问题，其所涉的立法背景为何，如果这个法律问题摆在我面前，我需要采取何种方式将之处理，而如果切换身份，我是法官，我会如何看待这一问题，那么我是当事人呢？又或者是代理律师与陪审团呢？在持续不断的自我设问中，才能真正把所读篇章理解消化。

近年来，“翻转学习”的教育概念愈加成为国内教育领域的研究热点。以现代多媒体技术为基础，“翻转课堂”将传统课堂中的“课上”活动和“课下”活动进行互换，传统的知识灌输教育变为多媒体化的预习引导部分

[包括微课、慕课(Mooc)等形式],课上的有限时间教师用以引导、串讲以及组织同学讨论并解答疑问。①编者观察美国案例教学法,认为其实践了“翻转课堂”概念的要义。在一堂课程正式开始前,老师要求学生必须阅读相关案例以及对应文献材料,以邮件组或者网络公告方式通知阅读任务。需要严格执行预习任务完成“翻转课堂”中的知识灌输部分,课上留有时间由教师引导建立学生的方法论意识,学生借助之前自学的基础概念,主动提问、参与讨论,增加学习积极性与有效性。

(二)课上互动

1. 教师提问

美国律师必须具备寻找、阅读和分析案例的技能。学生应学习如何推导出法律规则,并将其应用到新的事实环境中。②因此,美国课程的设计多是学生阅读原始的案例材料,在教师的引导下,自主地学习知识与推理方法。教师在课程中会提出假设,有的老师是引导学生推理,有的老师则是在假设后直接讲解案例与相关法规,梳理完所有知识后,再请学生回答先前的假设问题。

一般来说,一门课每周都有累计 3～4 小时的课时总量,学生在课前可以通过学校的个人用户系统或者授课教师邮件,收到本周需要阅读的具体指定参考文献或者是寻找到待读文献的途径。这个阅读总量差不多平均是一门课每周 100～120 页的劳动强度,而这只是一门课罢了。如果你遇到了一位醉心于教学的授课教师的话,你每周这门课的阅读量就很有可能超过 120 页。假如你想快点完成学业,就需要每个学期多选修几门课程,那么每周的阅读工作总量自不待言。

授课教师通常会要求学生边读文献,边写下阅读笔记与总结(summary),而这个总结并不是随便写写就可以高枕无忧了。教授通常会要求学生在每堂课开始之前,将总结上交,并提供若干份纸质版备份,以便分发给一起学习

① 秦炜炜:“翻转学习:课堂教学改革的新范式”,载《电化教育研究》2013 年第 8 期。

② Judith A. McMorrow:“美国法学教育和法律职业养成”,载《法学家》2009 年第 6 期。

的同学。当然，如果是小班授课风格，教授通常会要求发到授课系统的指定位置，并邀请全班同学一起对你的总结进行评价，最后再由教授结合同学反馈，对于经你阅读制作出来的总结给出他自己的个人想法与相应的得分。

这样来看，阅读既包括了“读”本身这一项工作，还要包括潜在的写作，甚至是来自他人的品头论足与自己对他人阅读工作的评价。同时，因为要写 summary，学生就必须参考其他相关文献，这样就必须学会如何有效检索与如何高效利用专业数据库，例如 Heinonline、Westlaw、Google Scholar。

部分法学院中，一年级学生大课的位置是固定的，一方面是便于点名和提问，另一方面是便于开展小组讨论。当法学院老师对着名单随机叫到学生的名字之后，通常会问到的问题包括：（1）请介绍一下案件事实（本次课之前要求预习的内容）？（2）原告的诉讼理由是什么？（3）法院是什么样的判法？（4）针对推理思路或裁判结果，你的观点是什么？（5）你的理由是什么？

当学生给出一种解读思路，老师的下一个问题也许就是：作为一名律师，你将如何反驳你刚才的论点？在一堂百人的课上，某一位学生被连环追问五六次是完全可能的，上节课已经被提问过了，也并不意味着本学期剩下的课程中就登陆了“安全岛”，提问是完全随机的。对于没有预习或是思维敏捷的学生，被重复提问到的几率在某些课程上可能更大。曾经有一位严厉的教授，提问到一位没有做预习工作的同学，教授让同学当场完成阅读后回答他的问题，百余位同学等待其阅读作答。

利用课堂的部分时间，教师也有可能为实现教学效果进行知识传授，例如在写字板上进行图示说明。部分教授的板书会采取缩写模式，对于非母语者更需要提前了解掌握一些通用的缩略用语，例如“ct”指代“court”等。在研讨会（seminar）课程上同样有一些必备知识，例如美国联邦最高法院九位大法官姓名及立场等。

2. 教师、嘉宾对谈

部分实践性强的 J. D. 高年级课程，则由教师作为主持人，聘请有经验的法官或律师主讲“法律审判”“法律辩护”类课程。南加州大学法学院开设有“美国法制体系导论”（Introduction to U. S. Legal System）课程，这门课程由加州洛杉矶审判法庭的一位法官讲授。课程内容主要围绕美国的一部现实版电影 A Civil Action（《民事诉讼》）进行，学习美国民事诉讼运行模式。这部纪实电影在美国影响较大，很适合作为外国学生学习美国民事诉讼法的切入点。为外国学生开设的课程还包括美国法制体系基础（Foundations of American Legal System）与美国法制研究（U. S Legal Research）等。

实务界嘉宾以及实务经验非常丰富的教师为美国法学院教育职业化办学贡献过许多力量。例如，宾夕法尼亚大学法学院邀请特拉华州最高法院法官讲授公司法，遵循案件的脉络，串联起要约收购基本准则的发展变迁史。

3. 主题报告

在高年级课程中，由教师主讲、学生做主题报告的课堂模式较为常见。一般是部分时间由学生做主题报告，部分时间交由老师主讲。在学期中，每一位同学均有报告的机会。以美国杨百翰大学法学院的家庭法课程来看，课程按周分为若干主题，例如，结婚、离婚、抚养、父母与成年子女的经济义务、监护、探视、财产分割，学生可以认领报告题目，进行研究与展示。与国内法学院研究生课堂上的学生报告不同，美国法学院的学生报告基本上亦围绕案例展开。以离婚部分的报告为例，学生首先区分过错离婚模式与非过错离婚模式，例如，Ibrayeva v. Kublan、Davis v. Davis、Carambat v. Carambat、Watts v. Watts、Vandervort v. Vandervort（Oklahoma，2005）、Bchara v. Bchara（Virginia，2002）等，每个案例从案件诉讼历史（history）、说理（reasoning）、法院观点（holding）部分进行梳理，列举梳理过错的判定因素与反驳理由。梳理的理论可以从相关案例中归纳，也可以通过阅读相关学术文献而获取。在学生报告结束后，教师矫正错误使用的概念，提出假说，升华讨论主题，例如，过错原则的变化，体现了环境改变法律抑或法律改变环境？

最后，教师给出操作要点（practice pointers），包括处理此类案件的策略、对于客户目的的洞察、了解客户在此类案件中的期望等。作为一名合格律师，律师应当具有确定案件关键、寻找解决方案的素质，在确定案件关键问题后，应当停止被动倾听，而通过有选择的发问，获取有效信息。

4. 研讨会

研讨会（seminar）式的课堂一般为高年级学生开设，限制课程人数容量，通常不超过20人，教室采用U形桌子，便于各位同学开展讨论。许多研讨会课程“内容上以原典为主、方法上以讨论为主”。[①]讨论课的成功与否取决于每一位同学的参与程度，而是否能够参与讨论取决于是否进行充分预习准备。在讨论课上，大部分人的笔记模式是要点模式（bullet point），如果记得过细，容易变为讨论课的旁观者，偏离讨论课设置的原初意义，如果记录得过于简单或者不记笔记，在课后往往难以回忆复习讨论内容，不利于巩固知识。在讨论课上，大胆抛出观点，让老师与同学帮助剖析自己的思路，对于方法论的建立具有诸多裨益。

以美国杨百翰大学法学院的宗教自由研讨会课程为例，Gene Schaerr 教授在其中一堂关于“Protecting Institutional Interests in Government Benefits and Partnerships”的讨论课中，布置了每周任务，举例如下：

Chapter 12：Financial Relationships Between Religion and State

Discuss Supreme Court Mock Argument Assignment

Assignment # 3：Draft Short Discovery Motion；Argue if Desired

Paper Option：Thesis Statement，Outline，Bibliography.

可以看到，任务清单分为几个组成部分，包括阅读教材中的特定章节、讨论任务、法律文书练习、论文总述、提纲、书目提要等。

（三）课后任务

1. 课堂笔记的处理

提及课堂笔记，一般分为两种类型，一种是随堂记录式（take notes）——随堂笔记；另一种是临到期末考试之前，需要交给授课教师的对于本门课进行梳理后的归纳总结式笔记（outline）。

---

① 何卫平：“关于‘Seminar’方式的意义——兼谈德国大学文科教学中解释学和辩证法的传统”，载《高等教育研究》2011年第4期。

对随堂笔记，一般是学生在上课过程中，边听讲边记录的。这自然要求学生对课程的熟悉程度、对授课教师讲解内容的理解力与反应能力、现场的速记能力，提出了较高要求。那么，即便是对于来自以英语为母语国家的学生来说，做好一份随堂笔记，都会存在一定难度。面对这样的情况，初到法学院的新生，特别是中国学生，有以下几个办法可以解决记录随堂笔记的难题。

第一，对于本身英文听说能力强，又在课前进行过充分预习的学生来说，可以在课前针对当日听课内容，将自己不是非常清楚的知识点作出相应记号，用不同记号或者不同颜色进行标注，以呈现出解决问题（problem-solving）的不同区分度。这样，在授课教师讲解之时，学生能专注于自己并不理解或者理解差强人意之处，有的放矢地做笔记。同时，也避免注意力平均着力，徒耗精力。

第二，对自己英文不是特别有信心的学生，也可以在采取上述方式之余，同时采取课后向同班同学中学习佼佼者，借阅笔记，从而保证听课质量。自然，如果总是向同一位同学借阅笔记，总是会有些不可名状的尴尬。有些学生会把自己的笔记分享在 GOOGLE 学术上，这也是一种渠道。

第三，如果深感听课吃力，为了保证听课效果，那么可能就要采取更为进一步的办法，那就是采用录音笔录音，并在下课后，重新回放课堂录音，将授课内容一一誊写出来。这样做的好处在于，能在一段时间之内，保证功课快速提高；不好之处在于，会比较浪费时间。可是，必须要考虑到，如果一门课连听都比较吃力的话，再不多投入些时间，只怕是功课越拉越远，难以保证期末考试取得理想成绩。

可以想象，如果针对有志于考出 A 甚至于是 A + 分数的学生而言，也不妨结合自身情况，将上述学习方法择几项同时使用，从而更快达成学习目标。

对于 outline，通常来说，此种笔记更加类似于学生本人对于本门课学习的知识树型图。学生可以采取比如图画、思维导图、表格等形式，对各章节内容进行归纳总结，包括各概念之间的联系、各法律规则的运用或者各理论学派的观点如何体现等。无论是采取手写还是电脑制作，只要学生能有逻辑地把本门课说清楚，形成个人的知识网络体系，这门课就没白读。

当然，outline 这种笔记一般都建立在前述随堂笔记的基础之上，而完成 outline 的时间，可能会因人而异，如果想保证最好的学习效果，可能这份 outline 需要几易其稿。虽说“文章千古事，得失寸心知”，通常用于写作一事，然而，outline 这种需要用心揣摩并强调个人风格与创意的笔记，几乎与写作的难度也并无二致。故而，学生只要用心，都会颇有心得。

2. 作业

美国法学院的作业形式多种多样，包括各种形式的文章或是简答、论述题、课堂报告（presentation）、论文（thesis）以及民事起诉状（complaint）、动议（motion）等法律文书的形式。

在一年级法律写作课程上，初期经常进行案例摘要（case briefing）的基础练习，在写作技能课程上经常能够遇见的作业包括呈交指导律师的备忘录（memo）、客户信函（client letter）、诉书（brief）等。合同写作课程分为普通公民之间的合同谈判以及律师之间的合同谈判，对于普通公民之间的合同谈判，学生可以通过抽签分组，两人一组，交互担任买方与卖方。例如，想象买卖房产，想象房屋买卖中可能涉及的问题，通过谈判达成买卖合同的主要条款，熟悉房地产买卖的相关规则。

在做作业时，学生需要熟悉各种法律工具书与数据库的使用方法，除了国内法学生熟悉的 Lexis Nexis、Westlaw 等数据库，还有典型的工具书包括：United States Supreme Court Reports（Lawyers' Edition）、West's Federal Practice Digest、ALR Index、American Jurisprudence（2nd）、Corpus Juris Secundum（CJS）等。

3. 课外实践

大部分法学院学生在寒假与暑假主动寻找实习机会，不仅为寻找工作做准备，还能检验自身是否适合法律行业。除了律师事务所之外，法院、公司、行政机构、社会组织等机构均有法学院学生申请实习。在许多法学院，例如北卡罗来纳大学教堂山分校法学院，教授会带领学生赴法院、律师事务所、公司、银行等实务部门进行交流，参访反家庭暴力庇护所（shelter）等社会组织。法律援助类课程可能规定学生每个星期须在所在地的法律援助事务所实习8～12 小时。

除上述外，还有一种课外实践是模拟法庭（mock trial）。作为竞技性项目，现在国内法学院亦广泛开展模拟法庭活动，并在国际赛场取得不俗的成绩。模拟法庭与真实的法庭场景并无二致。参加比赛的两队，各自派出自己的证人与律师，结合比赛案情，进行一场模拟庭审。一般来说，法官由第三方担任，最为重要的是，法官常常是现实生活中真正的法官或者律师。法官除了对于庭审中发生的案件作出最终裁决，还要给包括证人与双方律师在内的每个参赛选手的各个环节打分。最后，依据每支队伍的总体分数进行排名，一决雌雄。

赢得竞赛，不单纯依靠每支队伍选手的个人水平，更重要在于每只队伍的团队合作协调能力。在整个模拟法庭训练过程中，选手们不停地揣摩案例，反复地商讨诉状行文与论辩技巧，一次又一次地对案情所涉及法条进行反复比照并进行阐释。可以说，模拟法庭是对于一个法科学生最为全面素质的综合考评。在整个过程中，参与学生既要弄清案情始末、法条的来龙去脉，还要注意整个庭审过程中的沟通技巧与情绪控制能力，包括对于队友的鼓励、支持与指导。

不可否认，一场模拟法庭结束后，参与学生收获的不仅仅是法律技能的显著提高、个人的心智成熟，更是惺惺相惜与并肩作战的友情升华。而经过模拟法庭的淬炼，对于学生在求职过程中的帮助自然不言而喻，这也将成为招聘方考量的重要指标之一。

法律属于应用型社会科学，法律的运行与本土社会、政治和经济背景存在千丝万缕的联系，因此，美国法学教育模式十分鼓励学生走出课堂，结合实践，逐渐成长为美国价值体系的核心参与者。

第二节　美国法学院课程框架和课堂设计[①]

一、课程框架

（一）课程学分配置

根据部分法学院政策，如果在 LL. M. 学位中取得优异成绩（通常为10%），从 LL. M. 学位直接转到 J. D. 二年级继续攻读 J. D. 学位，攻读 LL. M. 学位过程中的若干成绩均可以作为 J. D. 学位一年级的成绩使用。LL. M. 学位在 1 年内内需要修习 20 个左右的学分，通常不会超过 30 个学分。如果是 J. D. 学位，美国律师协会（ABA）要求 J. D. 学位的获得者需要修满 80 个学分，才可以报考申请律师资格。J. D. 第一年通常在学习基础必修课，第二年开始根据感兴趣的方向进行选修课的学习。学分与学时相对应，一学期 15 学分的课程，一般是修习 5 ~6 门课程。

美国的 LL. M. 课程可以分为通行项目（general program）与特殊项目（specialized program）。大多数法学院均开设通行项目，教授宪法、刑法、刑事程序法、证据法、合同法、侵权法、不动产法等法律课程，这些课程中包含作为美国基本法的宪法和各州通用法，属于 BAR 考试中的全国联考部分。对于 LL. M. 学生今后学习，学生可以根据兴趣偏好自主选修课程。LL. M. 课程特殊项目涉及的法律专项包括但不限于：税法（Tax Law）、破产法（Bankruptcy Law）、银行法与财务（Banking Law or Financial Services）、环境法（Environmental Law）、国际法（International Law）、知识产权法（Intellectual Property Law）等。以上课程 LL. M. 项目的学生通常和 J. D. 学生同堂上课，知识产权法方向的主修课程包括：版权（Copyright）、专利法（Patent Law）、知识产权调查（Survey in Intellectual Property）、知识产权诉讼

① 本节主要由吴才毓博士和李晓郛博士共同整理和编写。

(Intellectual Property Litigation)、知识产权许可(Intellectual Property Licensing)、反垄断法(Antitrust Law)、知识产权保护(Intellectual Property Protection)、生命伦理学与法律(Bioethics and Law)、信息隐私法(Information Privacy Law)、产权理论(Theory of Property Rights)、国际法(International Law)、版权、技术与创新(Copyright, Technology and Innovation)。

国际法专业方向的LL. M. 可以学习的科目内容包括:海事(Admiralty)、亚美法理学(Asian American Jurisprudence)、商法(Commercial Law)、移民权利(Immigrants' Rights)、国际组织(International Organizations)、人权(Human Rights)、法律与社会(Law & Society)、美国法律方法论(U. S. Legal Methodology)、美国法律研究、写作与分析(U. S. Legal Research, Writing and Analysis)等。

美国的环境法教学主要针对环境法律体系、环境法基本原则、环境监督管理体制、环境法基本制度、环境法律责任、污染防治法、自然保护法等设计课程,旨在规范人与自然的关系,加强人口控制、资源保护和管理。环境法专业方向的LL. M. 可以学习的科目内容包括:环境法调查(Environmental Law Survey)、环境法技术与实践(Environmental Law Skills and Practice)、行政法(Administrative Law)、环境律师科学(Science for Environmental Lawyers)、动物权利与法律(Animal Rights & the Law)、生态学与法律(Ecology & the Law)、环境司法(Environmental Justice)、历史保护法(Historic Preservation Law)、国际环境与贸易(International Environment & Trade)、土地使用(Land Use)、能源法(Energy Law)、环境法与政策(Environmental Law & Policy)、公共政策(Public Policy)、可持续性发展(Sustainable Development)、野生生物法(Wildlife Law)等。

试举几例,选择在家庭法方面深入研究的学生,除了通常的家庭婚姻法课程外(包括亲子法、婚姻法、遗嘱与继承法、反家庭暴力法等),还需要选修公司法、税法和证据法的课程,以理解如何持有和转让家庭财产。[①]税法方向主要关注美国税法与立法方面的学习和研究,特色课程包括:联邦税务

---

① Judith A. McMorrow:"美国法学教育和法律职业养成",载《法学家》2009年第6期。

（Federal Taxation）、不动产与赠与税（Estate & Gift Tax）。修习该课程可以尽早胜任税务咨询服务岗位。银行法方面，学生需要学习保险、系统风险、保护银行机密、信用额度管理、经济犯罪等方面的法律法规。课程包括：商业组织法（Law of Business Organizations）、公司治理（Corporate Governance）、世界贸易组织法（Law of the World Trade Organization）等。

（二）教材的逻辑线路

美国教材的篇幅设置多是吸取实践中的原始材料，在教学中使学生迅速社会化，使法学生的思考方式变为律师的思考方式。

专著式教材中，以侵权法为例，侵权法中的部分要素是两个法系所共通的。但美国法学院课堂上的侵权法教材的逻辑结构与国内侵权法教材相比，还是存在很多不同。以 Richard A. Epstein 等学者写作的侵权法教材（共计22章）为例：

第一章　故意侵权
第二章　针对故意伤害的防卫
第三章　严格责任与过失：历史
第四章　严格责任与过失：概念基础
第五章　过失：理性人与不合理风险
第六章　过失：习惯与成文法
第七章　过失的证据
第八章　原告的行为
第九章　多人侵权
第十章　因果关系
第十一章　积极义务
第十二章　所有权人与占有人的责任
第十三章　传统严格责任
第十四章　非法妨害
第十五章　产品责任：理论与历史

第十六章　现代产品责任法

第十七章　损害

第十八章　诽谤

第十九章　隐私

第二十章　误传

第二十一章　经济损害

第二十二章　豁免

医疗伤害侵权和运动伤害侵权都被放置于第一章“故意侵权”中讨论。①更细节方面的逻辑框架，案例教程系列的教材中，一般需要阅读完整的判决书，需要剔除大量判决书中的冗余信息。以合同法为例，Barnett 的《合同法：案例与原理》第一章“合同法概要”中，可以分为几个主要问题的讨论。

第一，合同的本质和历史方面，Shaheen v. Knight 案件中，医生和患者可以针对特定结果谈判订立合同，如果特定结果没有达成，则可作为违约诉讼的诉因。第二，合同的自由与公共政策方面，著名的“M”婴儿案件（the Matter of Baby“M”）中，代孕母可以在怀孕前声明放弃或终止代孕合同。代孕合同因违反成文法以及公共政策而违法无效。而 Johnson v. Calvert 案件中，认定“期望生下孩子并抚养孩子的女性为其生母”。②

在《财产法：规则·政策·实务》第一章中“财产的原始取得”中，分如下几个角度开展讨论：新闻与不正当竞争法、人类基因的专利属性、工作与家庭、遗嘱与继承、婚姻、野生动物、石油与天然气、发现者、不动产等。该教材的逻辑框架与国内物权法教材差异很大，每一个专题围绕一个案例开展论述，例如，新闻与不正当竞争法部分主要围绕 International News Service v. Associated Press 案件展开，媒体从其他收集新闻的机构获取具有营利可能的新闻，构成侵吞财产权。

例如，税法以法典内容为基础展开教学。LL. M. 项目中设置有税法方

① Richard A. Epstein, Torts, 5th ed., Aspen Law & Business, 1999.

② Randy E. Barnett, Contracts: Cases and Doctrines, Aspen Law & Business, 2012.

向，以纽约大学法学院为例，其中税法项目基本上仅招收美国本土已经获得J. D. 学位的学生。

二、课堂设计

（一）课时分配

按照美国法学院的课程表，通常没有午休的概念，也没有定时用餐的概念。美国法学院的一堂课程时间持续在50分钟左右，也有老师会按照自己的教学计划将课程拉长、把两个下课间歇时间合并为一个，但总体上很少老师会拖堂讲授。每周2个学时或者3个学时中，课程富于参与感与对抗性，其中体现了教师的教学艺术与教学智慧。

法学院课堂无论是大课还是小课，都主要以案例研讨为学习脉络，还原一堂典型法学院课堂的设计：

第一部分，导入部分。部分教师会简单回顾上星期课程所学习的内容或对前面几周的内容进行串讲，为本周的课程作一个导入，时间基本上控制在5～8分钟内。

第二部分，进入正题，针对本次课需要讲解的几个案子，随机或者按照名单顺序点名要求同学陈述案件事实、案件中原告与被告的论点、案件的裁判结果等。

第三部分，提升部分，请同学回答所讨论案例中的核心规则，案例中的事实情节为什么可以适用这种规则，强调规则的概念、源流或其他适用规则的复杂情形。其中，通过不断的提问和引导讨论、点拨传授，教师会让学生感到这堂课有一条推理的逻辑线路，学生随着以上案例要点的层层推进，自己主动明白知晓了整个推理过程。

课程中也有可能出现教师发散过广、大量课堂时间在传递不相关信息的情形，这种情形属于教师失败的课堂设计。这种情况下，一般需要阅读同种课程往届的笔记，结合案例教程内容与小组讨论，学习该门课程。课下也可以好好利用各位授课教师的接待时间（office hour），到访老师办公室提问。大部分老师在方便的时间内都十分愿意提供帮助。

（二）学习目标

1. 概念

在案例教程当中，核心概念以及相应的逻辑框架并不可少，概念往往内化在案例之中予以揭示。在美国法学院的学习中，美国法律体系（Legal System）、审判法院（Trial Court）等概念是基础知识，很多概念均须掌握，举例如下：

先例法则（Rule of Precedent）中，在判例法国家，先例具有对以后同类判决的约束力。而哪些判决构成同类判决，需要进行规范的类比与演绎。美国先后出现过多种确定先例规则的理论，先例法则顺应社会发展而变化，具有复杂性。[①]成文法（Statute），是指由各国的立法机关根据宪法的授权，按照一定的立法程序制定的具有普遍效力的法律条文。为统一适用，专利法（Patent Law）、税法典（Internal Revenue Code）是典型的成文法制度。

在一门课程内部，教师可能会提示更多核心概念，有时该概念表现为重要案例。以家事法为例，Moore v. City of East Cleveland、Maynard v. Hill、Meyer v. Nebraska、Loving v. Virginia、Hernandez v. Robles、US v. Windsor、Griswold v. Connecticut、Roe v. Wade、Planned Parenthood v. Casey、Gonzales v. Carhart、DeShaney v. Winnebago、Pierce v. Society of Sisters、Prince v. Massachusetts、Troxel v. Granville 等案例中，确定宪法所赋予的婚姻自由等价值秩序、父母养育子女的义务等这些核心概念应用于案例中的情节。

以财产法为例，研习案例的过程中，学生不断需要掌握新的语词概念，例如，在 Johnson v. M'Intosh、Landowner v. Landowner 等案件中，需要学习 ejectment、deed、tenants-in-common 等概念，在 Tee-Hit-Ton Indians v. United States 案件中，需要学习 certiorari、possession、proprietary ownership 等概念。在各部分学习中，不断巩固自身的法律英语体系。

---

① 邓矜婷："确定先例规则的理论及其对适用指导性案例的启示——基于对美国相关学说的分析"，载《法商研究》2015 年第 3 期。

2. 方法与技能

虽然案例法学中的材料精深浩叠，实际上传授知识始终离不开概念，每一个教程章节的核心概念并不会非常多。掌握这几个概念是什么、如何将此概念区别于彼概念、什么情形下可以使用此概念、什么情形容易误用概念等，与大陆法系中强调构成要件的识记一样，英美法系中的案例教学法中，概念仍然是奠定法律价值观与方法论的基石。

结论在美国法学教育中并不重要，关键在于案情的观察者如何推理。在上课过程中，制作案例图表（case chart）的方法在梳理规则时十分有用。在案例图表中，可以记录案例名称（name）、案例事实（fact）、管辖（jurisdiction）、裁判结果（holding）、成文法（statute）、核心问题（issue）、相互参照（cross-reference）等。

律师作为第三产业服务业中的典型职业，与其他中介服务业一样，应当具备进行有效信息沟通的能力。因此，如何有效沟通信息对于律师而言是安身立命之本。在法学院以及日后工作中的知识储备工作，很大程度上是为传达信息而服务的。在美国法学院中习得的技能，例如，如何比较个案之间的相似点、如何从繁复个案中抽象出统一规则、如何写作备忘录（memo）、如何写作诉书（brief）等，是实践中的必备技能。

3. 课程的其他目标

（1）引用、引注方法。

几乎所有的美国法学院中通行一套引注方法，即由哈佛法律评论、哥伦比亚法律评论、宾大法律评论、耶鲁法律评论编辑部一起编辑的蓝皮书（The Bluebook: A Uniform System of Citation, 20th Edition），其在 Amazon 的售价是 $37 左右。这本书的内容是美国任何一位法学生、律师都需要掌握的。

蓝皮书的内容极为丰富纷杂，不仅包括引注的结构与使用场景、字体、缩写、数字、符号和斜体，还包括法官、公职人员和法院名称的写法。宪法、法规和其他立法材料、行政和执行材料的引注方法应当区别开来。书籍、报告等非周期性印行的资料与周期性印行的期刊资料的引注方法不同。未发表和即将发表的信息、电子媒体和其他非纸质版本资源、国外材料等引注方法均在蓝皮书中作出规定。在国外材料部分，为更好地利用蓝皮书，学生可以用书签标记其中的各个部分，例如，可以分为案例、成文法、联邦法院、新闻报道等数十种不同文献材料的引用方法。关于如何使用蓝皮书，还有《掌握蓝皮书》（Mastering the Blue Book）等相关材料进行解析。

（2）法学院考试。

法学院的考试大部分为开卷考试，经常会考到的题目类型，一种是案例分析，一种是理论论述题，还有小部分情形中会出现多选题。其中，案例分析题考察的频度最高。针对考试题目中的案件事实，以普通法中总结的规则对应分析之。考题一般内容多、字数多，由命题教授虚构。案例中特别是刑法案例可能具有悲剧性的情节，考生应当以客观理性的态度分析之。考生需要在最短的时间内，精炼案件事实，考生在其中寻找法律适用点，具有针对性地组织语言开展分析。

法学院的考试时间可能超过八小时，即八小时内可以去洗手间、吃饭，甚至去图书馆查阅资料。有些法学院的期末考是在 12 小时的考试中限定答卷字数，要求考生用简明语言有效阐明观点，考生可以将试卷带回家从容处理。期末考试通常还要求考生具备足够快的打字速度，一般而言，每分钟至少打 70 个单词以上，能够保证基本完成考试任务的需要。例如，考试形式为在三个小时内打出 7000 个单词以上的文章。

虽然考试多是开卷形式，但如果不预先准备，临时拿着案例教程翻翻，得高分几乎是不可能的。绝大部分学生均会准备自己平时预习以及之后复习所准备的提纲（outline），用以应对期末考试。除此之外，还有学生会列一须注意事项（checking list），提醒考试时应当注意的地方。在考试技巧方面，也有学生会在答题的尾声进行公正等法哲学、法政策层面的讨论。总之，平时超量地完成阅读任务，将各类案件事实条件翻来覆去地变换分析，做好归纳梳理工作，会让忙碌的考试周稍稍轻松一些。在学期中教授反复强调的考点往往是期末考试重点，上课没有谈到的内容基本不会考到，围绕期末考试开展平时的学习也是不少同学的攻读思路。

（3）执业资格考试。

与中国不同，美国没有国家统一司法考试/国家统一法律职业资格考试，对法学院毕业生来说，律师资格考试等同于执业资格考试，是走上法律职业最重要的考试。虽然美国法学教育为职业教育，但是许多法学院毕业生还是会在参加州律师资格考试之前申请 BARBRI（类似国内三校名师、万国等司法考试辅导机构）提供的有偿辅导。美国律师资格考试的范围、题型、分数、通过率等内容，本书第三章将会有专门的介绍。

第三节　对美国法学教育的思考与借鉴[①]

诚如埃德蒙·伯克所说："在这个世界上，恐怕没有一个国家使法律成为一门如此普通的学科。这种职业本身人数众多，又握有实权，在大多数殖民地居领导地位。大多数进入国会的代表都是律师。"世界上没有哪个国家像美国这样让法律和律师在自己国家的建立和发展当中发生了如此巨大的作用，美国的建立过程在一定程度上是法律斗争的结果。签署《独立宣言》时共有 56 人，其中 25 人为律师；制定联邦宪法时参加制宪会议的代表共 55 人，其中 31 人为律师。正如托克维尔（Alexis-Charles-Henri Clérel de Tocqueville）指出，在美国并非只有法院才有法学家精神，这种精神早已远远扩展到法院以外，在美国，几乎所有政治问题迟早都要变成司法问题，因此所有的党派在它们的日常论战中，都要借用司法的概念和语言。[②]

同为判例法系，英国法和法学教育对美国法律的发展有着十分深刻的影响，但是美国的法学教育在与美国法律职业协同发展的过程中形成了十分鲜明的特色。美国法律教育的历史大体可分三个阶段：第一阶段，殖民地时期（1607～1776 年），这一时期主要是留学英国和在本地法律事务所进行简单的学徒式训练，其目的在于培养律师。但是，也有相当的一部分人是经过自学获得律师知识。第二阶段是初创时期（1776 年至 19 世纪中期），这一时期主要是在教学条件较为优越并且完全放弃了法律业务的律师事务所的基础上，

① 本节主要由李晓郛博士和曲秋实博士共同整理和编写。

② 徐立："美国法学教育及其对我国的启示"，载《法学杂志》2012 年第 12 期。

仿照布莱克斯通讲授法律的教学方法创办法律学校。利奇菲尔德法学院是最早的专门设立法学教育的学校之一，是美式法律教育的开端，并且从一定程度上确立法学教育的基调，对美国后代的法学教育产生了深远的影响。第三阶段是南北战争时期，法律教育进入创造性的发展时期，并大体确立今天美国法律教育制度的主要基础。到19世纪中叶，全美已发展大约15所法学院，但法学教育仍走的是职业培训的路子。到20世纪初，法学院已然成为大学的热门和主要学院，在法律教育中占据统治地位。[①]如今美国共有300多所法学院，法学院教育已经成为进入法律职业的唯一途径。

20世纪初，美国法学教育经历从主要是学徒制培养模式到正式的职业教育模式的重大转变。现代美国法学院是三年制的研究生学位教育，以培养法律职业人为使命。对于美国法学院在多大程度上实现了这种职业教育的使命，存在很多争论。法学教育要求学生同时专注于夯实学术基础和在实践中应用学术知识。在美国法律职业中，经常存在这样一种争论。有人主张，美国的法学教育过于重视学术而没有为学生成为执业律师做好充分准备。而一些其他的人则反对这种专注于学习分析技巧的“商业法学院”观点。如何平衡这些相互冲突的观点，美国法学院有很大程度的自主空间。[②]

与发达国家民众此起彼伏的“反全球化”浪潮不同，中国大陆对全球化持接纳甚至是欢迎的态度，具体到法律领域，全球化表现为法律全球化。编者认为，法律全球化在中国的主要表现是美国法律全球化/美国法律中国化，美国法律制度、法治观念、法学教育等影响之大、之深，大多数中国法律人都不会否认。在可以预见的未来，随着国人赴美增加和学术交流加深，影响还会持续深化和加强。因此，一方面，美国法学教育好的地方国人可以吸收和本土化；另一方面，美国法学教育的弊端也值得注意和警惕，避免“自我殖民化”。[③]

国内法学教育起步较晚，与美国相比存在着显著差别。首先，在法学教

---

① 徐立：“美国法学教育及其对我国的启示”，载《法学杂志》2012年第12期。

② Judith A. McMorrow：“美国法学教育和法律职业养成”，载《法学家》2009年第6期。

③ 沈明：“法学院的生意：美国法律教育困境的制度分析”，见苏力主编：《法律和社会科学》（第14卷），法律出版社2015年版，第169~218页。

育层次方面，国内法学教育的层次十分复杂。法学院并非培养法学人才的唯一场所，各种职业学校、司法学校也介入到法学教育中来，造成法学教育质量参差不齐，同时带来法律职业的不同进入渠道，为法律职业共同体的形成造成了一定的障碍。例如，早于国家统一司法考试存在的企业法律顾问资格考试，这是与律师资格考试内容交叉又有替代性质的一种法律执业资格考试（后由于2014年8月12日《国务院关于取消和调整一批行政审批项目等事项的决定》出台而尴尬落幕）。[①] 这可能也是教育体制自身的问题，即国内法学院学生入校目的并非明确，与外界社会发展存在一定脱节。许多同学不知道毕业之后干什么或者能干什么。如果自己都没有计划毕业之后干什么，那么在学校如何进行学习或者学习何种知识和技能，就很成问题。这也会影响毕业之后的去向乃至人生的长远规划。编者认为在一定程度上造成这种结果亦非完全是学生自身的原因，国内法学教育存在问题，制度上存在偏差，导向性不够明确。

其次，国内法学院课程设置较为单一、死板，学生自主选择课程的灵活性不足。法学教育课程由教育部统一规定14门主干课程（现已扩展到16门），法学院校之间的课程设置区别较小、特色较少。学校在设置课程中，主要考虑如何维护好课堂秩序，并以此为基点，展开教学管理，往往使得学生的个性没有得到充分重视，让学生在课堂上无法积极参与到教学环节中去。大多数时间里，学生们仅仅只是单向地听课与做笔记，再通过背诵课本与笔记取得期末考试高分。面对大量的法律条文与复杂生涩的课本，学生们想到更多的是如何使出浑身解数去记忆，取得期末高分，一些学生在考试结束后，就将课本束之高阁乃至变卖。学生们很难在这样的学习过程中感受到法律的魅力，更谈不上对于本专业发自肺腑的热爱。

再次，国内法学教育的教学方法相对陈旧、落后。传统法学教学以讲授法为主，以教师讲授为课堂教学中心，讲解法律原理、概念，分析法律状态、规范，这种方法可以丰富学生的法律理论知识，但同时它忽视学生学习主动

① 《国务院关于取消和调整一批行政审批项目等事项的决定》（国发〔2014〕27号），全文可见中央人民政府网站：http://www.gov.cn/zhengce/content/2014-08/12/content_8974.htm，访问日期：2017年2月8日。

性，缺乏对学生实践能力的培养。国内案例教学法使用的范围有限，缺乏创新。近些年来，法学院校普遍开展“诊所式法学教育”实践活动和各种级别的模拟法庭竞赛，然而参与的高校和实施的范围有限。从理律杯、贸仲杯等大型模拟法庭比赛的过程和结果来看，暴露出国内法学教育一些问题，即资深教授由于种种原因，较难长期或者定期参与指导和培训，年轻老师虽然精力较为充沛，但是在科研指标的压力下，往往力有不逮，特别是在一些把论文、课题作为职称主要指标的法学院，资深教授和年轻老师的资源对接上存在问题。

最后，国内法学教育评估的方法与美国也存在着很大差异。国内法学教育评估依靠国家行政力量来进行，由政府教育主管部门来进行，评估的各项指标也较之美国要少。

结合国内法学教育的其他研究成果，编者针对国内法学教育的上述缺陷，提出如下建议：

一是明确法学教育的层次，使法学院的正规法学教育成为进入法律职业的唯一途径。美国法学教育定位在研究生层次，进入法学院的学生必须先完成其他的大学本科教育。欧洲早期的法学教育也是采取这一模式。将法学教育定位为研究生层次的好处在于，法律是社会关系的缩影，包含社会生活的方方面面，有了其他学科的基础，法学院的学生在学习法律的时候就会加深对法律的理解。此外，学生心智相应地成熟一些，生活阅历更为丰富，易于理解法律现象。①

2015 年 12 月，中共中央办公厅、国务院办公厅印发《关于完善国家统一法律职业资格制度的意见》，明确法律职业的范围和取得法律职业资格的条件，从条件上看，基本上确立“法学院正规教育对接法律执业”的要求。然而，还存在具体实施时间以及如何实施的问题。目前可以肯定，意见在 2017 年仍然无法实施，此外允许“获得其他相应学位从事法律工作三年以上的人士参加国家统一法律职业资格考试”的做法表明意见实施还有不足之处。

---

① 徐立：“美国法学教育及其对我国的启示”，载《法学杂志》2012 年第 12 期。

二是法学教育要为法律职业服务。法律职业化是法治发展的必然要求，法学教育应当为这一目标服务。法律职业应当是独立的、有组织的和专业的。西方国家在很早的时候就已经有专门从事法律职业的群体。法律职业者主要从事直接与法律有关的各种工作，一般包括法官、检察官、律师和法学教授等。西方各国在法律职业者一体化培养上进行了较早的实践。法律职业共同体拥有共同的职业信仰、职业标准，具备高超的职业技能。这一群体在国家的法律事务中发挥十分重要的作用和影响。由于历史和社会的原因，我国自新中国成立以来，不太重视法律职业专业化，未形成专门的、统一的法律职业者培养制度。法学教育并非从事法律职业的必经阶段，影响我国司法执法的水平，对法治发展产生许多负面影响。相应地，国内法学院课程设置要减少必修课数量，增加选修课数量，提高学生自主学习的积极性。正如著名教育家梅耶所说："我们应该教会学生如何思考，而不是教会他们思考什么。"[①]相比之下，美国法学院的课程设计涉及面广、专业性强、体系设计科学，既重视学生的基础知识教育又重视对学生自主学习的兴趣培养。而国内法学院课程设计偏重于理论教学，忽视对学生实际的职业技能培养。国内法学院相对缺乏一种对学术性法律研究的制度性激励机制。因为学生首先关心就业问题，侧重于实用课程，对学术性法律问题关心较少，重视必修的法律课程和与自己职业兴趣有关的选修法律课程，关心毕业后通过律师资格考试，对法哲学、法史之类的课程很少关注。[②]这也是今后法律教育改革需要重视的领域。

三是法学教育要倡导终身学习的理念。早在1988年英国律师公会就发表改革报告，列出24项律师需要掌握的技能，这对国内法学教育有很好的借鉴意义：对实体法的足够认识；认定法律问题和就法律问题构建有效和中肯切题的论证的能力；明智地运用一切资料进行研究的能力；明白任何法律的基础政策以及社会环境的能力；分析和阐明抽象概念的能力；识别简单的逻辑

① Richard Mayer, The Elusive Search for Teachable Aspects of Problem Solving, Historical Foundations of Educational Psychology, Plenum Press, 1987, p. 327.

② 张乐平、路景菊："美国法学教育对中国法学教育改革的启示"，载《河北法学》2005年第9期。

上和统计上的错误的能力；书写和讲述清楚简明的汉语的能力；积极学习的能力；认定和核实任何与法律问题相关的事实的能力；分析事实和就被争议的事实构建或批评某论证的能力；对法律实务和程序的足够知识；具有高效率地适用法律的能力，即解决问题的能力；草拟法律文件的能力；在不同场合发表有力的口头或书面论证的能力；对专业及道德标准有足够的知识；在不同场合与客户进行有效沟通的能力，例如，协助客户明白法律以及法律问题、与备受困扰的客户交往、了解客户的不同经济、教育、社会背景，以及了解少数文化的特殊需要；在引导客户提供资料的同时与他建立良好关系的能力；协助客户明白可供的选择以便他作出明智的选择的能力；与客户对手或其代表进行有效的谈判的能力；衡量何时应该将客户转介给法律专业以外的专业人士，向客户提出建议而无损于客户对其信心的能力；协助客户控制常常伴随着民事或刑事法律程序的强烈情绪的能力；向客户以非法律术语的语言提出建议，而尽可能避免煽动当事人之间的反感的能力；与牵涉在同一案件或领域的其他专业人士合作的能力；对有效组织及管理技能的足够知识，包括现供技术的使用。①

① 何美欢：《论当代中国的普通法教育》，中国政法大学出版社2005年版，第101~102页。

第二篇　法学实践部门

第三章 律　　师

在美国《独立宣言》（The Declaration of Independence）上署名的一共有 56 人，其中 25 人为律师；为制定美国联邦宪法而参加制宪会议的代表一共有 55 人，其中 31 人为律师，包括当时最有影响的代表，例如，托马斯·杰弗逊、亚历山·汉密尔顿、约翰·亚当斯、丹尼尔·韦伯斯特、约翰·马歇尔。律师行业一直是全美最具影响力的职业之一。自合众国建立以来，律师界成员在政界占据要职，有着超乎寻常的比例。在美国 200 多年的建国史中，有半数以上的国会议员，70% 以上的总统、副总统、内阁成员均从事过律师职业。美国 1789 年联邦宪法的起草者中有 45% 是律师，从那时至今，律师一直占据参议院 2/3 和众议院一半以上的席位。在很大的程度上，是律师改变了美国，也是律师成就了美国，更是律师完善了美国。①

根据美国劳工部的预测，从事法律行业的人数在 10 年间（2014～2024 年）将会增长 5%，增加约64 600个岗位。按照美国劳工部 2015 年 5 月的数据，全美从事法律行业人群的中间工资是 $ 78 170，远高于全美行业平均中间工资（ $ 36 200）。②全美从事法律行业最富有的人群一定是律师，美国法学教育也是以培养出色的律师为主要目标（见表 3. 1）。

---

① 转引自刘桂明："美国律师如何成为法官检察官"，刘桂明新浪博客：http://blog. sina. com. cn/s/blog_4a47cd200102w5ok. html，访问日期：2016 年 11 月 18 日。

② 具体信息可见"Legal Occupations"，美国劳工部网站：http://www. bls. gov/ooh/legal/home. htm，访问日期：2016 年 10 月 29 日。

表 3.1 美国劳工部统计全美法律行业各部门情况

部门	行业入门所需学位	2015 年中间工资
Arbitrators, Mediators, and Conciliators	Bachelor's degree	$ 58 020
Court Reporters	Postsecondary nondegree award	$ 49 500
Judges and Hearing Officers	Doctoral or professional degree	$ 109 010
Lawyers	Doctoral or professional degree	$ 115 820
Paralegals and Legal Assistants	Associate's degree	$ 48 810

第一节 美国律师管理和资格考试[①]

各门行业都需要新鲜血液补充。ABA 一直关注全美法学院毕业生的就业情况：2015 年全美法学院毕业生为39 984 人，比 2014 年毕业生少 3 848 人；统计毕业生离校 10 个月后的就业数据，2015 年毕业生进入需要律师资格（Bar）的行业比例为 62.4%，未就业/寻找就业机会的比例为 9.7%；进入律师事务所的毕业生人数超过四成。因此，虽然法学院毕业生不会都成为律师，但是律师事务所是全美法学院毕业生的主要去向。[②] 对于国内毕业生，律师在多数情况下不是首选，对“五院四系”的本科生来说，考上研究生或者到党政机关工作的比例都要高于成为律师的比例，而对于研究生来说，成为律师的比例要比本科生高一些，但也不是毕业生的

① 本节及本章开头主要由李晓郛博士和朱韦悦博士共同整理和编写。

② “2015 Law Graduate Employment Data”，ABA 网站：http://www.americanbar.org/content/dam/aba/administrative/legal_education_and_admissions_to_the_bar/reports/2015_law_graduate_employment_data.authcheckdam.pdf，访问日期：2016 年 12 月 4 日。

最主要去向。[①]中美两国法学院毕业生差别较大，这一方面和法学教育的理念与目的有很大关系（本书第二章已经有所论述），另一方面，“律师”（lawyer）概念不同导致统计毕业生就业的数据无法进行横向比较（下文详述）（见表3.2）。

表3.2 ABA统计全美法学院毕业生数据

	2015届毕业生		2014届毕业生		增减百分比
毕业生总数	39 984		43 832		-8.79
已知就业情况	39 183	98.0%	42 931	97.9%	0.1
就业类型					
必须通过律师资格考试	24 961	62.4%	28 113	64.1%	-1.7
长期/全职	23 687	59.2%	26 248	59.9%	-0.7
长期/兼职	490	1.2%	620	1.4%	-0.2
短期/全职	523	1.3%	822	1.9%	-0.6
短期/兼职	261	0.7%	423	1.0%	-0.3
优先考虑J.D.学位	5 501	13.8%	6 360	14.5%	-0.7
长期/全职	4 342	10.9%	4 912	11.2%	-0.3
长期/兼职	430	1.1%	515	1.2%	-0.1
短期/全职	472	1.2%	546	1.2%	—

① “五院四系”包括北京大学、中国人民大学、武汉大学、吉林大学、中国政法大学、中南财经政法大学、华东政法大学、西南政法大学和西北政法大学九所高校。以中国政法大学2015届毕业生为例：本科毕业生实际落实就业1957人，其中升学931人，占毕业生总数的46.50%；出国（境）留学195人，占毕业生总数的9.74%；本科毕业生落实去向（除升学和出国）的831人中，到其他企业的毕业生最多，有329人，占39.59%；到机关工作的有185人，占22.26%；到律师事务所工作的有101人，占12.15%；硕士研究生实际落实1786人，就业落实率为94.85%。硕士研究生落实去向（除升学和出国）的1691人中，到机关工作的毕业生最多，有568人，占33.59%；到其他企业的有423人，占25.01%；到国有企业的有307人，占18.15%；到律师事务所的有194人，占11.47%。具体信息可见“中国政法大学毕业生就业质量年度报告（2015）”，中国政法大学网站：http://xxgk.cupl.edu.cn/wp-content/uploads/2015/12/2015-12-31_08-50-14.pdf，访问日期：2016年11月5日。再以华东政法大学2015届毕业生为例：本科毕业生签约党政机关、国有企事业单位的比例为43.77%，律师事务所的比例为16.15%；硕士毕业生签约党政机关、国有企事业单位的比例为30.52%、律师事务所的比例为37.13%。具体信息可见“华东政法大学毕业生就业质量年度报告（2015年）”，华东政法大学网站：http://www.ecupl.edu.cn/_upload/article/files/90/19/4033131e40bea3328370b59b5d1a/b2d28237-5e64-4677-8688-566926458127.pdf，访问日期：2016年12月5日。

续表

	2015 届毕业生		2014 届毕业生		增减百分比
短期/兼职	257	0.6%	387	0.9%	-0.3
失业/寻找	3 871	9.7%	4 295	9.8%	-0.1
法学院资助职位	1 037	2.6%	1 583	3.6%	-1.0
单独执业	688	1.7%	936	2.1%	-0.4
律师事务所	16 282	40.7%	17 856	40.7%	—
工商业	5 854	14.6%	6 723	15.3%	0.7
政府部门	4 655	11.6%	5 102	11.6%	—
公益组织	1 883	4.7%	2 170	5.0%	-0.3
书记员（联邦、州、其他）	3 368	8.4%	3 379	7.7%	0.7
教育	645	1.6%	784	1.8%	-0.2

作为全球最大的律师协会，ABA 在整理上述信息时，需要说明以下几点：①一是“必须通过律师资格考试”的职位指此类职位要求毕业生通过律师资格考试并在一个或者多个州取得执业资格，但是法学院资助的职位单独归类不并入“必须通过律师资格考试”的职位类别。“必须通过律师资格考试”的职位多种多样，包括律师事务所、商业或者政府职位等。要求毕业生在开始工作后通过考试并取得执业资格才能保留职位的工作也被归入此类中，包括法庭书记员。并非所有的律师事务所、商业和政府职位都要求通过律师资格考试，部分律师事务所中的律师助理就没有这一要求。

二是“优先考虑 J. D. 学位”的职位指雇主希望雇员拥有 J. D. 学位，或是拥有 J. D. 学位在获得或者执行该职位时有明显优势，但职位本身不要求通过律师资格考试进而在某一个州执业，或是从事内容与法律有关。优先考虑 J. D. 学位的职位包括“公司合同管理人”（corporate contracts administrator）、“替代性争议解决专家”（alternative dispute resolution specialist）、“政府监管

① “2015 Law Graduate Employment Data”，ABA 网站：http://www.americanbar.org/content/dam/aba/administrative/legal_education_and_admissions_to_the_bar/reports/2015_law_graduate_employment_data.authcheckdam.pdf，访问日期：2016 年 12 月 4 日。

分析师”（government regulatory analyst）、“联邦调查局特工”（FBI agent）和会计师。另外，人力资源（personnel or human resources）、投资银行（investment banks ）、咨询公司（consulting firms）、工商业合规（compliance work in business and industry）、律师事务所专业发展（law firm professional development）、法学院职业规划（law school career services offices ）、招生（admissions offices）或者其他法学院行政工作都会被归入此类。同样，有此类要求的诉讼、保险、风险管理或是成为专家证人的医生或护士，和从事法律或法律相关主题的记者或高等教师。通常，如果拥有 J. D. 学位在从事此类职位的人中并不常见，那么该职位就不属于“优先考虑 J. D. 学位”的职位。

三是“短期”职位指确定期限短于 1 年的职位。因此，书记员作为一年或者一年以上确定期限的职位不属于“短期”职位。如果该职位合理预期不超过一年，那么该职位也属于“短期”职位。“长期”职位指确定或者不确定期限不短于一年的职位，“短期”职位可能发展为长期职位但并不能使该职位被归类为“长期”职位。无论职位是否要求通过律师资格考试并取得执业资格，如果该职位被毕业生或者雇主视为期限延至一年或者一年以上，那么该职位也会被视为“长期”职位。因此，一个以在某一日期前通过律师资格考试为条件的长期职位，不会因该条件而被归类为“短期”职位。“全职”职位指在该职位上毕业生每周至少工作 35 个小时。全职职位可以是短期或者长期职位。“兼职”职位指的则是毕业生每周工作时间少于 35 个小时的职位，同样可以是短期或长期职位。

律师管理体制是保障律师群体规范、约束、发展和完善的管理体制。管理体制的有效运作使得律师整个活动处于一种有序健康的状态。不同国家有不同的律师管理体制，国内现在实行“司法行政机关行政管理和律师协会行业自律管理相结合”的管理体制。就美国而言，其最大特点是以律师协会为主对律师进行管理。全美律师协会有很多，最初是一种自发的社会团体，经过多年发展已经成为各式各样的团体组织。其中美国律师协会（不只是 ABA）和各州律师协会承担行业管理的职责。有国内学者概括美国律师管理的特点：一是没有全国统一的律师管理制度；二是律师管理权属于各州而不是联邦独占；三是各州律师管理体制虽然有所不同，但还是大体相同；四是律师不是由州司法部管理而主要是由州最高法院管理；五是法院对律师的管理并非直接管理，而是将大部分事务性管理工作委托给州统一律师协会或者州内具有相对独立性质的律师管理组织；六是各州律师协会只负责有关律师行业规则的批准和律师考试、律师惩戒中的一些重要环节；七是美国律师协会在执业规范上起主导作用。其设有律师职业道德和惩戒规则办公室，专门起草制定律师职业的有关规则。诚然，律师协会作为民间机构，特别是 ABA 起草的律师职业规则本身并不是法规，只是示范性法规文本，各州具有自主裁量权。但是，各州基本上采用 ABA 制定的示范性法规，有的稍有改动，有的直接照搬。经州最高法院认可后，这些示范性法规即成为各州律师管理规范的内容。①

美国律师管理体制虽然以行业组织为主，但绝不等于仅仅只有律师协会在监督管理律师。事实上，法院由于其“固有权力惯例原则”，在监督管理律师上地位特殊。各州最高法院具有本州律师管理的最高权限。行使管理权的部门是资格考试委员会、登记注册委员会、惩戒委员会、听证委员会等。资格考试委员会负责组织律师资格考试事务。登记注册委员会主要职责是负责所在州的律师年度注册登记。每个执业律师每年要缴纳一定数额的年费进行注册，而具有律师资格的人员则要进行登记。一般而言，新执业律师三年免缴年费，65 岁以上的执业律师免缴年费。惩戒委员会负责对执业律师投诉的调查取证工作。对律师的惩戒采取准司法程序进行，由听证委员会组成听证席，听证人员由执业律师组成，由惩戒委员会提起指控，被惩戒的律师作为辩护方，各自陈述事实、质证。最后，由听证席提出惩处建议，通过听证委员会提交州最高法院，经州最高法院法官签署后生效。对律师的惩戒，包括警告、吊销执业证、永久吊销执业证等处罚形式。由此可见，美国律师管理体制并非像国内多数人认为的行业管理，政府不参与。尽管律师协会管理是重要一环，但政府/司法部门的监督实现两者之间的互相制衡。②

---

① 刘桂明：“美国律师如何成为法官检察官”，刘桂明新浪博客：http://blog.sina.com.cn/s/blog_4a47cd200102w5ok.html，访问日期：2016 年 11 月 18 日。

② 郝茂成：“美国律师管理工作简况”，载《中国司法》2011 年第 8 期；陈小方：“美国：律师管理多层次注意品德审查”，载《法制日报》2015 年 8 月 18 日，第 7 版。

在美国律师管理中，律师的职业道德行为是管理部门主要的监管内容。美国法律要求律师必须履行真实义务，认真履行法定职责；必须履行忠实义务，忠实于当事人的委托，尽最大可能维护当事人利益；严格履行保密义务，对知悉的当事人秘密，包括知悉的被告人真实的犯罪事实，非因法定事由，不得披露和公开。①

关于律师惩戒，全美各州的惩戒组织和惩戒程序也大同小异。一般来说，设有统一律师协会的州，律师惩戒主要由统一律师协会纪律委员会具体负责，但决定权在最高法院。而其他没有统一律师协会的州，则由最高法院的律师管理机构负责。对于违反职业道德和职业纪律的行为，通常会采取以下四种处罚方式：一是不公开批评；二是公开批评；三是暂停执业（暂停执业的期限为两个月、半年、一年、二年）；四是取消律师资格（被取消律师资格的人，五年后可以再申请律师资格，但需要重新参加考试和评审）。②

1763 年，特拉华州殖民地以在法官面前采用口试的方式进行了第一场律师资格考试，其他殖民地也很快开始效仿。到了 19 世纪后期，律师资格考试已经开始由律师组成的委员会管理，并且从口试转为了书面。美国既没有全国的律师资格考试，也没有联邦的律师资格考试。在美国，律师资格的授予与律师管理一样，主要都是各州的事情。成为美国律师意味着特定的法院系统允许其作为律师在该系统中工作。全美各州都拥有自己的法院体系，并就此设置不同的从业标准。③ 一般情况下，想要成为律师首先要获得 ABA 认可法学院的法学博士学位（Juris Doctor），并且通过该州的律师资格考试；同时还会有道德品质评估，其中包括背景调查。④除非各州之间存在互惠协议，成为某一个州的律师并不代表着同样可以在其他州执业。

美国没有全国统一的司法考试或者联邦司法考试。每一个州都是独立的司

① "Law Ethics & Regulation", ABA 网站：http://www. americanbar. org/groups/professional_responsibility/resources/lawyer_ethics_regulation. html，访问日期：2016 年 12 月 10 日。

② "Law Ethics & Regulation", ABA 网站：http://www. americanbar. org/groups/professional_responsibility/resources/lawyer_ethics_regulation. html，访问日期：2016 年 12 月 10 日。

③ "State Definitions of the Practice of Law", ABA 网站：http://www. americanbar. org/content/dam/aba/migrated/cpr/model-def/model_def_statutes. authcheckdam. pdf.，访问日期：2016 年 12 月 10 日。

④ 但是上述这些要求都存在例外。

法单位，都有自己的律师考试、报考条件和通过标准。即便获得某个州的执照，也只能在该州执业。跨州执业要另行申请，一般需要4~7年的执业经验才可以申请到其他州免试执业。到联邦法院出庭也要经该法庭另外核准。首都华盛顿特区有点特殊，任何人只要拥有全美任意一个州的执照，都可以到首都执业。加利福尼亚州和纽约州是美国经济最发达的两个州，因此，国际考生人数也最多。美国律师资格考试每年两次，分别在2月底和7月底举行。

美国律师资格考试内容采用模块形式，主要包括MBE、MPRE、MEE和MPT四种。[①] The National Conference of Bar Examiners（NCBE）从1972年开始制定Multistate Bar Examination（MBE）考试，到了2015年，全美共有54个辖区将MBE作为律师资格考试的内容之一（除了波多黎各和路易斯安纳州）。MBE由以下领域的200道多项选择题组成：民事诉讼程序、宪法、合同法、刑法及程序、证据、不动产和侵权。MBE的目的是评估受试者应用基本法律原则和法律推理分析给定事实的能力。MBE分两个时间段，共计6小时。

每次MBE考试都有一个原始分和标准分。原始分来自正确回答问题的数量。不同辖区的原始分不具有可比性，主要是因为不同题目的难度不同。统计过程中依据题目的难度进行分数调整，之后的标准分代表所有MBE测试的相同水平：如果7月MBE考题比2月MBE考题更难，那么7月MBE的标准分将向上调整以应对这种情况。这样的调整用来保证每个受试者不会因为试题难度不同而获得不公平的惩罚或者奖励。每个辖区有自己关于MBE分数和其他分数权重的政策（MBE占Uniform Bar Examination（UBE）权重的50%）（见表3.3和表3.4）。

表3.3　2015年MBE标准分统计

	2月	7月	总计
参加人数（人）	22 396	48 384	70 780
平均标准分（分）	136.2	139.9	138.7
标准偏差	15.1	16.1	15.9

① “2015STATISTICS”，NCBEX网站：http://www.ncbex.org/pdfviewer/?file=%2Fdmsdocument%2F195，访问日期：2017年2月1日。

续表

	2 月	7 月	总计
最大值	185. 2	186. 1	186. 1
最小值	63. 5	47. 7	47. 7
中位数	136. 4	140. 6	139. 1

表 3. 4 10 年间 MBE 标准平均分数（2006 ~ 2015 年）

（单位：分）

	2 月	7 月	总计
2006 年	137. 5	143. 3	141. 5
2007 年	136. 9	143. 7	141. 6
2008 年	137. 7	145. 6	143. 3
2009 年	135. 7	144. 5	142. 1
2010 年	136. 6	143. 6	141. 7
2011 年	138. 6	143. 8	142. 3
2012 年	137. 0	143. 4	141. 6
2013 年	138. 0	144. 3	142. 5
2014 年	138. 0	141. 5	140. 4
2015 年	136. 2	139. 9	138. 7

NCBE 从 1980 年开始制定 Multistate Professional Responsibility Examination（MPRE）考试，到了 2015 年，全美共有 53 个辖区要求通过 MPRE（除了波多黎各、马里兰州和威斯康星州）。MPRE 一年有三次考试的机会，时间与 MBE、MEE 和 MPT 不同。MPRE 包括 60 道多项选择题，范围涵盖：法律职业监督、客户—律师关系、客户保密、利益冲突、技能、不当法律行为和其他民事责任、诉讼和其他形式的辩护、交易和与客户以外的人沟通、律师的不同角色、保管资金等财产、法律服务交流、律师对公众和法律制度的责任以及司法行为。MPRE 测试目的是衡量考生有关律师职业行为方面的知识量和理解力。

MPRE 分数也是标准分数。标准分范围从 50 分（低）到 150 分（高），平均分是 100 分，以 1999 年 3 月参加 MPRE 的受试者表现为基础。类似 MBE，原始分数与标准分数之间的转换依据考试的难度，这样一来，即便是不同难度的考试，也能以同样的标准表现出来。例如，某次考试难度高于之前的考试，之后的标准分数将向上调整以应对这种情况。又如，某次考试难度易于之前的考试，之后的标准分数将向下调整以应对这种情况。这样的调整用来保证每个受试者不会因为试题难度不同而获得不公平的惩罚或者奖励。MPRE 通过分数由每个辖区自己确定（见表 3.5 和表 3.6）。

表 3.5　2015 年 MPRE 标准分统计

	3 月	**8 月**	**11 月**	**总计**
参加人数（人）	23 160	16 800	19 601	59 561
平均分（分）	94.6	92.9	97.3	95.0
标准偏差	17.4	16.9	17.5	17.4
最大值	150	149	150	150
最小值	50	50	50	50
中位数	96	92	99	96

表 3.6　10 年间 MPRE 标准平均分数（2006～2015 年）

（单位：分）

	3 月/4 月	**7 月**	**8 月**	**总计**
2006 年	98.6	96.9	98.1	98.0
2007 年	98.5	98.0	99.2	98.6
2008 年	98.9	95.6	97.9	97.6
2009 年	98.8	95.8	97.3	97.4
2010 年	97.4	95.7	97.2	96.8
2011 年	97.1	93.4	96.3	95.7
2012 年	99.3	95.8	97.2	97.6
2013 年	94.6	94.3	98.1	95.6
2014 年	93.1	93.1	94.5	93.6
2015 年	94.6	92.9	97.3	95.0

NCBE 从 1988 年开始制定 Multistate Essay Examination（MEE）考试，到了 2015 年，全美共有 31 个辖区采用 MEE。MEE 由 6 道 30 分钟的问答题组成。MEE 的目的是测试受试者的下列能力：（1）在假设情况下辨别法律问题；（2）在材料中区别实质问题和非实质问题；（3）对相关问题进行清晰、简洁和良好的理性分析；（4）对可能解决问题的法律方法有一个基本的认识。MEE 和 MBE 的基本区别是 MEE 要求受试者体现出以书面形式有效沟通的能力。

MEE 涵盖的法律领域包括：商业协会（代理和合伙、公司和有限责任公司）、民事诉讼、法律冲突、宪法、合同、刑法及程序、证据、家事法、不动产、担保交易（UCC 第 9 条）、侵权、信托和遗产（死者的财产、信托和未来利益）。一些问题可能涉及多个法律领域的问题。MEE 涵盖的具体领域因考试而异。每个辖区有自己关于 MEE 分数和其他分数权重的政策（MEE 占 UBE 权重的 30%）。

NCBE 从 1997 年开始制定 Multistate Performance Test（MPT）考试，到了 2015 年，全美共有 41 个辖区采用 MPT。NCBE 每次提供 2 个 90 分钟的 MPT 问题。辖区可以选择任意一个或者全部作为律师资格考试的内容（实践中，每个辖区每次采用 2 个 MPT 题目作为律师资格考试内容）。MPT 用于测试受试者在现实情况下的律师能力。MPT 要求测试者：（1）对事实材料进行分析，区分相关材料和不相关材料；（2）分析适用法律原则的有关材料；（3）将相关法律适用于相关材料，尽力解决客户问题；（4）识别和解决存在的伦理困境；（5）有效的书面沟通能力；（6）在限定时间内完成律师任务。每个辖区有自己关于 MEE 分数和其他分数权重的政策（MPT 占 UBE 权重的 20%）。

作为一门重要的考试，国家统一司法考试通过率从不公开，只能从零星的信息中窥知一二：根据美国司法部公布的数据，15 次国家统一司法考试累计报名人数 554 万余人次，80 万余人通过考试取得法律职业资格，其中近一半人员从事法官、检察官、律师和公证员等法律职业。[①]统计 2015 年的 2 次美

① 晨心："司考改革，用高标准倒逼高质量"，载《人民日报》2017 年 1 月 18 日，第 19 版。

国律师资格考试，来自 ABA 认证法学院有 43 033 人通过（64%），而非 ABA 认证法学院只有 572 人通过（19%）。根据律师资格考试的题量、时长和通过率，美国媒体选出五大“地狱模式”律师资格考试州，分别是加利福尼亚州、路易斯安那州、内华达州、阿肯色州和华盛顿州，其中，加利福尼亚州律师资格考试可能是全美最“臭名昭著”的司法考试，美国媒体甚至用极具贬义色彩的“notorious”来形容。[①] 2017 年以前的加利福尼亚州律师资格考试长达 18 个小时，而且有题量最大的能力测试题，该种类型的题目被考生认为最难也最拉分。路易斯安纳州的考试受其大陆法系传统的影响（美国独立战争前为法国殖民地），因此，其既考察英美法系知识，也考察大陆法系知识。现在，美国多个州的律师资格考试（2016 年 7 月）成绩已经公布，在 UBE 考试被全美逐渐接受的同时，也带来至少 13 个州同期考试通过率出现下滑的现状，包括：下滑最厉害的爱荷华州，通过率为 71%，2015 年高达 86%，2012 年 7 月考试通过率则更高（90%）；新墨西哥州，通过率从 81% 下降到 68%；印第安纳州通过率下降到 61%，2015 年为 74%；加利福尼亚州通过率下降到 43%，2015 年为 46%；考试人数较多的佛罗里达州通过率稍有所下滑，从 68．9% 下降到 68．2%。[②]似乎美国的律师资格考试比国内统一司法考试容易很多，然而，单凭数据不能直接说明中美两国律师资格考试的难易程度，毕竟报考条件、出题思路等都有巨大差异（见表 3．7）。

表 3．7　2015 年美国各辖区律师资格考试参加人数及通过率（2 月和 7 月）[③]

	参加人数（人）	通过人数（人）	百分比（%）
阿拉巴马州	751	406	54
阿拉斯加州	135	84	62
亚利桑那州	1 105	634	57

① 王禄生：“地狱模式的美国司考究竟什么样”，财新网：http://opinion.caixin.com/2016-09-27/100992303.html，访问日期：2016 年 12 月 10 日。

② “Several states report lower bar pass rates for July exam”，ABA 网站：http://www.abajournal.com/news/article/several_states_report_lower_bar_pass_rates_for_july_exam，访问日期：2016 年 12 月 10 日。

③ 上述统计的基础是 UBE 考试，主要包括 MBE、MEE 和 MPT，不包括 MPRE 的通过率。波多黎各的律师资格考试在每年的 3 月和 9 月。

续表

	参加人数（人）	通过人数（人）	百分比（%）
阿肯色州	330	213	65
加利福尼亚州	13 084	5 764	44
卡罗拉多州	1 159	789	69
康涅狄格州	651	471	72
特拉华达州	188	124	66
哥伦比亚特区	555	232	42
佛罗里达州	4 601	2 706	59
佐治亚州	1 825	1170	64
夏威夷岛	292	193	66
爱达荷州	173	119	69
伊利诺伊州	3 157	2 325	74
印第安纳州	765	546	71
爱荷华州	319	261	82
堪萨斯州	174	136	78
肯塔基州	570	402	71
路易斯安那州	1 000	630	63
缅因州	154	94	61
马里兰州	1 923	1 111	58
马萨诸塞州	2 520	1 703	68
密歇根州	1 347	816	61
明尼苏达州	904	661	73
密西西比州	286	215	75
密苏里州	1 070	883	83
蒙大拿州	178	118	66
内布拉斯加州	218	166	76
内华达州	531	321	60
新罕布尔州	209	139	67
新泽西州	3 951	2 584	65

续表

	参加人数（人）	通过人数（人）	百分比（%）
新墨西哥州	260	195	75
纽约州	14 668	8 209	56
北卡罗莱纳州	1 802	956	53
北达科他州	104	67	64
俄亥俄州	1 456	1 041	71
俄克拉马州	414	282	68
俄勒冈州	648	398	61
宾夕法尼亚州	2 445	1 620	66
罗德岛	214	135	63
南卡罗莱纳州	681	467	69
南达科他州	100	56	56
田纳西州	1 065	651	61
德克萨斯州	4 320	2 791	65
犹他州	414	314	76
佛蒙特州	101	51	50
弗吉尼亚州	1 624	1 097	68
华盛顿州	1 176	856	73
西弗吉尼亚州	273	185	68
威斯康星州	214	145	68
怀俄明州	81	60	74
关岛	18	9	50
北马里亚纳群岛	6	6	100
帕劳	13	1	8
波多黎各	1 188	401	34
维尔克群岛	27	20	74
总计	77 437	46 038	59

除了相应的法学学位和律师资格考试成绩，要想成为美国的律师，还要被认证具有实践法律所需的道德品质和合适性，该认证通常由州律师协会裁定。道德委员会通常会通过申请人的历史来判断此人在未来是否适合在法律行业执业。这一历史可能包括过往的刑事犯罪记录、学术不良记录、破产或财务不良证据、吸毒或精神失常、不当性行为、民事诉讼或驾驶记录。[①]鉴于日益增加的学生贷款导致了对新律师是否能履行法律或财政义务的担忧，近些年来的调查愈加注重申请人的财政债务。《纽约时报》曾经报道，在2009年年初，一位已经通过纽约州律师资格考试但是有超过＄400 000未付助学贷款的申请人，尽管已经被州道德委员会认证，仍被纽约州最高法院上诉法庭以过度负债为理由否决其执业资格。该申请人请求将被否决作废，但是法庭于2009年11月宣布维持原判，此时该申请人的债务已累计至近＄500 000。[②]类似地，马里兰州上诉法院于2014年因申请人在申请过程中体现出一贯在财政上不负责任而否决其执业资格的情况，行为包括在申请汽车贷款时使用虚假信息以及在申请中未披露破产信息。[③]

通常在申请律师资格考试时，考生就需要填写冗长的调查问卷披露重要的个人、财务和职业信息。例如，在弗吉尼亚州，每个申请人需要完成24页的问卷，并且在申请被拒后需要通过委员会面试。在填写申请和获取执业资格过程中的各个阶段里，诚信都至关重要，若未能披露任何重要事项，无论该事项是否令人尴尬或存在问题，都将极大影响申请人执业的可能性。

在新泽西州等地区，律师还需要符合额外的教育要求。继续教育（continuing legal education）通常是续期牌照的要求，而非取得执业证的要求。某些州会对无证执业或是对公众伪装为持证律师采取刑事处罚。而法律的某些领域如专利法、破产法或者移民法，由美国宪法规定严格处于联邦管辖之下，因此州法庭和律师协会不得限制在这些领域里的执业方式。

---

① Irwin R. Kramer：“Esquire, Common Character Concerns：Are You Fit to Admit”，BarAdmit. com，http://baradmit. com/character-fit-to-admit.，访问日期：2016年12月10日。

② Jonathan D. Glater：“Again, Debt Disqualifies Applicant From the Bar”，《纽约时报》网站：http://www. nytimes. com/2009/11/27/business/27lawyer. html? _r = 1&hpw.，访问日期：2016年12月10日。

③ In re T. Z. – A. O.，441 Md. 65，105 A. 3d 492（2014）.

一个人成为律师后，他/她可以在任何时候开设个人律师事务所，或者到某一个律师事务所工作。从事开业律师的工作不需要申请和审批，但如果要在法院为他人代理，则首先要在法院进行登记。美国每年通过律师考试的人很多，但真正自己去开设律师事务所的人不是很多。由于律师行业竞争很激烈，所以很多考试合格者不一定到律师事务所工作，而是去从事其他各种各样的工作，如到公司、学校、行政部门、军队、法院等。成为律师后，不管其从事何种工作，都可以到本州最高法院登记，取得在本州法院出席的资格。[①]

律师通常只能在其获得律师执业证书的州从事法律业务。但是，在实践中各州对那些偶尔提供跨州法律咨询服务的外州律师还是比较宽容的。在一个州获得执业证书的律师还可以申请其他州的律师执业证书。有些州对这种申请人采用特殊审查程序，不再考试；有些州则要求这种申请人参加考试，但是考试内容可能比较简短。一般来说，如果一个人已经执业五年以上，那么当他移居到另外一个州的时候，通常不用再参加该州的律师资格考试就可以获准执业。由于美国没有联邦律师资格考试，所以在联邦法院系统的执业许可不是通过考试获得的，而是通过资格审查获得。各联邦法院的规定不尽相同，但是一般来说，那些有权在州最高法院代理诉讼的律师只要办理一些简单的手续，就可以在联邦法院执业。

第二节　美国律师分类和薪酬[②]

根据“ABA National Lawyer Population Survey”的数据，全美注册律师人数 2016 年达到1 315 561名，相较于 2015 年增加 1.1%。[③]然而，律师在地域

---

① 国内律师开设个人律师事务所与合伙律师事务所的执业年限要求不同，并且，律师转行非律师行业无须到法院登记。

② 本节主要由朱韦悦博士和李晓郭博士共同整理和编写。

③ “ABA National Lawyer Population Survey-Lawyer Population by State-Year 2016”，ABA 网站：http://www.americanbar.org/content/dam/aba/administrative/market_research/national-lawyer-population-by-state-2016.authcheckdam.pdf，访问日期：2016 年 12 月 4 日。

上分布不均衡，主要聚集于经济发达地区，名列第一位的纽约州拥有全美律师总数的13.3%，排名第二位的是加利福尼亚州，占据总数的12.7%，这两个州律师人数加起来已经超过我国国内律师总人数（见表3.8）。[①]

表3.8 ABA统计全美各州律师人数（2016年）

州名	2016年	2015年	增减百分比
阿拉巴马州	14 666	14 630	0.2%
阿拉斯加州	2 439	2 456	-0.7%
美属萨摩亚	98	102	-3.9%
亚利桑那州	15 926	16 155	-1.4%
阿肯色州	7 320	5 970	22.6%
加利福尼亚州	167 690	165 952	1.0%
科罗拉多州	21 781	21 761	0.1%
康涅狄格州	21 517	18 655	15.3%
特拉华州	2 952	2 921	1.1%
哥伦比亚特区	52 711	52 089	1.2%
佛罗里达州	75 697	74 258	1.9%
佐治亚州	31 499	31 340	0.5%
关岛	266	313	-15.0%
夏威夷岛	4 224	4 193	0.7%
爱达荷州	3 714	3 736	-0.6%
伊利诺伊州	63 060	63 211	-0.2%
印第安纳州	18 546	15 883	16.8%
爱荷华州	7 560	7 526	0.5%
堪萨斯州	8 234	8 266	-0.4%
肯塔基州	13 451	13 448	0.0%
路易斯安那州	19 099	18 775	1.7%

① 李万祥："全国职业律师人数超29.7万"，中华全国律师协会网站：http://www.acla.org.cn/hybgzdt/24911.jhtml，访问日期：2016年12月4日。

续表

州名	2016 年	2015 年	增减百分比
缅因州	3 931	3 944	-0.3%
马里兰州	24 142	23 902	1.0%
马萨诸塞州	43 221	43 974	-1.7%
密歇根州	35 087	34 739	1.0%
明尼苏达州	24 952	24 522	1.8%
密西西比州	7 094	7 059	0.5%
密苏里州	24 922	25 337	-1.6%
蒙大拿州	3 140	3 126	0.4%
内布拉斯加州	5 506	5 361	2.7%
内华达州	7 219	6 858	5.3%
新罕布什尔州	3 506	3 521	-0.4%
新泽西州	41 569	41 569	0.0%
新墨西哥州	5 581	5 547	0.6%
纽约州	175 195	172 630	1.5%
北卡罗来纳州	23 325	23 136	0.8%
北达科他州	1 669	1 665	0.2%
北马里亚纳群岛	126	210	-40.0%
俄亥俄州	38 237	38 849	-1.6%
俄克拉荷马州	13 431	13 465	-0.3%
俄勒冈州	12 475	12 464	0.1%
宾夕法尼亚州	49 644	48 992	1.3%
波多黎各	13 673	15 318	-10.7%
罗德岛	4 219	4 224	-0.1%
南卡罗来纳州	10 208	10 031	1.8%
南达科他州	1 960	1 939	1.1%
田纳西州	18 288	17 965	1.8%
得克萨斯州	87 957	86 494	1.7%
犹他州	8 468	8 413	0.7%

续表

州名	2016 年	2015 年	增减百分比
佛蒙特州	2 326	2 272	2.4%
维尔京群岛	561	456	23.0%
弗吉尼亚州	24 193	24 062	0.5%
华盛顿州	25 577	24 844	3.0%
西弗吉尼亚州	4 922	4 918	0.1%
威斯康星州	15 072	15 481	-2.6%
怀俄明州	1 715	1 778	-3.5%
总计	1 315 561	1 300 705	1.1%

结合《律师法》和司法部的要求，自然人要想成为中国律师，必须经过三个步骤：一是通过律师资格考试。国家律师资格考试始于 1986 年。经过一系列的修法和出台细则，国家统一司法考试将“律师资格考试”“初任法官资格考试”和“初任检察官资格考试”三种考试合而为一，并于 2002 年 3 月首次开考。[①] 出于行文的需要，下文均以“国家统一司法考试”指代中国大陆地区律师资格考试。二是必须取得司法行政部门颁发的律师执业证书，也就是俗称的“律师执照”。申请律师执业证书除了通过国家统一司法考试，还需要在律师事务所实习满一年等条件（《律师法》第 5 条）。[②] 三是必须在而且只能在一个律师事务所执业（《律师法》第 10 条）。国内目前有三种律师事务所，一种是合伙律师事务所，另一种是个人律师事务所，在广东省和上海自由贸易试验区，还有一种是中外（含港澳）联营律师事务所。[③] 美国所称的“律师”相当于中国国内所说的“取得法律职业资格”的人士，而国

① 从 2009 年起，司法部允许大陆地区大三考生参加当年的国家统一司法考试。“2001～2002 年司法考试大事记”，司法部国家司法考试中心网站：http://www.moj.gov.cn/sfks/content/2009－05/31/content_1097884.htm?node＝8019，访问日期：2017 年 1 月 19 日。

② 《律师法》第 5 条要求满足“（1）拥护中华人民共和国宪法；（2）通过国家统一司法考试；（3）在律师事务所实习满 1 年；（4）品行良好”方可申请律师执业证书。

③ “市政府办公厅关于转发市司法局制定的《上海自贸区中外律师事务所互派律师担任法律顾问的实施办法》《上海自贸区中外律师事务所联营的实施办法》（沪府办发〔2014〕63 号）”，商务部网站：http://tradeinservices.mofcom.gov.cn/local/2014－11－26/256044.shtml，访问日期：2017 年 1 月 19 日。

内所说的“律师”则是指“执业律师”。

在美国，凡是从法学院毕业，通过律师资格考试的人士，无论其此后从事何种工作，都可以称为“律师”。因此，美国有“政府律师”（包括检察官）、“企业律师”（国内有时候称为“法务”）、“军队律师”，甚至法院里也有律师帮助法官。有国内学者认为，实际上这些律师不能从专业职务的意义上去理解，而应理解为“法律方面的专家”。他们通常受职业或专业范围的限制，不能出庭帮人打官司；业务范围限于其所在的工作部门，具体承担起草法律、法律性文件，或者办理非诉讼法律事务，抑或提供法律咨询等方面的工作。[①]

不同于众多普通法司法管辖区，美国的法律制度并不对律师是否上庭作出区分。例如，英国联邦司法体系中，不出庭的律师被称为“solicitors”，而出庭律师在英格兰和威尔士被称为“barristers”，在苏格兰则被称为“advocates”。同样，大陆法系中也存在“advocates”和“civil law notaries”的区分。[②]美国律师的主要职责包括在法院、政府机关或者私人法律事务中向客户提供建议，并作为客户代表，与客户、同事、法官和参与案件的其他人进行沟通交流；对法律问题进行研究分析；为个人和企业解释法律、裁决和法规；向客户或者他人以书面和口头形式陈述事件，并代表客户进行申诉；准备并提交法律文件，例如诉讼、上诉、遗嘱、合同和契约。律师可以同时作为“庭辩律师”（advocates）和“顾问”（advisors）。作为庭辩律师，律师在刑事或者民事审判中代表其中一方当事人提交证据，为客户申辩。作为顾问，律师为客户提供法律权利和义务的咨询，并就商业和个人事务方面提供方案建议。无论作为哪一种，律师都需要研究法律和司法裁决的意图，并就客户面临的具体情况提供法律建议。同时，律师也需要监督助理人员的工作，如法律助理等（paralegals/legal assistants）。[③]

---

① 刘桂明：“美国律师如何成为法官检察官”，刘桂明新浪博客：http://blog.sina.com.cn/s/blog_4a47cd200102w5ok.html，访问日期：2016年11月18日。

② World Trade Organization：Legal Service Background Note by the Secretariat，S/C/W/43，6 July 1998，paras. 10－11.

③ “What Lawyers Do”，美国劳工部网站：http://www.bls.gov/ooh/legal/lawyers.htm#tab－2，访问日期：2016年12月4日。

2014 年，全美律师共持有约778 700份职位，拥有律师人数最多的五个行业分别是：（1）法律服务行业，占职位总数的48%；（2）除了教育和医疗机构以外的地方政府机构，占 7%；（3）除了教育和医疗机构以外的州政府机构，占 5%；（4）联邦政府，占 5%；（5）金融和保险行业，占 3%。不同于国内律师必须通过律师事务所进行执业的规定（《律师法》第 10 条），全美每五名律师中有一名为单独执业。全美律师年薪最高的五个行业分别是：（1）金融和保险行业，平均年薪中位数为 \$ 144 050；（2）联邦政府，平均年薪中位数为 \$ 138 860；（3）法律服务行业，平均年薪中位数为 \$ 117 260；（4）除了教育和医疗机构以外的地方政府机构，平均年薪中位数为 \$ 90 710；（5）除了教育和医疗机构以外的州政府机构，平均年薪中位数为 \$ 82 550。有经验的律师的薪水通常因为雇主的类型、规模和地点而存在很大差异。单独执业的律师收入一般少于律师事务所合伙人的收入。[①]

律师的工作区域主要在办公室，但有时也需要去不同地点与客户会面，如住所、医院甚至监狱，有时律师还需要前往法院出庭。律师工作中经常面临沉重的压力，无论是庭审时期或是在截止日期前准备文件的时候。大部分律师都在全职工作，通常超出每周 40 个小时的工作时长。但相应地，律师工资也略高于全美的普遍水准。根据美国劳工部发布的最新数据，律师的年薪中位数为115 820美元，其中收入最低的律师（Top10%）年薪低于 \$ 55 870，而收入最高的律师（Top10%）年薪超过 \$ 187 200。[②]

根据全国法律安置协会（The National Association for Law Placement）于 2015 年 4 月发布的薪酬调查报告，[③] \$ 160 000仍然是大型律师事务所（特别是 700 人以上的律师事务所），尤其是在大型城市如芝加哥、纽约、洛杉矶

---

① "Bureau of Labor Statistics, U. S. Department of Labor, Occupational Outlook Handbook, 2016 – 17 Edition, Lawyers"，美国劳工部网站：http://www. bls. gov/ooh/legal/lawyers. htm，访问日期：2016 年 12 月 6 日。

② "Bureau of Labor Statistics, U. S. Department of Labor, Occupational Outlook Handbook, 2016 – 17 Edition, Lawyers"，美国劳工部网站：http://www. bls. gov/ooh/legal/lawyers. htm，访问日期：2016 年 12 月 6 日。

③ "2015 Associate Salary Survey Press Release"，NALP 网站：http://www. nalp. org/uploads/PressReleases/2015ASSRPressRelease. pdf，访问日期：2016 年 11 月 8 日。

等，$160 000的薪酬虽然仅占此类律所规模薪酬报告的39%，仍然是最常见的薪酬报告，远高于排在第二位的$145 000。百分比较低的原因不是因为单个律师事务所或者办公室付给一年级律师的薪酬低于往年，而是随着越来越多的律师事务所通过收购合并壮大，大型律师事务所自身情况不尽相同。除了精英类型的全球律师事务所以外，许多700人以上的律师事务所由许多小型地区性办公室组成，因此起始工资并不是以$160 000为基准。而大型律师事务所在全国范围内的一年级律师薪酬的中位数，在2015年初是上文所提到的$145 000，高于全国法律安置协会于2014年调查到的$135 000。

以下将介绍几类美国法学院毕业生从业人数较多，而国内尚未“繁盛”的律师工作。

（一）商标律师

2016年12月8日上午，最高人民法院对再审申请人美国篮球明星迈克尔·乔丹与乔丹体育股份有限公司之间的商标争议行政纠纷系列案进行公开宣判。最高人民法院副院长陶凯元大法官当庭宣读简略判决书，对乔丹系列案件的事实方面问题和法律适用问题进行了逐一阐述。[①]虽然“乔丹案件”反响较大，目前国内商标律师人数还是比较少的。直到2012年年底《律师事务所从事商标代理业务管理办法》颁布（2013年1月1日正式实施），律师从事商标代理业务才有了具体的法律依据。[②]美国则不同，数量众多，而且行业欣欣向荣。美国商标律师是指在有关商标法的纠纷中有资格提供商标及其设计咨询服务的法律专业人士。在许多国家，尤其是英国，根据其《2007年法律服务法》，商标律师是一个与前文所述“solicitors”和“barristers”一样需要单独认证的法律职业。在美国，商标律师仅是众多法律领域中的一种，并没有明确的定义。换言之，专门从事商标事务的律师不需要单独认证。

商标律师的职业开端通常始于加入一家商标律师的事务所或是专利律师

---

① “最高人民法院视频直播乔丹系列案件庭审”，新浪网：http://finance.sina.com.cn/sf/zhuanti/2016/zgfjordan.html，访问日期：2016年12月8日。

② 《律师事务所从事商标代理业务管理办法》，国家工商行政管理总局商标局：http://sbj.saic.gov.cn/tz/201211/t20121129_131345.html，访问日期：2016年12月8日。

事务所的商标工作部门。然而如今，越来越多的大型综合律所也开始涉足商标法领域。大型公司也会聘请商标律师来专门为它们解决自身的商标事务。商标律师的工作包括向客户建议是否采纳或是选择新的商标，提交并检举商标注册申请，为商标的使用和注册提供意见，处理商标的异议、注销、失效和转让，进行调查，以及就商标侵权事宜提供咨询。

通常在英联邦国家，商标律师作为单独的一门职业受到管理。商标律师们需要通过一系列考试，遵守相关规定和职业道德标准，才能正式注册成为一名商标律师。以英国为例，商标律师主要遵守《1988 年版权、设计和专利法》以及《1994 年商标法》中的相关规定。①在美国，商标律师不需要参加特别的考试就可以有资格执业，任何在各州获得执业资格的律师都可以在美国专利商标局里代表个人或者公司处理商标事务。②这是因为美国法律界认为，一名成功通过各州律师资格考试的律师所显现出的最低水平已经足以从事法律的任何一个领域。不同于专利律师必须拥有科学或工程学士学位才能在美国专利商标局面前代表个人和公司处理事务，在处理商标事务的律师本科学位领域非常宽泛，如商业管理、市场营销和人文科学。同样，商标律师也不需要通过专利律师特殊的注册考试。

此外，为商标局审核商标注册申请的同样是拥有执业资格的律师，官方称呼为“商标审查律师”（trademark examining attorney）。他们通常会调查所有的联邦商标注册记录，以判定正在申请的商标是否与已经注册或正在申请的商标过分相似，有可能使消费者混淆。因此，当人们提交商标注册申请时，他们将与一名律师而不是办公室职员打交道。仅就此而言，在商标注册申请中找专门的商标律师代理是比较明智的。③与专利律师一样，商标律师作为知

① “Becoming a Trade Mark Attorney”, The Institute of Trade Mark Attorneys 网站：http://www.itma.org.uk/careers/becoming_a_trade_mark_attorney，访问日期：2016 年 12 月 8 日。

② “Trademark Manual of Examining Procedure”, USPTO 网站：https://mpep.uspto.gov/RDMS/TMEP/current#/current/TMEP-600d1e69.html，访问日期：2016 年 12 月 8 日。

③ “Trademark Manual of Examining Procedure”, USPTO 网站：https://mpep.uspto.gov/RDMS/TMEP/current#/current/TMEP-600d1e69.html，访问日期：2016 年 12 月 8 日。

识产权类律师的工资通常高于其他律师同行。[①]

（二）专利律师

在美国，专利从业者可以选择成为一名“专利律师”（patent attorney）或者是“专利代理人”（patent agent）。两者持有相同的许可证，可以在美国专利商标局（United States Patent and Trademark Office，USPTO）面前从业或者代理客户，可以准备、提交或者“检举”（prosecute，即在取得专利的过程中代理客户）专利申请，甚至依美国联邦最高法院在 Sperry v. Florida 案中所言，都可以提供专利性方面的意见。[②]但是，自 2008 年 9 月 15 日起生效的美国专利商标局职业道德规定明确表示，当客户试图进行诉讼而不是复审专利时，专利代理人不得就另一方专利的有效性提供意见，因为这项行为并非代理人在为客户准备和检举专利时合理必要的。[③]

自从美国专利商标局在 1790 年发布第一项专利以来，共有超过 7 万名美国公民通过了美国专利商标局的注册考试，这一数字并不包括当前的专利审查员们，他们不被允许作为专利律师或者代理人，因此不会出现在从业者名单中。如今正在从业的专利代理人有11 308名，专利律师有33 677名。[④]在各州中，加利福尼亚州拥有最多的专利律师和代理人，其次是纽约州和德克萨斯州。按人均算，不包括华盛顿特区，拥有最多专利律师和代理人的地区是特拉华州。[⑤]

无论是专利律师还是专利代理人都必须拥有技术类学位，如工程、化学或物理，并且通过美国专利商标局的注册考试（全称为“Examination for Registration to Practice in Patent Cases Before the United States Patent and

① Andrew Strickler：“IP Associate Pay Stays High Above Peers”，http://www.law360.com/articles/474852/ip-associate-pay-stays-high-above-peers，访问日期：2016 年 12 月 8 日。

② Sperry v. Fla., 373 U.S. 379, 83 S. Ct. 1322 (1963).

③ “PTO Revises Rules of Ethics and Professionalism”，http://patentlyo.com/jobs/2008/08/pto-revises-rul.html，访问日期：2016 年 12 月 8 日。

④ “Office of Enrollment and Discipline”，USPTO 网站：https://oedci.uspto.gov/OEDCI/，访问日期：2016 年 12 月 8 日。

⑤ “Office of Enrollment and Discipline”，USPTO 网站：https://oedci.uspto.gov/OEDCI/，访问日期：2016 年 12 月 8 日。

Trademark Office”)。美国专利商标局的注册考试也被称为“专利资格考试”，主要考察考生关于专利法和专利审查程序手册（Manual of Patent Examining Procedure）中制定的各项政策规定的知识。考试允许考生开卷使用专利审查程序手册的PDF版本，共包括100道选择题，其中90道为记分题，通过分数为70分。一旦通过该考试，已经通过各州法律资格考试的考生将被称为专利律师，其他工程师、科学家、各科学专业学科或者是尚未通过法律资格考试的法学院学生和毕业生则被称为专利代理人。①

美国专利商标局注册考试的申请人必须拥有美国公民身份或者永久居留权（绿卡），或是允许从事专利相关工作的有效工作签证。持有工作签证的申请人在通过考试后只能取得“有限承认”，即只能为工作签证上的工作单位提供服务。只有美国公民可以在境外工作的同时保持在美国专利商标局的注册身份。

此外，美国专利商标局要求注册考试申请人必须已经取得学士学位。其中申请人被归类为在认可的科学学科取得学士学位（A类），在其他学科取得学士学位但所修相关学分足以参加考试（B类），或拥有工程或科学的实践经验（C类）。②

A类申请人必须取得在基本要求公告中所列领域的工程或是科学学位。需要注意的是，在文凭上表述的学位必须与公告中所列完全一致，例如，航天航空工程（aerospace engineering）并不符合A类标准，而航天工程（aeronautical engineering）则符合。计算机科学学位如果是从工程技术认可委员会（Accreditation Board for Engineering and Technology，ABET）或是计算机科学认可委员会（Computing Sciences Accreditation Board，CSAB）认可的学校取得的话也符合A类标准。B类申请人必须取得学士学位，并且在科学和工程学科里取得美国专利商标局规定的充足学分，包括在化学或者物理类课程

① “How to Become Registered to Practice Before the USPTO in Patent Matters”，USPTO网站：https://www.uspto.gov/learning-and-resources/ip-policy/becoming-practitioner/registration-examination/how-become，访问日期：2016年12月10日。

② “How to Become Registered to Practice Before the USPTO in Patent Matters”，USPTO网站：https://www.uspto.gov/learning-and-resources/ip-policy/becoming-practitioner/registration-examination/how-become，访问日期：2016年12月10日。

中取得至少八个学时。具体申请人的学时课程由美国专利商标局的招生纪律办公室审核评估。工程类和计算机科学类的学生，如果所在学科不符合 A 类标准（通常是因为学科名称不在 A 类列表中，尤其是计算机科学类学科未得到项目认可），可以通过 B 类申请考试。C 类申请人则必须提供已通过工程基本考试的相关证明，并取得学士学位。虽然申请要求中允许申请人以科技经验证明来替代科技教育，但事实上很少实行。

法学博士学位（J. D.）不是申请美国专利商标局注册考试的要求之一。通过注册考试的律师可以称为“专利律师”（法律职业道德规则禁止律师在未通过注册考试的情况下使用“专利律师”这一头衔）。尽管专利律师一般拥有四年制相关学位并且通常拥有技术类研究生学位，专利方面的诉讼律师并不必须是专利律师。与此对应的，通过注册考试的非律师则被称为“专利代理人”。

鉴于专利律师同时还通过了各州的律师资格考试而获得执业资格，因此，他们在美国专利商标局以外仍然可以提供法律服务，包括向客户提供关于将发明授权的建议，决定是否就美国专利商标局的决定向法庭上诉，某人的行为是否对客户已获得的专利构成侵权，是否起诉侵权，以及相应的，客户的行为是否侵犯了他人已获得专利。而专利代理人则不能提供此类法律性质的服务，也不能在美国专利商标局的商标部门代表客户。

根据全国法律安置协会于 2013 年公布的数据，专利律师的工资通常高于其他同行律师。这一差距自从业之初就显现出来。在美国的顶级律师事务所中，约有 55% 的律师事务所给一年级律师的起薪达到 $ 160 000，而在相应的知识产权类律师事务所中，20 家中的 17 家给一年级的起薪达到这一数字。而就地域而言，美国东北部律师事务所一年级律师的平均起薪为 $ 133 744，而知识产权类律所为 $ 144 969。同样在西部，知识产权类律师的中间值和平均工资分别为 $ 145 000 和 $ 140 850，一年级律师的中间值和平均工资则是 $ 120 000 和 $ 123 653。专利律师与其他行业律师薪水的差距随着年资的增长逐渐增大。顶级律师事务所付给经验丰富的八年级知识产权律师的工资中间值为 $ 270 000，相较于同级行业内中间值（$ 225 000）多了 16%。南部地区八年级知识产权律师的工资中间值为 $ 268 636，比同区域行业内律师多出近＄89 000。[①]

（三）公司法务

对于法务（企业律师）而言，他们一般只服务一个客户，即雇用他们的公司。通常小型公司会聘请1～2名律师，而大公司会有众多的律师，分别负责不同领域。通常像银行、保险公司、医院、零售商店、石油公司、生物科技公司、制造业、能源和通讯公司都会需要全职法务律师的服务。[②]法务律师的主要职责是为公司的整体利益服务，而不是为公司的所有员工或者经营业务的高级管理人员服务。除了就法律问题提供服务以外，法务律师还需要就商业决策给出建议。他们所涉及的法律领域包括兼并、商标、税法、破产法、劳工法、证券法、房地产和国际商业法。

现在，全美工商业已经从次贷危机恢复并发展良好。2015年，公司法务们在技术、医疗、保险、金融服务、生命科学、物流、制药、零售、能源电力等领域都非常活跃。在地域上，中西部地区一直是过去几年中最活跃的招聘区域，传统东部地区（纽约州、新泽西州和康涅狄格州）法律服务市场也在复苏，在基准薪酬、奖金水平、股票期权和其他激励措施上也有积极表现。在公司法务部，法律工作和合规工作通常是分开进行的，美国公司通常倾向于招聘拥有J. D. 学位的合规执业者（没有J. D. 学位的合规职业者在欧盟招聘中较为常见）（见表3. 9）。

表3. 9 学者统计全美公司法务奖励基准（2016年）[③]

获得法律从业资格的年限（年）	基准薪酬中位数范围（美元）
0～1	105 000～127 000
2～3	115 000～145 000

① Andrew Strickler："IP Associate Pay Stays High Above Peers"，http://www. law360. com/articles/474852/ip-associate-pay-stays-high-above-peers，访问日期：2016年12月10日。

② "Business and Corporate Lawyer"，网站 http://www. lawyeredu. org/business-corporate-attorney. html，访问日期：2016年11月9日。

③ "Laurence Simons：Global Legal & Compliance Salary Survey （2016）"，https://www. laurencesimons. com/resources/LaurenceSimonsSalarySurvey2016. pdf，访问日期：2016年11月8日。

续表

获得法律从业资格的年限（年）	基准薪酬中位数范围（美元）
4～5	140 000～160 000
6～7	150 000～180 000
8～9	175 000～225 000
10～11	200 000～325 000
15 +	200 000～450 000

合规工作是全美少数几个招聘活动持续增长的领域之一。律师事务所希望具备新的合规功能，银行试图重建以前的合规小组，同时大部分公司也开始更多地关注合规工作，无论是向公司提供有关新制度的建议，还是建立严格的合规准则以用以员工遵守。①合规工作对法学院毕业生充满吸引力的原因之一是其可以作为进入公司法务部的快速通道。就大部分公司而言，学生只要从法学院毕业就可以直接进入公司法务部成为一年级合规人员。

根据美国公司法律顾问协会（The Association of Corporate Counsel）的《法律总顾问的调查报告（2013 年）》，职业道德与规范是法律总顾问认为最值得注意的问题，第二和第三分别是监管/政策变化和信息隐私，这些都与合规工作有很大关系。② 如果对商业感兴趣的话，合规工作可以学到很多，其不仅与法律有关，而且许多工作都是与商业客户一起完成并提供建议；在对公司业务足够了解之后，就有很大可能转入其他部门，如操作和风险类；如果只打算在合规部门工作，J. D. 学位仍然是一个加分项。一般来说，合规类律师往往比非律师更容易得到晋升机会，因为大部分合规性工作有赖于对法律法规的理解。合规人员的工作范围会因公司而异，但主要包括制定公司政策流程、风险评估、培训和监察公司及员工行为。这些做法主要基于法律法规、行业内最佳行为和其他公司强迫员工做或不能做的。合规人员需要与其

① Taylor Root：“Compliance Market Update & Salary Guide 2012/2013”，http://www.thesrgroup.com/SiteImages/Assets/7/9/TRComplianceSalaryGuide2013.pdf，访问日期：2016 年 11 月 18 日。

② Catherine Dunn：“ACC's CLO Survey Looks to Past and Future of Legal Department Priorities”，http://www.corpcounsel.com/id=1202586516713&ACCs_CLO_Survey_Looks_to_Past_and_Future_of_Legal_Department_Priorities，访问日期：2016 年 11 月 18 日。

他业务部门合作，找到施行公司政策最可行的方法。同时，合规工作人员还要审查文件和商业行为，以确保符合公司政策和法律法规。最终，合规人员会成为当员工对公司政策和相关法律有疑问或者出现问题时第一个寻找的人。如果公司在多个地区开展业务或是积极并购其他公司的话，合规人员还会前往其他地区提供合规培训和信息。

合规工作的缺点在于，对刚从法学院毕业的学生来说，收入会比在大型律师事务所低得多。虽然因为所属地区、公司规模、行业类型的不同，收入也会有差异，但基本类似于法学院毕业生在小型律所中的薪资。另一个缺点在于如果真正想要从事法律工作的话，大多数律师事务所和法律部门会更倾向于雇用具有法律实务经验的员工。相较而言，如果公司的法律部门同时需要负责法律和合规两个方面，会比将法律和合规部门分开的公司更适合想要转回法律工作的合规工作人员。①

就不同行业而言，银行和金融服务业仍是受监管最严厉的行业之一。尤其在金融危机之后，各企业必须作出相应的反应，因而使得合规和风险管理部门成为关键的增长领域。金融服务部门，尤其是资产管理和保险行业，对合规专业人员的需求最显著。具有处理反洗钱、制裁和金融犯罪经验的律师在这些领域非常受追捧。同样，律师事务所内部的合规和风险管理也有显著发展，成为独特而富有挑战性的合规领域。律师事务所的合规部门通常希望增加在利益冲突和反洗钱领域的人才和专业知识。在金融服务业之外，不断发展的监管环境也影响了一系列行业，包括制药、电信、制造、能源和消费品。而海外业务和第三方参与的业务也需要企业的特别注意。②

（四）产权和托管方面的律师

产权是将所有权从一个人或者一个企业转移到另一个载体，由三个基本

① Susan Moon："Moonlighting: Want To Go In-House? Compliance May Be The Key"，http://abovethelaw.com/2013/02/moonlighting-want-to-go-in-house-compliance-may-be-the-key/?rf=1，访问日期：2016 年 11 月 18 日。

② Taylor Root："Compliance Market Update & Salary Guide 2012/2013"，http://www.thesrgroup.com/SiteImages/Assets/7/9/TRComplianceSalaryGuide2013.pdf，访问日期：2016 年 11 月 18 日。

要素组成：（1）在公共记录中公布或是同时通过检查可以得到的权力和利益（例如契据、抵押和租赁）；（2）未记录但存在的权利和利益（例如法律法规中规定的限制）；（3）隐藏的权利和利益（例如伪造、秘密婚姻和未知继承人）。每一个产权都有许多不同的“权利”和“利益”组成，其中最有价值的权利和利益归产业所有者所有，但其他人也会对这一产业拥有权利，如未付清欠款的滞留权、房主该缴纳的税或抵押贷款。托管的出现则主要在于购买或者出售房地产通常涉及大笔资金的转移，这时就需要一个中立的第三方来处理将资金和相关文件从一方转移到另一方。其中最重要的是，销售的所有条件都必须在产业和资金转移之前已经满足。托管持有人要公正地执行委托人（买方、卖方和贷方）提供的书面指示，包括按指示接受资金和文件，填写或取得要求的表格，以及在成功完成托管后将所有物品最终交付给适当的当事人。①

需要的是经常与产权和托管打交道的是物业/房地产律师。房地产律师的主要职能有两个：作为诉讼人或是解决房地产交易的法律问题。通常房地产律师需要处理不动产并调节房地产交易。有些房地产律师从事的领域非常专业化，专门诉讼欺诈案件如揭露信息欺诈和抵押欺诈，或是集中在土地使用、细分和分区法律。其他专业领域包括住宅或者商业房地产。

房地产律师同样需要从 ABA 认证的法学院中取得 J. D. 学位，并在通过律师资格考试后获得执业执照。有些法学院可能会提供专门有关房地产法律的课程。同时，在法学院期间，在不同律师事务所实习工作也有助于获得必要的工作经验以确定未来工作的领域。毕业后，至少在 45 个州仍然要求每年或者每三年一次的继续教育。雇主们寻求的不仅是有高等教育的房地产律师，也经常要求拥有几年的房地产交易准备和合同谈判的经验。ABA 有专门的不动产法、信托法和遗产法部门，同时各州也会有房地产律师协会，成为这些成员不仅会带来相应的声望，而且可以得到更多与其他律师交际的机会，由此获得新的技能和就业机会。

① Placer Title Company：“What is Title and Escrow?” http://www.placertitle.com/what-title-and-escrow，访问日期：2016 年 11 月 18 日。

专注于房地产交易的房地产律师通常着重于准备和审核文件，就条款和条件进行谈判，以及转让产权。试图买卖房地产，但是不确定房地产法律法规是否会对公司业务产生影响的公司客户也会向房地产律师寻求帮助。而当有违反合同或是房地产欺诈的情况出现的时候，房地产律师也需要介入并出庭为客户就案件进行辩护。房地产律师通常会因客户的不同需求而长时间工作。除了分析能力、口语和书面表达沟通能力以外，房地产律师还需要培养广泛的商业法基础和强大的谈判能力。房地产市场是一个大的关系网，因此房地产律师需要有能力在网络中组建协调。时间管理和组织技能也很重要，因为房地产律师一般需要同时处理多个案子和文件。房地产律师的平均工资是 $ 118 000。工资主要取决于收取的小时费和工作经验，在大型律所中工作或是成为律所合伙人也会增加房地产律师的薪水。在房地产市场下滑的经济衰退中，房地产行业对律师的需求也在下降，相应的可能聘请律师助理和会计师来履行类似房地产律师的职能。而擅长商业房地产的通常可以在大型律所、环境律师和全职诉讼这些方面找到工作机会。也有一些房地产律师为政府工作，向市镇建筑分区部门提供经验建议。另一些则可能供职于公司、金融和借贷机构、房地产开发公司或产权公司。一般来说，房地产律师会个人执业或是在小型律师事务所中从事住宅类房地产交易。[①]

（五）军事律师[②]

军事律师在日常工作中与普通律师类似，主要区别在于在军事法院和法律管辖下代表客户。军事律师专门与军方人员合作，可以在民事和刑事案件中为他们辩护。军事律师可以在海军、陆军、海军陆战队或空军的任何分支内工作，但每个分支都有自己的“军法署署长”（Judge Advocate Generals）。军方人员在需要法律援助时可以随时与军事法律援助办公室联系。军法署署长在军事法庭中执行法律，包括军事法庭、军事审查、军事调查法院和美国

---

① “Property/Real Estate Lawyer”，http://www.lawyeredu.org/property-real-estate-lawyer.html，访问日期：2016 年 11 月 18 日。

② “Military Attorney and Lawyers”，http://www.lawyeredu.org/military-lawyer.html，访问日期：2016 年 11 月 18 日。

武装部队上诉法院。军法署署长也需要与普通律师经历同样的教育过程。军事律师要同时掌握普通法和军事法律，他们可以在加入军队后成为军事律师，也可以在符合军事律师要求之后加入军队。要成为一名军事律师，在学术上必须完成本科学位课程，申请并通过法学院入学考试（LSAT），完成法学院课程取得 J. D. 学位。作为为军队服务的军法署成员之一要求必须毕业于 ABA 认证的法学院，在美国任意一个州拥有法律从业资格，并且在三军中任何一个的专门法学院服务（军法署法律中心和陆军学校，海军、海军陆战队和海岸警卫队的海军司法学校，以及空军的空军司法署学校）。

军事律师的职能与普通律师一样广泛，参与的事务包括民事与刑事案件。军事律师的一般职能包括：为军方客户提供法律诉讼建议；处理军方人员的法律违纪；起草准备法律文件；创建并维护军用手册；帮助客户准备庭审；向指挥官提供国际法、军事法和民法方面的咨询建议；在军事法庭担任律师。军事律师必须对民事和军事法律的各个部分具有充分了解，他们的建议和行为不仅会对个人造成影响，也会反映在他们所服务的部门和美国政府上。

但军事法庭与普通法庭仍然存在区别，最本质的区别之一在于军事法庭会在战争期间审判敌人。其他区别诸如：（1）罪行。军事法律规定了一系列军方人员可能被指控的罪行，虽然许多刑事类罪行与普通法律类似，如谋杀和盗窃，但也有许多军队特有的罪行，包括遗弃、战斗中谋杀和不服从。（2）军事法庭。任何针对军方人员的刑事诉讼最可能导致的结果就是军事法庭。军事律师会代表被起诉方或是他们所服务的军队。（3）业主租客纠纷。军队生活移动频繁，因此军方人员经常需要在业主租客纠纷中寻求律师的帮助。虽然军事律师不会在其他民事诉讼如离婚或儿童监护中帮助客户，但会在业主租客案件中帮助军方客户。

在军事法庭中，军法署辩护律师总会免费为被告提供服务，但被告也有权自费聘请普通律师。而被聘请的普通律师必须同时是一个联邦法院和一个州法院的成员，或是由被认可的发证机关授权并被军事法官认证对军事法庭中用到的刑法具有充分的了解。作为军事律师的职业前景各不相同，每个军队分支都有自己的不同需求。例如，海军陆战队是较小的服务分支，仅属于海军的一部分，因此对法律人员的需求不会像陆军那么多。而军事律师的薪水是根据在军队里的等级和年资决定的，新的律师可能会从38 000美元年薪开始，随着等级的上升可以挣到六位数年薪。

（六）从事石油和天然气业务的律师

石油、天然气律师长期从事公司交易，在法律行业中被称为“泥浆律师”。相较于纽约的“白鞋”律所而言，石油、天然气律师通常在达拉斯和休斯敦执业，工资也相对较低。而一些美国律师事务所主要从事的也是能源替代方面的业务，如太阳能、风能和地热。① 根据2014年的行业数据，从事石油和天然气开采行业的律师平均年薪为＄152 340（每小时73.24美元）。相对于过去几年而言，2014年的律师薪资比一年前下降＄20 480（11.30%），比五年前下降＄9 330（5.50%）。虽然整体上看，全美律师行业的工资自2009年以来增长2.60%，但是石油和天然气这一特定行业律师的薪资在过去五年里有所下滑。②

和国内一样，涉及石油和天然气的法律属于自然资源法的一部分，包括勘探、生产、运输和加工原油、天然气和相关碳氢化合物。石油和天然气法律主要围绕业务的三个方面发展：（1）上游是“E&P”业务，专注于石油和天然气的实际勘探和生产；（2）中游是所生产的石油和天然气的采集、加工、储存、运输和营销；（3）下游是原油的精炼，以及天然气和原油产品的销售和最终配送。石油和天然气作为现代文明的主要能量来源受到法律就组织发现、开采、分派、归属、管理和最终使用等一系列方面的管制，而石油和天然气法律本身就是针对石油和天然气产业上游、中游、下游三个方面法条、监管和司法法律的集合。③

这一法律体系涉及合同法、产业法和公司法，同时与环境法、税法、劳

---

① Mark Curriden：“It's a golden age for Texas' oil and gas transactional lawyers”，ABA http://www.abajournal.com/magazine/article/golden_age_for_texas_oil_and_gas_transactional_lawyers，访问日期：2016年11月18日。

② Career Trends：“Lawyers - - Oil & Gas Extraction Industry”，http://industry-salaries.careertrends.com/l/8925/Lawyers-in-Oil-and-Gas-Extraction，访问日期：2016年11月28日。

③ Richard B. Hemingway Jr.：“Oil and Gas Law Definition”，http://bestlawfirms.usnews.com/oil-gas-law/overview，访问日期：2016年11月18日。

动法、行政法甚至侵权法都有重大的重叠。举例来说，如果客户希望通过创办一家公司来收购和开发某一特定离岸或者陆上石油、天然气勘探，那么这其中涉及的一系列法律问题都是独一无二的。这些问题的多样性和特异性促使专业石油和天然气律师的出现。石油和天然气律师还必须了解可能影响到客户的各项业务状况。他们要熟悉石油和天然气行业中常见但也特有的合同和物理操作中存在的操作细节和谈判要点。同时，还要提醒客户小心避让管辖区判例法中潜在的陷阱，影响政府法规以达成客户的目标，以及在每一个特定石油、天然气勘探和生产产业都存在无数复杂的财产和操作问题的情况下，达成客户希望的各项交易。例如，石油、天然气领域相较于如煤这些矿物领域在机制和经济上的不同，导致虽然同样是开发化石燃料资源，在运用的业务结构和合同上截然不同。一些石油、天然气律师专注于解决石油、天然气的矿产所有权问题，一些擅长就开发合资企业中的特殊争议进行诉讼，另一些则能够成功构架出石油、天然气项目从勘探、开发到销售的整体结构。此外，石油、天然气行业有较强的国际性，因此石油、天然气律师也会在这方面向在美国投资石油天然气勘探项目的外国公司或是希望在全球范围内寻求扩张的国内公司提供宝贵的咨询和引导。

（七）深受公司依赖的国际交易律师

前者依靠后者的帮助确保专利、版权和商业秘密不受外国公司侵犯。同时，国际交易律师还需要监督国际合资企业与外国公司的并购，以及确保公司遵守应有的程序并履行合同。国际交易律师中有些在美国工作，而另一些可能在国外，薪水也因公司所在区域而有所不同。根据统计，国际交易律师的平均年薪在 2013 年为 \$96 000。公司通常更偏向聘用在国际交易法方面有三年或以上工作经验的人，流利的第二外语也很重要。在地域上，2013 年国际交易律师最低收入的地区为密西西比州，只有 \$75 000，最高为华盛顿特区，是前者的两倍多，达到 \$151 000。在美国东北部地区，国际交易律师在缅因州和马萨诸塞州的年收入分别是 \$86 000和 \$116 000。中西部地区最低收入和最高收入分别来自南达科他州（\$75 000）和伊利诺伊州（\$102 000）。西部地区则可以每年赚取 \$77 000到 \$108 000不等；在蒙大拿州的国际交易律师年收入最低，在阿拉斯加州和加利福尼亚州最高。[1]

事实上，受到法学院毕业生青睐的工作领域还有很多，例如财产规划、公司法、刑事辩护、劳工法、移民法。

第三节　美国国家法律顾问[2]

“政府”（government）一词在美国人的思维里是个大概念，包括“立法”（legislative branch）、“司法”（judicial branch）和“行政”（executive branch）三个体系。美国政府律师概念很广，因此，谈到“政府律师”（government lawyers），往往包括为国会工作的律师和为联邦行政部门工作的律师两部分。[3]

美国政府律师制度源于英国，源于法治传统。[4]从美国政府律师职能演变的角度看，这一制度的形成和发展大致经历三个阶段：第一阶段是美国建国之初的起步阶段。1789 年《司法条例》（Judiciary Act）在规定联邦法院体系设置的同时，也设置“Attorney General”这个职位，国内习惯对其翻译为“司法部长”或者“总检察长”。设立之初该职位办公室只有 1 人，在联邦政府各部门中地位较低，也不是正式的内阁成员。从广义上讲，美国检察官也属于政府律师的一类（本书第五章有详述）。现任（第 83 任）Attorney General 是 Loretta E. Lynch（哈佛大学 J. D.），她于 2014 年 12 月 8 日得到时

---

① Rick Suttle：“The Salary of an International Transaction Lawyer”，http://work. chron. com/salary-international-transaction-lawyer-28102. html，访问日期：2016 年 11 月 9 日。

② 本节主要由李晓郛博士和许方钱律师共同整理和编写。

③ 孙建：“美国联邦政府律师制度探源”，载《中国司法》2006 年第 12 期。

④ 国内政府法律顾问制度起源于 20 世纪 80 年代，它经历从试点到逐步成熟的不同阶段。1988 年 9 月，深圳市人民政府最早成立了市政府法律顾问室，为政府提供经济领域的法律事务咨询。1989 年，司法部发布了《关于律师担任政府法律顾问的若干规定》，1993 年，国务院批转了《司法部关于深化律师工作改革的方案》，明确提出在国家机关等有关部门和单位中进行政府律师试点。1999 年 6 月，吉林省组建了全国首家省级政府法律顾问团。从全国范围来看，已组建超过 8 000 个政府法律顾问机构，其人员主要由政府法制部门人员、公职律师、法学专家、执业律师等组成，其法律专业性大大加强。参见任勇：“积极推行政府法律顾问制度”，载《学习时报》2014 年 12 月 15 日，第 3 版。

任总统奥巴马的提名。[①]第二阶段是美国南北战争结束后的快速发展阶段。这一时期由于战争等历史问题的影响，涉及联邦政府的诉讼大增，当时政府只得雇用私人律师办理，而雇用私人律师的费用十分昂贵。鉴于这种情况，美国国会于1870年通过法令设立司法部，Attorney General为司法部的首长，这一时期Attorney General职位由一人的办公室发展成为联邦政府的一个职能部门——司法部，总管联邦政府的诉讼法律事务，包括在联邦最高法院代表联邦政府出庭。国会在这一时期成立司法部还有两个初衷：一是国会认为涉及美国政府的诉讼应该由为联邦政府工作并且肩负联邦政府使命的律师来办理，设立司法部统一办理诉讼会更有效率。二是国会力图将原先分散在各部门的法律顾问的职能加以集中，相应地，分散在各政府部门的法律顾问办公室及其官员改由司法部领导，不再隶属于原部门。但是，这一改革目标当时并没有实现，不管是法律诉讼还是法律顾问的职能，原部门的律师仍然保持独立性。第三阶段是罗斯福新政时期的成熟阶段，1933年时任总统的罗斯福发布第6166号行政令，要求把联邦政府作为诉讼一方的诉讼都由司法部长处理，除非法律另有规定。这一行政命令发布后不久，国会也进行了确认。第6166号行政令的发布意味着各部门的律师失去诉讼职能，统一由司法部办理涉及联邦政府及各部门诉讼的所有业务，各政府部门律师只承担部门内法律顾问的职能。[②]事实上，美国联邦政府各部门均设有法律顾问办公室。有些部门法律顾问办公室规模很大，远远超过了司法部内的法律顾问办公室。部门律师成为美国政府律师一个庞大的分支。其职责有两种形式：一是参与有关谈判协商，帮助起草法律文件，向司法部主管律师提出建议；二是部门律师以从事基础性工作的方式参与诉讼。[③]

政府律师专为某一政府部门工作，无论是市、州或者联邦政府级别。以弗吉尼亚州为例，州政府律师社团成立于1975年，成员超过300名，来自弗

① “Meet the Attorney General”，美国司法部网站：https://www. justice. gov/ag/meet-attorney-general，访问日期：2016年12月6日。

② 这和国内法制办/法制科的工作内容存在近似的地方。

③ “About the Office”，美国司法部网站：https://www. justice. gov/ag/about-office，访问日期：2016年12月6日。

吉尼亚州的城市、郡、城镇，其各自的民事法律顾问代表；政府组织；专注于地方政府事务的私人律所；司法系统的成员。[①]虽然美国各州经济、社会发展状况不一，但是政府律师通常都在州议会大厦或者市政厅工作，代表雇用他们的行政部门进行法律服务。一名政府律师至少需要获得一个法学学位并且通过他想执业的州的律师资格考试。政府律师进行法律实践活动的方式可能与私人律师是一样的，但是前者日常工作的重点是分析对他们雇主产生影响的法律和政策。一名政府律师的工作取决于每一天具体发生了什么。例如，一名市政府律师可能需要参加城市规划会议以便于监督是否遵守该城市法律。一名州政府律师可能需要在一部新的法律通过之后为政府雇员起草一份新的政策或者遵守指南。而一名联邦政府律师可能要前往联邦法院大楼去提交案卷并且监督持续几周的案件审判准备。一名成功的政府律师需要具备这项高要求的工作所需的技能和个性。他们需要和政府高官、法院及政府雇员以及公民进行沟通。他们可能需要加班工作以便于应对时间紧迫的截止日期。他们需要同时理解民法和刑法。如果他们的工作与国际事务有关，他们还需要了解外国政策和国际法。[②]

以下是一名政府律师可能处理的案件：（1）性骚扰案件。在最近几十年，性骚扰问题已经成为雇主和雇员之间常常被辩论的案件。政府也不例外。如果一名政府职员因性骚扰起诉的话，政府官员需要代表政府出庭。（2）非正常死亡案件。如果一个公民的死亡有可能牵扯到政府，那么该政府部门可能需要出庭作为该案件的一方当事人。非正常的死亡可能来自食品药物部门处理的决议或者政府交通运输中的事故。（3）国家征收征用案件。政府为社会公众服务的一种方式就是在私人利益和更大的公共利益之间进行选择。例如，如果一个郡需要延伸高速公路，郡政府可能需要征用一些私人财产以便于为更大的目标服务。针对土地所有者可能的反对，政府律师需要出庭为政

---

① “Local Government Attorneys of Virginia”，https://www.lgava.org，访问日期：2016 年 12 月 6 日。

② “Government Lawyer/Attorney”，http://www.lawyeredu.org/government-lawyer.html，访问日期：2016 年 12 月 6 日。

府进行辩护。①

在薪水方面，政府律师每年平均增长10%。这与大多数律师相似，律师的职位数量可能随着需求的增长/降低而改变。每一个政府部门对于政府律师的工作要求和薪水都有自己的规定。薪水通常主要取决于雇主实体的大小。例如，俄克拉马州一个小城镇的政府律师起薪可能只有48 000美元，而在大城市，例如纽约，政府律师的起薪可能超过7万美元。政府律师通常比私人律师的薪水低，但是往往享有更高程度的工作安全和有保障的福利。②

2016年11月，刚在美国总统选举中获胜的特朗普（Donald Trump）委任法律界名人Donald F. McGahn为白宫首席法律顾问。McGahn为国际知名律师事务所Jones Day合伙人之一，也是联邦选举委员会前主席。③特朗普过渡团队指出，McGahn专长于政府道德操守议题。他是特朗普竞选阵营顾问之一。

美国建国200多年间，总统都没有设立专属的法律顾问。依据1789年《司法法》（Judiciary Act of 1789），新设立的“司法部长”（Attorney General）负责向总统和其他内阁成员提供法律咨询。总统获得法律意见的另一个渠道是法院，各州法官经常为总统出具所谓“咨询意见”，但联邦法院除外。1793年，国务卿托马斯·杰弗逊代表华盛顿总统致函联邦最高法院，希望大法官解释1778年的《美法条约》，公函列出了29个具体问题。杰伊首席大法官和其他联席大法官认为，杰弗逊的这一请求超过了联邦法院的职权范围。根据宪法授权，联邦法院只处理对立当事人之间的争议引发的问题。因此，联邦最高法院答复：“宪法为政府三大部门设定的分界线——要求它们在某些方面互相制约监督——我们只是终审法院法官——上述界限可以作为有力依

① “Government Lawyer/Attorney”，http://www.lawyeredu.org/government-lawyer.html，访问日期：2016年12月6日。

② “Government Lawyer/Attorney”，http://www.lawyeredu.org/government-lawyer.html，访问日期：2016年12月6日。

③ “Donald F. McGahn II (Don)”，Jones Day网站：http://www.jonesday.com/dmcgahn/，访问日期：2016年12月6日。

据，阻止我们逾越司法权限，作出答疑解惑的不当之举。”[①]进入 20 世纪后，伴随总统行政权的扩张和现代国家治理体系的建立，白宫法律顾问制度也相应地发展起来。作为总统的直属机构，白宫法律顾问制度的源头可以追溯到罗斯福的“新政”改革。1939 年国会通过了《政府重组法》（Reorganization Act of 1939），依据第三章的规定：“总统有权设置‘行政助理’（Administration Assistant）职位，并为其规定职责。”这为白宫法律顾问的创设提供了法律依据。

为了打造一个高效权威的总统直属机构，罗斯福总统邀请好友塞缪尔·卢瑟曼（Samuel Rosenman，1943～1946 年担任白宫法律顾问）法官加入这个团队。该职务创设之初没有明确的职责，也没有运作模式可以借鉴。顾问和总统本人对这个机构未来的发展都没有清晰的设定。因此，该制度在发展过程中也经历过许多曲折。一般研究者将白宫法律顾问的发展分为“总统特别顾问”和“专业法律顾问”两个阶段：（1）总统特别顾问（Special Counsel to the President，1943～1971 年），该名称体现出临时、非常规以及实验性质。与此相伴的是职责的不确定以及团队规模上的限制；（2）专业法律顾问（Counsel to the President，1971 年至今），以尼克松总统任命约翰·迪恩（JohnDean，1971～1973 年担任白宫法律顾问）为开端，这个时期白宫法律顾问逐渐摆脱职责模糊、层级不清的缺点，向专业化、团队化和稳定化发展。[②]

白宫法律顾问又被称为“总统的律师”，这说明：一方面，他们和普通律师一样向当事人提供专业法律意见；另一方面，当事人是总统，因此涉及的法律问题比较特殊，大部分都集中在宪法领域。白宫法律顾问的职责也集中在对宪法的实施与解读，具体职责有六个方面：（1）为总统行使权力寻求宪法依据。白宫法律顾问的首要职责就是站在总统的立场上解释宪法和法律，为总统的行为提供理论上的支持和宪法依据。（2）协助总统任命官员。总统

① ［美］琳达·格林豪斯：《美国最高法院通识读本》，何帆译，译林出版社 2013 年版，第 7 页。

② 吴玄：“美国白宫法律顾问制度研究”，载《环球法律评论》2014 年第 5 期。

作为国家元首拥有行政官员和司法官员的任命权，但是根据“三权分立”的原则，任命受到参议院表决权的制衡。（3）对总统赦免案的审议。《联邦宪法》第2条赋予总统发布“缓刑和赦免的权利……”白宫法律顾问负责审核所有提交到白宫的赦免申请。在克林顿总统任期的最后一天，总统对140多人给予特赦，涉及36个判决。（4）白宫雇员的职业道德督导。对于新当选的总统和他的幕僚团队，与白宫雇员联系紧密的职业道德问题是一个陌生的领域。因此，法律顾问成为白宫“官方指定的特别道德机构”，负责协助总统和白宫各个部门处理相关事宜，同时也肩负着白宫雇员的道德监督与教育事项。（5）联邦法律简报的审查。自20世纪70年代开始，总统注意到越来越多的政治问题被提交到联邦最高法院。在这些案件中，联邦最高法院会要求司法部就相关问题提供相应的政府法律简报。（6）《总统应急手册》的编订与执行。白宫法律顾问应当负责所有与总统有关的法律事务，其中也包括危机时刻的法律应对措施。所谓“应急手册”是指当总统的健康状况可能危及权力行使时白宫的应对策略。该手册源于1981年里根遇刺事件。

从1943年到现在已经有38任（包括2017年上任的McGahn）白宫法律顾问，平均每届顾问任期两年左右：通过选举上任的新总统都会任命一位新的白宫法律顾问，因此任期都是从1月20日（同新总统）开始；从罗斯福总统到克林顿总统，多数总统在四年任期内至少有两任白宫法律顾问，只有老布什总统任期内只委任了一名白宫法律顾问（Boyden Gray）；克林顿总统八年任期内共有六任白宫法律顾问，为历届总统最多（见表3.10）。

表3.10 美国白宫历任法律顾问简况①

	名称	开始时间	结束时间	时任总统
1	Samuel Rosenman	1943. 10. 2	1946. 2. 1	Franklin Roosevelt
2	Clark Clifford	1946. 2. 1	1950. 1. 31	Harry Truman
3	Charles Murphy	1950. 1. 31	1953. 1. 20	

① “Executive Office of the President”，美国白宫网站：https://www.whitehouse.gov/administration/eop，访问日期：2016年12月9日。

续表

	名称	开始时间	结束时间	时任总统
4	Bernard Shanley	1953. 1. 20	1955. 2. 19	Dwight Eisenhower
5	Gerald Morgan	1955. 2. 19	1958. 11. 5	
6	David Kendall	1958. 11. 5	1961. 1. 20	
7	Ted Sorensen	1961. 1. 20	1964. 2. 29	John F. Kennedy
8	Mike Feldman	1964. 4	1965. 1. 17	Lyndon Johnson
9	Lee White	1965. 1. 17	1966. 2. 11	
10	Milton Semer	1966. 2. 14	1967. 10. 26	
11	Harry McPherson	1966. 2. 11	1967. 10. 20	
12	Larry Temple	1967. 10. 20	1969. 1. 20	
13	John Ehrlichman	1969. 1. 20	1969. 11. 6	Richard Nixon
14	Chuck Colson	1969. 11. 6	1970. 7. 9	
15	John Dean	1970. 7. 9	1973. 4. 30	
16	Leonard Garment	1973. 4. 30	1974. 8. 9	
17	William Casselman	1974. 8. 9	1975. 9	Gerald Ford
18	Philip Buchen	1975. 9	1977. 1. 20	
19	Robert Lipshutz	1977. 1. 20	1979. 10. 1	Jimmy Carter
20	Lloyd Cutler	1979. 10. 1	1981. 1. 20	
21	Fred Fielding	1981. 1. 20	1986. 5. 23	Ronald Reagan
22	Peter Wallison	1986. 5. 23	1987. 3. 20	
23	Arthur Culvahouse	1987. 3. 20	1989. 1. 20	
24	Boyden Gray	1989. 1. 20	1993. 1. 20	George H. W. Bush
25	Bernard Nussbaum	1993. 1. 20	1994. 3. 8	Bill Clinton
26	Lloyd Cutler	1994. 3. 8	1994. 10. 1	
27	Abner Mikva	1994. 10. 1	1995. 11. 1	
28	Jack Quinn	1995. 11. 1	1997. 2	
29	Chuck Ruff	1997. 2	1999. 9	
30	Beth Nolan	1999. 9	2001. 1. 20	

续表

	名称	开始时间	结束时间	时任总统
31	Alberto Gonzales	2001. 1. 20	2005. 2. 3	George W. Bush
32	Harriet Miers	2005. 2. 3	2007. 1. 31	
33	Fred Fielding	2007. 1. 31	2009. 1. 20	
34	Greg Craig	2009. 1. 20	2010. 1. 3	Barack Obama
35	Bob Bauer	2010. 1. 3	2011. 6. 30	
36	Kathryn Ruemmler	2011. 6. 30	2014. 6	
37	Neil Eggleston	2014. 6	2017. 1. 20	
38	Don McGahn	2017. 1. 20	—	Donald Trump

白宫法律顾问的创设始于“二战”后总统对于自身权力的强化，一些学者将这一运动称为“一元化”行政。[①]在这个过程中，总统的行动迫切需要法律上的支持。同时，美国社会对于宪法问题的讨论和立法机构中政党政治的影响使得总统无法从传统的顾问机构获得协助。这些因素促使总统转而求助于直属机构，也使得白宫法律顾问在美国现代国家治理体系中占据越来越重要的地位。[②]

① 所谓“一元化”（unitary executive）行政理论是指总统拥有宪法所赋予的对于行政分支的最高控制权，以及对武装部队的最高指挥权，总统要利用各种手段确保法律得以忠实的执行。参见ChristopherKelley，“Rethinking Presi-dential Power-The Unitary Executive and the George W. Bush Presidency”，Presented at 2005 meeting of the Midwest Political Science Association，2005，pp. 11 – 12.

② 吴玄：“美国白宫法律顾问制度研究”，载《环球法律评论》2014 年第 5 期。

第四章　法院和法官

虽然美国法学教育以培养律师为主，但是法学院同样为法官群体输送了大量人才。美国是一个联邦制国家，法院系统采取“双轨制”，国内对于美国法院系统和法官制度存在诸多误解，民众往往把联邦法院系统等同于全美法院系统，把联邦法官制度等同于全美法官制度。

第一节　美国联邦法院和州法院的异同①

美国法院系统超过50个，包括联邦法院系统、各州法院系统以及哥伦比亚特区法院系统等。②法院系统彼此间的关系，大致可以从“联邦法院与州法

① 本节及本章开头主要由李晓郛博士整理和编写。

② 哥伦比亚特区（District of Columbia）又称“华盛顿特区”（Washington，the District），是美国首都，位于其东北部。行政上，哥伦比亚特区由联邦直接管辖，也是众多联邦政府机构所在地，包括众多联邦法院。除了联邦最高法院外，还有若干联邦巡回法院、联邦地方法院和本地区的州法院。这些法院名称容易混淆：（1）哥伦比亚特区联邦巡回上诉法院（United States Court of Appeals for the District of Columbia Circuit，D. C. Court）；（2）联邦巡回上诉法院（United States Court of Appeals for Federal Circuit，Federal Circuit）。它和前述法院都是美国联邦系统的13个巡回上诉法院之一（其他巡回上诉法院由1～11按编号命名），不过分工有所不同；（3）哥伦比亚特区联邦地方法院（United States Court for the District of Columbia，D. D. C）作为联邦法院系统内的地区法院之一，其特殊之处在于，因为哥伦比亚特区没有设置地方检察官，所以该法院审理的刑事诉讼案件由联邦检察官提出指控；（4）哥伦比亚高等法院（Superior Court of the District of Columbia）属于哥伦比亚特区地方法院系统，虽然冠名“高等”，实际是初审法院，目前有1名首席法官，6名法官和24名治安法官；（5）哥伦比亚特区上诉法院（District of Columbia Court of Appeals），表面上看是二审法院，实际上是哥伦比亚特区的终审/最高法院。哥伦比亚特区的州法院系统和缅因州法院系统类似，采用的是二级法院制度。

院间”的纵向角度以及“各州法院间”的横向角度进行解析。此两个角度均与“联邦主义”（federalism）思想紧密相连，这样的做法和理念也影响到联邦法官与州法官之间的关系。

联邦与各州彼此尊重，构成美国联邦主义的核心内涵。美国整个法院体系是统一的，如果说在起点上是二元化（并存联邦下级法院和州法院），在终点上则是一元化（裁决宪法和联邦法案件的最高法院只有一个），而且联邦下级法院和州法院的二元性也不同于联邦政府和州政府间的二元关系。①从司法管辖权看，州法院与联邦法院之间存在复杂的关系。一般情况下，联邦法院不审理涉及各州法律的案件，联邦法院仅就特定事项取得“事物管辖权”（subject matter jurisdiction），除了专属于联邦法院管辖的事项外，各州法院对其“属地管辖”（territory jurisdiction）所及之所有事项均有管辖权。因此，联邦法院管辖权常被称为“有限管辖权”（limited jurisdiction），州法院管辖权则被称为“一般管辖权”（general jurisdiction），两套法院系统在某些地方存在共同管辖权（见表4.1）。

表4.1　联邦法院和州法院在结构上的区别②

联邦法院系统	州法院系统
《美国联邦宪法》第3条将司法权力赋予联邦法院系统。《美国联邦宪法》第3条第1款专门设立联邦最高法院，并授权国会设立更低级别的联邦法院	依照联邦宪法和法律设立的州法院系统，终审法院通常被称为“最高法院”（Supreme Court）。一些州还设有“上诉法院”（Intermediate Court of Appeals）。在这些上诉法院之下是初审法院，有些被称为“巡回法院”或“地方法院”（Circuit or District Courts）

① 国内行政体系从中央开始，在乡政府甚至村委会结束。对一般公民来说，司法的二审终审制使大部分案件封闭于一个地级市的法院。因此，有学者认为国内司法是彻底地方化的。参见刘海波：“司法权的统一问题”，中国法学网：http://www.iolaw.org.cn/showarticle.asp?id=1781，访问日期：2016年12月7日。

② “Comparing Federal & State Courts”，美国法院网站：http://www.uscourts.gov/about-federal-courts/court-role-and-structure/comparing-federal-state-courts，访问日期：2016年11月25日。

续表

联邦法院系统	州法院系统
国会在联邦宪法的授权下设立 13 个"上诉法院"（Courts of Appeals）、94 个"地区法院"（District Courts）、"索赔法院"（Court of Claims）、"国际贸易法院"（Court of International Trade）。还有"破产法院"（Bankruptcy Courts）专门处理破产案件。治安法官则处理一些地区法院的事务	各州也会设有处理具体事项的法院，例如遗嘱法院（包括遗嘱和遗产）、少年法院、家庭法院等
对联邦地方法院、索赔法院，和/或国际贸易法院的决定不满意的当事方可以向上诉法院提出上诉	对初审法院裁决不满意的当事方可以向上诉法院提出上诉
当事方可以要求联邦最高法院审查上诉法院的裁决，但是联邦最高法院通常没有义务这样做。联邦最高法院是联邦宪法问题的最终裁决者	当事方有机会通过州最高法院审理案件
	只有部分案件能得到联邦最高法院的审理

美国联邦最高法院是全美联邦法院系统的最高审级和最高审判机关，其于 1790 年 2 月根据《联邦宪法》第 3 条和 1789 年的《司法法令》（Judiciary Act of 1789）设立在首都华盛顿。最初由 1 名"首席大法官"（Chief Justice）和 5 名"助理大法官"（Associate Justice）组成，1869 年根据国会法令规定由首席大法官 1 人和助理大法官 8 人组成，这也就是国内称呼的美国联邦最高法院"九头鸟"。美国联邦最高法院对各种提交的案件，一般由 9 位大法官以简单多数票的表决方法来决定。①

联邦和大多数州的法院系统都采用"三级模式"，只有哥伦比亚特区、缅因州、蒙大拿州、内华达州、新罕布什尔州、罗德岛州、南达科他州、西

① "A Brief Overview of the Supreme Court"，美国联邦最高法院网站：https://www.supremecourt.gov/about/briefoverview.aspx，访问日期：2016 年 11 月 25 日。

弗吉尼亚州、怀俄明州采用"两级模式"。[①]所谓"三级模式"，是指法院系统包括三个级别/层次，一般是地区/初审法院、巡回/上诉法院和顶层的最高法院。每个州至少都有一个联邦地区法院，例如罗德岛州；有些州有三个，例如乔治亚洲、威斯康星州、纽约州等。巡回法院的得名和国内抗日战争时期的"马锡五审判方式"有些接近，即简化诉讼手续，实行巡回审判、就地审判（见表4.2）。

表4.2 联邦法院和州法院处理的案件类型[②]

联邦法院	州法院
涉及法律合宪性的案件；涉及法律和条约的案件；涉及大使和部长的案件；两个或者多个州之间争议的案件；涉及海军的案件；涉及破产的案件；涉及人身保护的案件	大多数刑事案件；遗嘱案件（涉及遗嘱和遗产）；大多数合同案件、侵权案件（人身伤害）、家庭案件（婚姻、离婚、收养）等 州法院是州法律和宪法的最终仲裁者。涉及州法院对联邦法律或者联邦宪法的解释可向联邦最高法院提出上诉。联邦最高法院可以选择审理或者不审理此类案件

在联邦法院系统内，94个地区法院组成12个巡回区域。每个区域都有自己的联邦上诉法院审查由联邦地方法院裁决的案件。从数量上来说，美国一共有13个巡回/上诉法院，第13个巡回/上诉法院（Court of Appeals for the Federal Circuit）的建立时间最晚，其受理来自美国专利商标局（Patent and Trademark Office）专利审查案件、美国联邦地区法院专利侵权案件和美国国际贸易委员会（United States International Trade Commission）"337调查"案件的上诉。[③]最近几年，联邦最高法院每年审理不到100起申诉，然而，每年要求得到其审查的案件超过7000件。这就意味着全美13个巡回/上诉法院作出的决定很可能是成千上万案件中的最后一句话。还有一些特别的法院，例如

---

① "Selection of Judge", http://www.judicialselection.com/judicial_selection/methods/selection_of_judges.cfm?state=，访问日期：2016年11月29日。

② "Comparing Federal & State Courts"，美国法院网站：http://www.uscourts.gov/about-federal-courts/court-role-and-structure/comparing-federal-state-courts，访问日期：2016年11月25日。

③ "Court Jurisdiction", http://www.cafc.uscourts.gov/the-court/court-jurisdiction，访问日期：2016年12月5日。

联邦税务法院（Tax Court）、军事法院、[①]退伍军人上诉法院（Court of Veterans Appeals）等，虽然属于联邦政府管辖的法院，但是不属于前面提到的联邦法院系统。[②]

无论是联邦法院还是州法院，也不论是普通法院还是特别法院，都可以根据基本职能分为两种：一种是“审判法院”（Trial Courts），另一种是“上诉法院”（Appellate Courts）。美国的审判法院和上诉法院分工明确：审判法院只负责一审；上诉法院只负责上诉审。联邦最高法院和某些州的最高法院例外，它们既审理上诉审案件，也审理少数一审案件。在美国地方法院的审判中，证人提供证词，法官或者陪审团决定谁有罪/无罪，或谁负责/不负责。上诉法院不会重新审理案件或者听取新的证据，法官不会听取证人作证，也没有陪审团。上诉法院审查初审法院的程序和决定，以确保诉讼程序公正、法律正确适用。审判法院多采用法官“独审制”，即只有1名法官主持审判并作出判决。上诉审法院则采用“合议制”，由若干名法官共同审理案件并作出判决。合议庭的组成人数各不相同。一般来说，上诉法院的合议庭由3名法官组成；最高法院的合议庭则由5名、7名或9名法官组成。此外，根据案件的种类和当事人的意愿，法院的审判可以有两种形式：“法官审”（Bench Trial）和“陪审团审”（Jury Trial）。

事实上，由于同时存在普通法院和特别法院，加上二级或者三级的制度安排，美国各州法院的数量和名称众多。以纽约州为例，纽约州法院组织架构分为民事和刑事两个部分，同时，由于全球金融中心纽约市在纽约州内，因此州的民事及刑事法院又分为纽约市内及纽约市外两大类，这样就形成纽约州法院系统的多样性。纽约州民事法院系统的初级法院有：“最高法院”（Supreme Court）、“县法院”（County Court）、“代办法院”（Surrogate's Court）、“家事法院”（Family Court）、“索赔法院”（Court of Claims）、“纽约

① 美国军事法院分为三级：最高阶位的是美国武装力量上诉法院；其次是美国刑事上诉法院；每一军种的军法总署都设有这类法院，在美国《统一军事司法典》制定之前，它是美国军中唯一的复核法院；最后是军事审判法庭，它又包括高等审判法庭、特等审判法庭和简易审判法庭三种。鉴于美国军事法院的特性，故本章对该法院和法官不多做介绍。

② “About the U. S. Courts of Appeals”，美国法院网站：http://www. uscourts. gov/about-federal-courts/court-role-and-structure/about-us-courts-appeals，访问日期：2016年12月4日。

市民事法院”（Civil Court of the City of New York）、“地区法院”（District Court）、“市法院”（City Court）、“镇法院”（Town Court）和“村法院”（Village Courts）。民事法院系统的上诉审判机构有两类，一类为“最高上诉法院”（Appellate Terms of the Supreme Court in the First and Second Departments），另外一类为“郡法院”（County Court）。[①]在纽约州，“最高上诉法院”有四个之多，分别负责州内不同区域的上诉案件。民事法院系统的终审机构为“上诉法院”（Court of Appeals），“上诉法院”也就是纽约州的最高法院，只不过不称为“最高法院”，被称为“上诉法院”，这一名称常常使人误以为纽约州的上诉法院与其他州一样，只是中级审判机构，而非终审机构。这种情况，在其他地方也可能出现，例如缅因州，只不过这几个地区的州法院系统是二级结构，即除了“最高法院”进行初审之外，就是“上诉法院”进行二审终审。纽约州上诉法院可以受理“最高上诉法院”与“郡法院”的上诉案件，在某些情形下，也可以直接受理初级法院的上诉案件。[②]

纽约州的刑事法院系统相对民事法院系统要简单一些，初级法院包括：“最高法院”（Supreme Court）、“县法院”（County Court）、“地区法院”（District Court）、“纽约市刑事法院”（Criminal Court of the City of New York）、“市法院”（City Court）、“镇法院”（Town Court）和“村法院”（Village Court）。与民事法院系统相比，少了代办法院、家事法院以及索赔法院，因为这三个法院主要处理与遗嘱、领养、婚姻、房产、金钱赔偿等有关的案件，与刑事案件无关。[③]

和国内两审终审类似，美国联邦和大多数州也采用“两审终审制”，即诉讼当事方一审败诉后只有权提起一次上诉：（1）民事案件中，任何一方都可以对裁决提出上诉。（2）刑事案件中，被告人可就有罪裁决提出上诉，但如果被告人被裁定无罪，政府不得上诉。刑事案件的任何一方都可以对有罪

---

① 在英文中，“郡上诉法院”的英文与初审法院的“县法院”英文一样。

② “Structure of the Courts”，纽约州法院网站：http://www.nycourts.gov/courts/structure.shtml，访问日期：2016年11月29日。

③ “Structure of the Courts”，纽约州法院网站：http://www.nycourts.gov/courts/structure.shtml，访问日期：2016年11月30日。

判决后施加的判决提出上诉。[①]（3）破产案件中，对破产法官裁决的上诉可以向地区法院提出。也有一些上诉法院专门成立由三名破产法官组成的破产上诉小组，直接审理破产法院的上诉案件。上述这两种情况下，在最初破产申诉失败的一方都可以向上诉法院提出上诉。（4）其他类型的上诉。对联邦行政机构决定不满意的当事方通常可以向上诉法院提出审查该决定的要求；不过涉及某些联邦机构/计划的司法审查，例如，有关社会保障福利的争议，可能先由地区法院而不是上诉法院审理。[②]

上诉法院的裁决通常是案件的最后一个字。从理论上讲，当事人在一审之后可能还有两次甚至三次上诉审的机会——在联邦上诉法院或者州最高法院败诉的诉讼当事人可以提出“复审令”（Writ of Certiorari）的请求，这是一份要求联邦最高法院审查案件的文件。除非像死刑或者其他明确规定的案件类型，否则，“请求上诉法院再审”是当事人的权利，“请求最高法院再审”就不是当事人的权利，而是司法机关的权力，主要在州最高法院和联邦最高法院的法官手里。“权利”（right）与“权力”（power）的中文虽然是一字之差，但是意义相去甚远。在前一种情况下，法院必须受理当事方的上诉；在后一种情况下，法院没有受理的义务，只有当法院认为必要时才受理。联邦最高法院通常在涉及非常重要的法律原则时，或者当两个或多个联邦上诉法院对同一法律作出不同解释时，才会审理案件。还有少数特殊情况是法律要求最高法院审理上诉案件。[③]

---

① 在国内刑事诉讼法律中，司法机关指控涉嫌犯罪的当事人在侦查和审查起诉阶段被称作“犯罪嫌疑人”，在审判阶段被称作“被告人”；在民事案件、行政案件中，引起诉讼发生的一方被称为“原告”，另一方被称作“被告”。美国法院“defendant”在民事和刑事案件中都可以适用，为方便国内读者理解，将刑事案件中的“defendant”称谓“被告人”。

② “Appeals”，美国法院网站：http://www.uscourts.gov/about-federal-courts/types-cases/appeals，访问日期：2016年11月25日。

③ “Appeals”，美国法院网站：http://www.uscourts.gov/about-federal-courts/types-cases/appeals，访问日期：2016年11月25日。

第二节　美国法官的任职和离职[①]

联邦法官和州法官的任职方式如表4.3所示。

表4.3　联邦法官和州法官的任职方式[②]

联邦法官	州法官
“联邦法官”一词通常是指依照《联邦宪法》第3条经美国总统提名并被参议院批准的法官。只要保持良好的品行即可终身任职，否则可能会因为国会启动弹劾程序而被免职	州法官的任职方式有多种：一是选举，二是直接规定任职期限，三是终身制，还有上述方式的组合，比如选举后规定任职期限

从法条上看，美国对于联邦法官的挑选程序非常简单，《联邦宪法》第3条直接规定经美国总统提名然后参议院批准的任命程序，国会通过立法将这一做法扩展到其他联邦法官的任命上。除此之外，美国宪法和法律没有对联邦法官应当具备的其他条件做任何明确的规定，原则上，美国总统在经过参议院的同意下，能够任命任何人成为联邦法院法官。但是在实践中，这显然是不可能的，总统在任命联邦法官时，总是会有一些非正式的资格要求，并且每位总统的要求也会有差别，从过去联邦法官的选拔经验来看，有些条件是一直存在的，例如，虽然律师执照并非美国法官的必备任职条件，但是联邦法官通常都曾担任律师，并且多数是美国著名法学院的毕业生。加上2016年年初去世的斯卡利亚大法官，统计最近9位美国联邦最高法院大法官，哈佛大学贡献了5位，耶鲁大学贡献了3位，还有一位来自芝加哥大学，她是美国历史上第二位女性大法官Justice Ruth Bader Ginsburg-Columbia（LL. B.）。[③]

从1789年10月19日，第一位首席大法官Jay John宣誓以来，227年间

① 本节主要由林泽昕硕士和许方钱律师共同整理和编写。

② “Comparing Federal & State Courts”，美国法院网站：http://www.uscourts.gov/about-federal-courts/court-role-and-structure/comparing-federal-state-courts，访问日期：2016年11月25日。

③ “Biographies of Current Justices of the Supreme Court”，美国联邦最高法院网站：http://www.supremecourt.gov/about/biographies.aspx.，访问日期：2016年11月5日。

美国联邦最高法院只产生了17位首席大法官和111位大法官（包括首席大法官）。[①]就美国联邦最高法院大法官的任职而言，候选人须经参议院下设的（由20名参议员组成）司法委员会，通过听证会的形式，就其背景、司法从业经历和政策立场等进行审查；审查通过后还须经参议院全体会议进行投票表决；最终达到简单多数，即51张参议员赞成票后，提名即获通过。提名大法官一旦被正式任命，可终生任职，无须服从原先政党、美国总统和参议院的要求来进行审判。美国自1865年内战结束后一直由1名首席大法官和8名助理大法官组成，虽然1937年罗斯福总统曾经有过“填塞法院”计划，但是最后被搁置，大法官人数没有再变化过。[②]由于大法官的提名权掌握在总统手中，因此，超越党派的大法官身上仍然留有党派印记。以斯卡利亚大法官为例，他在1986年被时任美国总统、共和党人里根提名，在其30年的职业生涯中因反对堕胎、同性恋和控枪等问题而深受共和党支持，被称为美国法律界的“保守派旗手”。虽然被任命者不一定都要有司法工作经历，但是很多总统更偏向于任命有州法院工作经历的人，因为丰富的司法工作经验能够让法官在法律框架内作出没有“偏见”的判决，并且当出现法律空白的时候，法官能够拥有酌情处理案件的能力。而有的总统在考虑候选人时，还会对候选人从事法律工作的年限以及身体健康状况提出一定的要求。[③]

2016年3月16日，奥巴马总统正式提名哥伦比亚特区上诉法院首席法官梅里克·加兰（Merrick Brian Garland）作为联邦最高法院助理大法官候选人，从加兰的教育和工作经历来看，也体现了上述观点。加兰现年64岁，出生于芝加哥市，1977年以优异成绩毕业于哈佛大学法学院；曾担任律师，也曾在司法部任职；1995年首次获时任总统克林顿提名担任联邦法官，但被参

---

① “Members of the Supreme Court of the United States”，美国联邦最高法院网站：https://www.supremecourt.gov/about/members_text.aspx.，访问日期：2016年11月25日。

② 按照这个计划，总统可以提名另一名法官取代任何超过70岁但还没有退休的联邦法官，联邦最高法院也不例外。当时，最高法院的大法官中有6人的年龄已经超过70岁。总统可以借此把最高法院的大法官人数从原来的9名增加到15名。虽然计划后来搁浅，但是联邦最高法院之后的判决都倾向于新政：最低工资和最高工时法、价格管制、保护工会、集体谈判、制止廉价竞争等。

③ James V. Calvi & Susan Coleman，American Law and Legal Systems，London：Prentice Hall Press，2003.

议院否决，1997 年才成功担任哥伦比亚特区联邦上诉法院法官。①

不单是大法官，总统们在考虑任命谁为联邦法官时，都会将候选人的性别、宗教、种族、政党以及区域因素考虑进去，虽然总统们都不愿意承认，但事实就是如此。即便个别总统在改善联邦法官候选者的多样化上采取诸多措施，但是从詹姆斯·厄尔·卡特（James Earl Carter，第 39 任）总统任期开始一直到乔治·沃克·布什（George Walker Bush，第 43 任）总统任期结束，②这段时间里总统所提名的联邦法官候选人中，男性和白人还是占绝大多数。卡特总统在竞选时曾承诺，如果当选他将任命非裔美国人和女性担任联邦法官，在他上任后真的任命更多的非裔美国人以及西班牙裔美国人到联邦法院任职，并且他所任命的女性联邦法官是之前所有总统任命的女性联邦法官总和的两倍。威廉·杰弗逊·克林顿（William Jefferson Clinton，第 42 任）总统在上任后延续卡特总统的做法，在他的第一个任期内，他所任命的联邦法官有将近 53% 要么是白人，要么是女性，或者两者兼有。而在小布什担任总统时，这一数字仅为 27%。在罗纳德·威尔逊·里根（Ronald Wilson Reagan，第 40 任）担任总统时，这一数字甚至不到 15%。另外，政党因素也是总统在任命联邦法官时着重考量的因素，有资料表明，所有美国总统任命的联邦法官有将近 90% 和总统是同一个政党（见表 4.4）。③

表 4.4　从卡特总统到小布什总统任命的联邦法官分类④

（单位：位）

分类	男性	女性	总计
白人	1022（68.5%）	223（14.95%）	1245（83.44%）
非裔美国人	107（7.17%）	33（2.21%）	140（9.38%）

① “Merrick B. Garland”，哥伦比亚特区联邦上诉法院网站：https://www.cadc.uscourts.gov/internet/home.nsf，访问日期：2016 年 12 月 6 日。

② 由于第 41 任和第 43 任美国总统都姓“布什”，国内习惯称呼 George Herbert Walker Bush 为“老布什”，George Walker Bush 为“小布什”。

③ James V. Calvi & Susan Coleman，American Law and Legal Systems，London：Prentice Hall Press，2003.

④ Jennifer Segal Diascro & Rorie Spill Solbert，George W. Bush's Legacy on the Federal Bench：Policy in the Face of Diversity，Judicature，2009，Vol. 92，No. 6，p. 292.

续表

分类	男性	女性	总计
西班牙裔美国人	69（4.62%）	22（1.47%）	91（6.1%）
其他	14（0.94%）	2（0.113%）	16（1.07%）
总计	1212（81.23%）	280（18.77%）	1492（100%）

部分总统在提名联邦法官候选人的时候，还会将候选人的意识形态作为考虑因素之一。例如，里根总统在提名联邦法官候选人时只会挑选有保守思想的人作为他的提名对象，而小布什总统提名担任联邦上诉法院和地区法院的候选人都具有保守思想，这和他的父亲老布什总统以及里根总统的做法十分相似。每个总统在提名候选人时对于候选人的专业能力、司法经验、年龄、意识形态和党派的衡量尺度，都有着和其他总统不同的地方。总统通常会先确定他对于候选人的基本标准，然后将基本标准告知如白宫幕僚、首席检察长等重要人物，让他们进行选拔工作。

联邦法官的候选人一旦被确定下来，联邦调查局（Federal Bureau of Investigation，隶属美国司法部）就会对候选人的背景进行调查。之所以要联邦调查局进行背景调查，是为了确保联邦法官的候选人没有任何让总统难堪的背景问题。如果候选人被发现曾经使用家庭暴力或者醉酒驾驶车辆等问题，就会被剥夺候选人的资格。联邦调查局调查之后，第二步是由美国律师协会（ABA）对候选人作出评价，根据候选人的年龄、性格、知识水平以及司法实践经验等，对总统提名的人选进行资格评价，评价等级分为“优秀”“合格”“不合格”三类。有些总统将会拒绝任命被评为“不合格”的候选人担任联邦法官，如里根总统和小布什总统，而肯尼迪总统和克林顿总统还是对一些“不合格”评价的候选人作了任命。在经历了联邦调查局和美国律师协会的审查和评价之后，候选人的名单将被正式提交到参议院司法委员会进行确认听证。听证会上会对候选人进行调查见证，候选人必须出席参加。最后，参议院对通过听证的候选人进行确认，如果能通过司法委员会的听证，获得参议院确认的可能性就很大。候选人宣誓之后，就从程序上获得联邦法官的职位。每一位担任联邦法官的候选人都要经过联邦调查局的调查、美国律师协会的评价、司法委员会的听证以及最后美国参议院的确认。不过，担任不同级别的联邦法院法官，其所采用的具体程序还是会有些不同之处。对于联邦地区法院法官的选择更多受代表这个州的参议员以及这个州的政治文化所影响。而对于联邦上诉法院以及联邦最高法院法官的选择，则更多的受总统以及国家政治文化的影响，有一句老话："联邦法官就是认识总统的那个律师"，虽然不完全正确，但也在一定程度上反映了联邦上诉法院以及联邦最高法院的法官选择很大程度上取决于总统的意愿。[①]

州法官任职与联邦法官迥异，选举是州法官任命的"关键词"。Ballotpedia 统计各州法官选任方式，总结了五种方法：第一种是"党派提名选举"（partisan election）模式，公民选举产生法官，候选人由各党派提名（选票上标识候选人所属党派）；第二种是"无党派提名选举"（non－partisan election）模式，即通常所称的"普选"，同样是公民选举产生法官，候选人的名字在选票上列出，但不会标识其所属党派或者无党派；第三种是"州议会选举"（legislative election）模式，法官由州议会选举产生；第四种是"州长任命"（gubernatorial appointment）模式，州法官直接由州长任命。在有的州，例如特拉华州、缅因州和新泽西州，州长任命法官之后还需要经过州参议院的批准；第五种是"辅助任命"（assisted appointment）模式，也被称作"密苏里计划"（Missouri Plan），来源于 1940 年，密苏里州在全美率先采用法官"基于品德选举的程序"（merit-based selection process）。[②] 这种模式包括了"提名委员会"（nominating commission）程序，用于审查法官候选人资格，并向州长提交一份名单，州长从这份名单中任命法官。在完成初始任期后，法官必须由选民在"是否保留"选举中确认，才能继续任职。"密苏里计划"融合选举制和任命制，核心是让法官选举尽量摆脱政党影响。[③]

有的州法官选拔方法在州内也不统一，会综合采用这五种方法中的两种

① James V. Calvi & Susan Coleman, American Law and Legal Systems, London: Prentice Hall Press, 2003.

② "Judicial Selection in the States", Ballotpedia: https://ballotpedia.org/Judicial_selection_in_the_states, last visited on December 2, 2016.

③ 徐爱国："美国的法官与政党"，载《人民法院报》2011 年 11 月 11 日，第 8 版。

或者三种，例如纽约州上诉法院法官选拔是通过“密苏里计划”，而初审法院的法官选拔则是通过党派提名选举。甚至一些州选择何种水平的人担任州法官也要取决于当地公民的意见。而且，即便州与州之间采用同一种选拔方法时，每个州也会有独特的操作形式。例如，在采取“密苏里计划”时，有些州会要求州长必须从委员会提供的候选人名单中选出法官，而有的州则只是将委员会的候选人名单作为参考名单而已。又如，缅因州采用“州长任命方式”——州宪法第 5 条和第 6 条规定法官选择和连任的方法，其对候选人的要求非常宽松，只要求“接受法学教育”（learned in the law）即可。当出现法官空缺时，14 人组成的司法选举委员会向州长提出建议人选，州长指定一人作为候选人进入议会选举程序；如果该候选人经过州参议院评议，除非 2/3 的参议员反对，否则任命生效（见表 4.5）。①

表 4.5　全美（包括哥伦比亚特区）不同的法官任职方法（截至 2015 年）②

（单位：位）

方法	53 个州最高法院	45 个州上诉法院	147 个州初审法院
党派提名选举	7	8	39
无党派提名选举	16	13	34
州议会选举	2	2	5
州长任命	4	3	6
密苏里计划	24	18	46
综合	0	1	17

有关法官自身的任职条件，州法官与联邦法官相差不大，都注重于法律教育经历、品行操守以及司法实践能力，但是每个州的具体条件还是有些不同，试举几例：（1）阿拉斯加州要求州初审法院法官必须是美国公民并且成为州居民五年，拥有州执业执照并且有五年法律实践，而对于上诉法院以及最高法院的法官要求更高，除上述要求外，法律实践应为八年。三级法院法

① “Judicial Selection in the States”, National Center for State Court 网站：https://ballotpedia.org/Judicial_selection_in_the_states，访问日期：2016 年 11 月 29 日。

② 市级法院法官的任职方法不包括在这个表格内。

官的强制退休年龄都是70周岁。（2）亚利桑那州对于初审法院和上诉法院法官的初任要求是30周岁，成为州居民五年同时拥有州执业执照五年，并且满足当地居民一年，而最高法院法官的要求是成为州居民10年并且拥有州执业执照10年。考虑到J. D. 毕业的年限，州最高法院法官候选人基本上都是超过30周岁的成年人。三级法院法官的强制退休年龄都是70周岁。（3）阿肯色州要求初审法院法官必须在28周岁及以上，有良好的道德品质，接受过法律教育并且是美国公民，成为州居民两年，拥有六年的法律实践经验。在州上诉法院和最高法院担任法官的要求更加严格，法官初任年纪提升到30岁，六年的法律实践经验提升到八年。阿肯色州法官未有明确强制退休年龄。（4）加利福尼亚州三级法院法官都要求10年以上的州法律实践经验或者10年以上的法庭记录员经验，且未明确强制退休年龄。（5）康涅狄格州三级法院法官都要求是州居民并且拥有州执业执照，强制退休年龄也都是70周岁。（6）弗吉尼亚州要求初审法院法官必须是州或者所在巡回法院州的居民，上诉法院和最高法院则要求必须是州居民，三级法院都要求持有州律师资格证书五年，强制退休年龄都是70周岁。（7）威斯康星州要求三级法院法官都必须是州合格选民，拥有州法律执业执照五年。虽然州宪法要求立法机构通过州法官达到70周岁退休的法案，但是迄今为止，州立法机构还未颁布相关法规。①

对于美国律师与法官之间的关系，国内法学通识教育有一些似是而非的观点，例如，有的认为所有的美国法官都来自律师，也有的认为只有律师界的精英才能成为美国的法官；律师们以成为法官为荣，当有机会出现的时候会“义无反顾”地争取。严格来讲，上述两种观点都不够精确。律师执照并非美国法官的必备任职条件；同时，法官也并非所有美国律师共同追求的职业目标。②

一方面，从任职方式来看，律师不是法官的必要程序。《联邦宪法》第3

① “Selection of Judge”，http://www.judicialselection.com/judicial_selection/methods/selection_of_judges.cfm? state =，访问日期：2016年11月29日。

② 数说司法：“谁说美国律师都想当法官？又是谁说美国律师都是法官”，http://www.weixinla.com/document/20625420.html，访问日期：2016年12月7日。

条没有规定律师（资格）是法官任命的条件，虽然绝大多数大法官和联邦法官都有律师资格，但是可以看作惯例，而非硬性指标。前文已经提到，选举制是州法官最重要的任职方式，律师资格非是法规或者选民心中的必备条件。即便像经济比较发达的宾夕法尼亚州，2015 年的统计显示，527 名地区法官中只有 148 名是律师，也就是说超过 7 成的地区法官并非律师。美国国家州法院中心（National Center for State Courts，简称 NCSC）每年发布《州法院机构组织结构》（State Court Organization），其对全美 50 个州及海外属地的法官任职条件进行统计，只有 27% 的法官职位明确要求有律师执照、47% 的要求有法律学位，甚至还有 25% 的法官职位并未明确要求有法律知识。①

另一方面，从薪酬对比上看，法官的薪酬水平对律师缺乏吸引力（本章第三节中有关于联邦法官和州法官薪酬的统计）。联邦法官、州最高法院法官以及上诉法院法官的起薪约在 20 万美元/年，然而，许多州初审法官的年薪只有 10 多万美元。如第三章所统计，对于美国律师，尤其是资深律师而言，这样的薪酬仍然缺乏吸引力，成为法官必然意味着收入水平的大幅度下降。这种对收入降低的抱怨在许多法官的传记或回忆录中都有所记载。美国联邦首席大法官多次在年终报告中提到法官的薪酬太低，以至于法官队伍对优秀律师缺乏足够吸引力。如果说，成为联邦法官带来的声誉能够有效缓解薪酬降低带来的“郁闷”，那么对于部分美国律师而言，为了成为一名普通州法官，甚至是限制管辖权法院法官而放弃高额的收入就真有些“得不偿失”。②

由《联邦宪法》第 3 条所赋予权力的联邦法官，包括联邦最高法院法官、联邦上诉法院法官以及联邦地区法院法官，一般都是终身任职，在任何情况下，法官都能够保留他们的职位直到辞职、死亡、被弹劾或者被定罪。由于联邦法官的薪酬良好并且社会地位高，所以主动提出退休的法官非常之少，而弹劾联邦法官须经美国参议院审判，流程较为复杂，所以联邦法官的离职基本上是基于自己的意愿。非选举制的州法官和联邦法官的离职条件类

① “State Court Organization”，http://www.courtstatistics.org，访问日期：2016 年 12 月 7 日。

② 数说司法：“谁说美国律师都想当法官？又是谁说美国律师都是法官”，http://www.weixinla.com/document/20625420.html，访问日期：2016 年 12 月 7 日。

似，区别主要是年龄，不少州法律要求法官年满70周岁就应强制退休。

ABA于1924年制定的《司法道德准则》是ABA对司法行为进行调整的第一次尝试。这一尝试因该准则结构上的缺陷而没有带来预期的成功，许多州并没有采用该准则。1972年，ABA又通过了《司法行为守则》，该守则采用更加符合常规的立法形式，因此为各州所广泛采用（实践中可能有些许修改），涵盖主体包括律师和法官。1990年，ABA又通过全面性的修改文本，叫作《司法行为示范守则》（Model Code of Judicial Conduct），以此取代《司法行为守则》。该守则面世至今，不断地在进行修改和完善。在结构上，《司法行为示范守则》由概略陈述的准则、每条准则之下各节中列出的具体规则，一个术语部分，一个适用部分以及注释部分所组成。早期的五项“准则”（Canon）包括：（1）法官必须维护司法的廉正性和独立性；（2）在所有的活动中，法官都必须避免不适当的言行和不适当的表现；（3）法官必须公正、勤勉地履行司法职务之职责；（4）法官在从事法外活动时，必须使之与司法义务发生冲突的风险最小化；（5）法官或者司法职位候选人必须避免不适当的政治活动。[①] 2011年修订的《司法行为示范守则》包括四项准则：（1）法官应维护和促进司法机构的独立性、完整性和公正性，并应避免不当行为和不当行为的出现；（2）法官应能公正、适合、勤勉地履行司法职责；（3）法官进行个人和法外活动时，应尽量减少与司法职务冲突的风险；（4）法官或者司法职位候选人不得从事与司法机构诚信或公正无关的政治或竞选活动。[②]

全美每个州法院都设立司法委员会（Judicial Council），目的在于保证“一致、独立、公正和便捷”的司法行政工作。其中，加利福尼亚州司法委员会是全美最大的委员会。[③] 美国国会还建立了巡回司法委员会，加强对司法系统的管理和监督。巡回司法委员会的主要职责有两项：一是发挥巡回法

---

① 王进喜：“美国律师协会《司法行为示范守则（1990）》评介”，载《中外法学》1999年第4期。

② “Model Code of Judicial Conduct（2011 Edition）”，ABA网站：http://www.americanbar.org/groups/professional_responsibility/publications/model_code_of_judicial_conduct.html，访问日期：2016年12月5日。

③ 加利福尼亚州司法委员会网站：http://www.courts.ca.gov/policyadmin-jc.htm，访问日期：2016年11月29日。

院的行政监督机构的职能，如指导地方性规则的颁布和实施、批准地区法院就陪审团和审理过程的行政管理提交的计划；二是在司法系统的纪律惩戒方面担负主要责任。司法系统内部也设立一些机构加强对法官的管理，并制定相关的规则。美国司法会议就是其中之一。该会议前身是1922年成立的“资深巡回法官会议”，其成员包括联邦最高法院首席大法官、13个巡回法院的首席法官、12个地区法院法官和美国国际贸易法院的首席法官。司法会议属于给司法系统制定政策的国家一级机构，对管理联邦法院预算、人事和其他事务以及美国法院行政管理局进行督导。[①]

第三节　美国法官的办案量和薪酬[②]

国内案件主要由基层法院处理，森林法院、铁路法院等受案量不是那么显著。[③]美国则不同，就联邦法院受案量而言，处理案件的主要是特别法院，例如破产法院，而不是联邦地区法院或者联邦巡回法院。从法官数量上看，美国联邦法官数量少，州法官数量多。由于统计口径的差异，不同报告中对美国法官的数量记载有细微的差别。不计算破产法院法官和治安法官的情况下，通过《联邦宪法》第3条程序获得法官资格的人数大概为860人，州法官的数量大致为29 000人，州法官的群体中，审理轻微案件的法院法官占据多数。

根据美国联邦法院2015年年度报告（每年9月30日是统计年度的分割点），联邦最高法院、巡回法院以及地区法院受理的案件量都有所下降，但是收监关押的罪犯数量有所上升。[④]向联邦最高法院提交的案件总数减少

---

① 孙培军：“美国法官的罪与罚”，载《南方日报》2013年9月26日，第3版。

② 本节主要由李晓郛博士和林泽昕硕士共同整理和编写。

③ 最高人民法院《关于全面深化人民法院改革的意见》，即《人民法院第四个五年改革纲要（2014～2018）》指出，根据中央司法改革精神，铁路法院将改造为跨行政区划法院。

④ 不同于国内，美国法院“年度”（term）计算从上一年的10月1日开始到本年度的9月30日截止。具体信息可见“2015 Year-End Report on the Federal Judiciary ”，美国联邦最高法院网站：https://www.supremecourt.gov/publicinfo/year-end/2015year-endreport.pdf，访问日期：2016年11月25日。

4.65%，从2014年的7 376件减少到7 033件；提交的救助案件数量减少5.50%，从2014年的5 808件减少到488件；提交的付费案件减少1.47%，从2014年的1 568件减少到1 545件。2014年（统计时间从2014年10月1日到2015年9月30日），有75起案件被讨论，75起被处理的案件中有66起签署意见；2013年，有79起案件被讨论，77起被处理的案件中有67起签署意见。联邦最高法院在2014年还对8个未被讨论的案件发布《未签名的法院意见》（Per Curiam）。[①] 12个联邦巡回法院共受理案件52 698件，下降4%；涉及诉讼当事人的上诉，占案件总量的51%，也是下降4%。提起上诉的民事案件数量下降7%；而提起上诉的刑事案件数量上升3%，针对行政机关提起的上诉案件数量也上升了3%。联邦地区法院共受理279 036起民事案件，较2014年下降6%；跨州案件的数量（原被告不是同一个州的）较2014年下降14%，这么大的降幅主要是因为人身损害案件和产品责任案件量减少；因为较少的罪犯申诉和社会保障案件出现，刑事案件受案量较2014年下降7%；以美国政府为原告的案件较2014年下降10%，因为没收和处罚案件以及合同案件的申诉减少。刑事案件（包括从其他地区转移的人）被告人的数量相对稳定，较2014年下降1%，为80 069人；移民侵权案件的被告人下降5%，其中西南边界地区的法院接收了全美79%的移民被告人档案；财产类型的犯罪案件（包括诈骗）被告人较2014年下降6%；毒品犯罪案件的被告人占全部被告人的32%，较2014年上升2%；而因为非法持械犯罪、爆炸物犯罪、性犯罪以及暴力犯罪受到指控的被告人数量较2014年有减少。

美国联邦设立破产法院专门处理破产案件。2015年破产案件申请量较2014年减少11%，为860 182件；所有地区的破产案件受理量较2014年都有所下降——除了阿拉巴马州中部地区法院今年的受理数量上升3%。消费者（非商业）申诉案件量较2014年下降11%；商业申诉案件较2014年下降12%。2015年（非年度）破产申请的案件数量是2007年以来最低的，这也是2005年《防止破产和消费者保护法案》（Bankruptcy Abuse Prevention and

① 国内的每份法院判决都有法官的名字，然而，美国法院的有些裁决意见（Per Curiam）并不列出支持判决法官的名字，而是只列出反对裁决以及同意结果但是反对/增加判决理有法官的名字。

Consumer Protection Act of 2005）生效后的最低点。虽然从 2007 年到 2010 年，破产申请稳步上升，但是在过去五年中都有所下降。

2015 年，美国联邦上诉法院法官共有 179 人；联邦地区法院法官共有 677 人，其中 396 人为高级法官（高级法官配备助手）；治安法官共有 641 人；[①]破产法院法官共有 349 人。[②]从案件量来看，去除破产法院，每个联邦法官每个工作日接近两起案件要处理。

联邦最高法院首席大法官薪酬从 2006 年的212 100美元涨至 2016 年的260 700美元；助理大法官薪酬从 2006 年的203 000美元涨至 2016 年的249 300美元，而联邦上诉法院法官的薪酬相对低一些，从 2006 年的175 100美元涨至 2016 年的215 400美元，联邦地区法院法官薪酬更低一些，从 2006 年的165 200美元涨至 2016 年的203 100美元。[③]单从数字上看，美国联邦法院法官的薪酬还不错，然而，和国内司法系统（法官和检察官）一样，联邦法官的薪酬涨幅甚至低于通货膨胀率，从 2006 年到 2016 年，联邦地区法院法官的薪酬涨幅约为 22.9%，而同期的通货膨胀率竟然也高达 22.08%。[④]这使得法官与其他行业的薪酬差距被不断拉大，相当于变相降低法官的薪资待遇。在 20 世纪 60 年代的末期，联邦法院法官的薪酬还比哈佛大学法学院的院长高出 20%左右，比资深法学教授高出 40%左右，但是到了 2012 年，在经济发达地区，例如加利福尼亚州，联邦法院法官的薪酬却不到法学院院长、资深教授的 50%。[⑤]

由于要和全美“大律所”竞争顶级法律人才。2016 年之前，美国“大律

---

① 治安法官有四种类型：第一种是全职法官536 人，第二种是兼职法官34 人，第三种是书记员3 人，最后一种是“召回法官”（recalled judges）68 人。前三种都具有“Authorized Positions”。具体信息可见“Total Judicial Officers”，美国法院网站：www. uscourts. gov/file/19726/download，访问日期：2016 年 11 月 26 日。

② “Total Judicial Officers”，美国法院网站：www. uscourts. gov/file/19726/download，访问日期：2016 年 11 月 26 日。

③ “Judicial Compensation”，美国法院网站：http://www. uscourts. gov/judges-judgeships/judicial-compensation，访问日期：2016 年 11 月 27 日。

④ “Current US Inflation Rates：2006 – 2016”，http://www. usinflationcalculator. com/inflation/current-inflation-rates/，访问日期：2016 年 11 月 27 日。

⑤ “为什么美国法学院教授是人人羡慕的职业”，http://www. theshare. cn/article/detailp/3789，访问日期：2016 年 11 月 29 日。

所”的起薪为16万美元，年底大约有4个月的奖金，因此法学院如果不提供相似甚至略高的起薪就没有办法和“大律所”竞争最好的法学院毕业生，而且律师年薪可以逐年增加，年轻教授到资深教授虽然也有变化，但是增长幅度没有资深律师那么大。以2014年为例，加利福尼亚州教授的收入主要有三部分：一是“regular pay”，即基本工资，包括底薪、课时费，这是教授们很大的一笔收入；二是各种福利；三是其他收入，包括荣誉教授头衔带来的收入。年薪在40万美元以上的加州大学系统法学院教授一共25位，基本都分布在加州大学伯克利分校法学院和加州大学洛杉矶分校法学院；薪酬居于30万~40万美元的教授有52位之多。①

联邦法官对自己的薪酬现状十分不满意，甚至美国联邦最高法院首席大法官罗伯茨多次在公开场合表达自己的不满，认为现在联邦法官的薪酬现状已经达到了“宪法危机”的水平，有可能对联邦法院审判案件的能力和独立性造成威胁，希望能够给联邦法官更多的薪酬以保证司法独立（见表4.6）。②

表4.6 全美三级联邦法院法官薪水（1996~2016年）③

年份	地区法院法官	巡回法院法官	助理大法官	首席大法官
2016年	$203 100	$215 400	$249 300	$260 700
2015年	$201 100	$213 300	$246 800	$258 100
2014年	$199 100	$211 200	$244 400	$255 500
2013年	$174 000	$184 500	$213 900	$223 500
2012年	$174 000	$184 500	$213 900	$223 500
2011年	$174 000	$184 500	$213 900	$223 500
2010年	$174 000	$184 500	$213 900	$223 500
2009年	$174 000	$184 500	$213 900	$223 500

① 例如，前美国比较法学会主席Buxbaum 2011年退休之后返聘回到加州大学伯克利分校法学院教书，每年教2学分的课，2014年的课时费高达5.2万美元。转引自“为什么美国法学院教授是人人羡慕的职业”，http://www.theshare.cn/article/detailp/3789，访问日期：2016年11月29日。

② “Federal Judges' Annual Salary: Constitutional Crisis”，网站：http://www.payscale.com/career-news/2007/01/annual_salary_j，访问日期：2016年11月27日。

③ “Judicial Compensation”，美国法院网站：http://www.uscourts.gov/judges-judgeships/judicial-compensation，访问日期：2016年11月27日。

续表

年份	地区法院法官	巡回法院法官	助理大法官	首席大法官
2008 年	$ 169 300	$ 179 500	$ 208 100	$ 217 400
2007 年	$ 165 200	$ 175 100	$ 203 000	$ 212 100
2006 年	$ 165 200	$ 175 100	$ 203 000	$ 212 100
2005 年	$ 162 100	$ 171 800	$ 199 200	$ 208 100
2004 年	$ 158 100	$ 167 600	$ 194 300	$ 203 000
2003 年	$ 154 700	$ 164 000	$ 190 100	$ 198 600
2002 年	$ 150 000	$ 159 100	$ 184 400	$ 192 600
2001 年	$ 145 100	$ 153 900	$ 178 300	$ 186 300
2000 年	$ 141 300	$ 149 900	$ 173 600	$ 181 400
1999 年	$ 136 700	$ 145 000	$ 167 900	$ 175 400
1998 年	$ 136 700	$ 145 000	$ 167 900	$ 175 400
1997 年	$ 133 600	$ 141 700	$ 164 100	$ 171 500
1996 年	$ 133 600	$ 141 700	$ 164 100	$ 171 500

相比联邦法官，州法官每年需要办理的案件数量更多并且更加繁杂，州法院需要办理绝大多数的刑事案件、合同案件、侵权案件（包括人身伤害）以及家庭关系案件（结婚、离婚、收养）等。并且由于处在不同的州，所以各级法院的办案量也各不相同。就以加利福尼亚州为例，加利福尼亚州法院系统是全国最大的法院系统之一，并且拥有着超过3 800万的人口，大约是美国总人口的 12%。加利福尼亚州还拥有着超过2 000名的审判人员，大约19 000名司法部门员工和超过 500 栋法院建筑，审理包括民事、刑事、家庭、遗嘱认证、青少年以及交通等各种类型的案件。①

根据加利福尼亚州法院统计报告，在 2013 ~2014 财政年度：（1）州最高法院共发布 85 份书面判决意见；申请最高法院审理的案件共有7 907起，其中7 745起被处理；由死亡判决引起的自动上诉共有 19 起案件，法院以书面

① “2015 Court Statistics Report，Statewide Caseload Trends，2004 – 2005 Through 2013 – 2014”，http://www.courts.ca.gov/documents/2015-Court-Statistics-Report.pdf，访问日期：2016 年 11 月 29 日。

意见处理26起上诉案件（包括之前的案件）；（2）州上诉法院共受理案件22 172起，其中14 998起是上诉案件，7 171起是初审案件。[①]在受理的上诉案件中，法院处理之后有发布书面判决书的案件有9 529起，没有发布书面判决书的案件有3 642件，处理后没有登记受理的案件1 764起。在受理的初审案件中，处理之后有发布书面判决书的案件共有501起，没有发布书面判决书的案件共有6 577起；（3）州高级法院（其实是初审法院）共受理750万起案件，主要分为四个类别：民事案件，刑事案件，家庭和青少年案件，遗嘱认证、精神健康、上诉和人身保护令案件。

民事案件由“无限民事”（unlimited civil）案件、“有限民事”（limited civil）案件和“小额索赔”（small claims）案件组成，无限民事案件是指原告要求被告赔偿金额超过25 000美元的案件，全州共有193 190起无限民事案件申诉至法院。有限民事案件是指原告要求被告赔偿金额等于或者低于25 000美元的案件，全州共有486 597起有限民事案件申诉至法院。小额索赔案件是指原告要求被告赔偿金额等于或者低于10 000美元的案件，全州共有155 428起小额索赔案件申诉至法院。刑事案件由“重罪”（felony）、“轻罪”（misdemeanor）和“违规行为”（infraction）组成，全州重罪刑事案件共有272 610起，轻罪刑事案件共有915 568起，违规行为案件共有4 907 906起。对于家庭和青少年案件，婚姻案件（包括婚姻破裂、合法分居和婚姻无效）共有138 968起，其他家庭案件（如亲子关系和子女抚养权）共有242 518起，青少年犯罪案件共有45 824起，青少年受害案件共有46 889件。最后是遗嘱认证、精神健康、上诉和人身保护令案件。遗嘱认证案件共有44 298起，精神健康案件共有27 377起，民事和刑事上诉案件共有4 317起，刑事人身保护令案件共有7 410起。

国内有学者曾经发表《中美法官年均办案数的真实差距有多大?》（2012年11月），文中提到：“2010年全美地方法院系统共有法官30 319名，该年度地方法院系统共受理案件1.03亿件（含交通违章），法官年均办案3413

① 还有三例属于州上诉法院的特别案件。具体信息可见“2015 Court Statistics Report, Statewide Caseload Trends, 2004 - 2005 Through 2013 - 2014”, http://www.courts.ca.gov/documents/2015-Court-Statistics-Report.pdf，访问日期：2016年11月29日。

件，是他们在中国同行的60倍。”根据美国国家州法院中心（NCSC）发布的数据：“2013年度全美州法院系统受理案件由2010年的1.03亿下降到9 410万件。在州法官3万人的整体规模之下，人均受案数超过3100件。”该学者经过分析，对上述人均办案量作出三方面的解释：一是在美国州法院的各类案件中，立案、结案与实际处理案件之间有显著的差异——9 410万的立案中，有不少是仅仅体现在数据之上的“水分”。二是美国法院的法官辅助人员也与国内有显著的差异，美国法官的案件处理量是建立在配置大量辅助人员的基础之上。三是美国法院案件的处理方式也与国内有很大差异。①

如果以加利福尼亚州为例，确实符合上述学者的分析。该州共有1 535名初审法院法官，102名上诉法院法官以及7名最高法院法官，按照2013～2014财政年度的案件量计算，加利福尼亚州每位初审法院法官都需要审理将近5000件案件，但这只是统计学意义上的数字。从上面数据可以看出，加利福尼亚州2013～2014财政年度处理的案件有将近500万件是“违规行为”案件，超速、闯红灯等行为都属于违规行为，这些在国内属于交通执法部门处理的轻微违法行为，在美国都要计入法院系统的立案总数之中。在民事案件中，许多案件立案的目的可能只是在法院的系统上登记一下，例如大量的涉及保险赔偿的民事案件，在法院立案之后，双方当事人会在律师的主导下进行调解并结案，法院在这个过程中并没有投入过多的精力，甚至整个调解过程中法官都不一定会出现，而这些案件也都要计入法院系统的立案总数之中。另外还有刑事案件，刑事案件中有相当部分是属于刑事轻罪，就类似于国内的治安案件，这些案件一般都是在罪犯被逮捕后48小时内的首次开庭中就可以结案。而即使是刑事重罪，也有相当部分案件在经历完整的审判程序之前，就以各种形式被处理了，例如撤销案件、驳回起诉、辩诉交易。这些没有经过完整的审判过程的案件也会被计入法院立案总数中，但是这些案件并没有耗费法院过多的精力和司法资源。就比如辩诉交易，前期的工作都是由检察官和辩护人完成的，法官只需要在庭上确认被告人认罪是没有受到胁迫的就

① 王禄生：“美国法官年均3400+案件的谣是如何造的”，http://wwwbuild.net/fsoo-com/392896.html? from=index，访问日期：2016年12月1日。

可以了。所以美国州法院的人均办案量更多的只是统计学意义上的，并不能反映美国州法官的真实办案数量，并且因为加利福尼亚州是美国最大的州之一，因此其法院的法官每年所办理的案件量也会稍多于其他州。至于美国州法官真实的办案压力，根据不同的评判标准也会得出不同的结果，但如果仅仅只是根据立案数来判断，并得出美国州法官一年需要处理几千件案件的结论，这肯定是不科学的。

值得一提的是，虽然“二战”前美国总统罗斯福饱含政治目的的企图被人揶揄为“法院加塞计划”，不过该法案中却有一项关于法院管理的具体提议，即设立一名监督官负责司法数据统计，为法官改进案件管理提出建议。这一措施却推动联邦法院行政事务管理脱离司法部。1939 年，国会通过该委员会提出的法案——成立美国法院行政管理局与巡回司法委员会。行政管理局（Administrative Office of the U. S. Courts）是一个由接受司法会议领导的由专业行政人员组成的机构，作为联邦法院系统行政事务集中管理机构，管理联邦法院的预算、人事、采购和其他日常及服务性事务。[①]法案授权最高法院首席大法官任命行政管理局局长，同时在当时联邦最高法院首席大法官休斯的坚持下，该机构在巡回司法委员会而不是最高法院的监督下工作。巡回司法委员会作为巡回法院的行政监管机构，监管联邦法院地方性规则的颁布和效果，使巡回法院通过参阅行政管理局报告来指导地方法官，从而提升工作效率。巡回司法委员会还举办年会，邀请巡回法官、地区法官和律师协会成员讨论法院行政管理政策。该法案编入《美国法典》（United States Code）第 28 编第 601 ~612 章。行政管理局的设立，使得美国法院拥有了独立于行政部门之外的预算及人事管理部门。其首要职能当然是执行美国司法会议及其内部委员会的决策，并且直接参与司法会议的筹备、议题会序、工作报告，对相关决策进行调研分析，甚至提出建议。对整个联邦法院系统而言，行政管理局庞大的律师、公共管理、会计、工程、统计等专业队伍，为所有法官及 3 万多名司法工作人员提供集中的行政服务。[②]

---

① “Judicial Administration”，美国法院网站：http://www. uscourts. gov/about-federal-courts/judicial-administration，访问日期：2016 年 12 月 1 日。

② 张德友：“细说美国联邦法院行政管理局”，载《人民法院报》2014 年 7 月 25 日，第 3 版。

美国官方曾经统计全美50个州以及哥伦比亚特区的四类法官、法院行政管理人员的平均年度工资变化，并进行比较和分析：2003～2007年，法官以及法院行政管理人员的年工资年增长率平均为3.24%；之后进入衰退期，2008～2009年、2010～2011年分别增长1.67%和0.63%；从2012年起，数字开始较快增长，2012～2015年，法官以及法院行政管理人员的年工资年增长率平均为2.2%。根据最近的数据，2015～2016年（7月1日）法官以及法院行政管理人员的年工资平均增长1.7%，这个数字还是明显低于2003～2007年的年工资增长率，所以虽然法官的薪酬增长率有复苏迹象，但是要想回到2003～2007年的增长率水平，还是“有一段路要走”（见表4.7）。[①]

表4.7　美国州法官薪酬的平均变化（2003～2015年）

				年平均百分比变化			
				衰退前 2003～2007年	衰退期 2008～2009年	衰退期 2010～2011年	复苏期 2012～2015年
	平均数	中位数	变化范围				
最高法院首席大法官	$174 225	$170 500	$133 174～$245 269	3.19%	1.58%	0.67%	2.19%
最高法院陪审法官	$168 225	$167 210	$130 136～$233 888	3.21%	1.88%	0.64%	2.18%
上诉法院法官	$162 306	$162 488	$124 616～$219 272	3.20%	1.60%	0.36%	2.21%
初审法院法官	$151 624	$149 000	$118 384～$201 100	3.30%	1.91%	0.58%	2.24%
法院行政管理人员	$150 694	$143 163	$107 000～$245 640	3.30%	1.38%	0.89%	2.21%
平均				3.24%	1.67%	0.63%	2.20%

如果对全美50个州和哥伦比亚特区（最新）法官薪酬进行高低排序，在州最高法院，加利福尼亚州法官薪酬最高，达到了$233 888，薪酬最低的

① “Survey of Judicial Salaries”，NCSC网站：http://www.ncsc.org/~/media/Microsites/Files/Judicial%20Salaries/Judicial-Salary-Tracker-October-2016.ashx，访问日期：2016年12月1日。

是缅因州法官，为 $ 130 136；在上诉法院，由于一些州没有设置相应级别的法院，因此只对40个州上诉法院进行排序，薪酬最高的仍然是加利福尼亚州，其法官薪酬达到 $ 219 272，薪酬最低的是新墨西哥州，为 $ 124 616；在初审/地区法院，薪酬最高的是哥伦比亚特区，其法官的薪酬达到了 $ 201 100，薪酬最低的是新墨西哥州，为 $ 118 384。另外，如果根据每个州的生活费用指数对初审法院法官的薪酬排序进行调整，将法官的原始薪酬扣除日常生活所必需的费用后，初审/地区法院法官的薪酬排序，排在第一位的是田纳西州，为 $ 177 583，最后一名变成缅因州，为 $ 99 577。前三组的薪酬排名，每个州的名次上下浮动都不大，但是采用最后一种方式的排序，排名变化非常大，有些小州原本名次靠后，一下次跃居前列，说明大州的法官薪酬虽然高，但是生活压力也较大。相比之下，一些小州的法官每年可利用的薪酬更多。另外从这些数据也可以看出，美国州与州之间的经济水平差距比较明显，哥伦比亚特区初审/地区法院法官的薪酬是新墨西哥州初审/地区法院法官薪酬的（将近）两倍，薪酬差距十分的明显（见表4.8）。①

表4.8 美国州法官薪酬排名（2015年）

最高法院		上诉法院		初审法院		根据生活费用指数调整后的初审法院	
加利福尼亚州	$ 233 888	加利福尼亚州	$ 219 272	哥伦比亚特区	$ 201 100	田纳西州	$ 177 583
伊利诺斯州	$ 224 628	伊利诺斯州	$ 211 416	夏威夷州	$ 197 112	伊利诺斯州	$ 172 987
夏威夷州	$ 218 820	纽约州	$ 203 400	伊利诺斯州	$ 194 001	阿肯色州	$ 168 281
纽约州	$ 213 600	夏威夷州	$ 202 596	纽约州	$ 193 000	特拉华州	$ 166 903
哥伦比亚特区	$ 213 300	阿拉斯加州	$ 193 836	加利福尼亚州	$ 191 612	内布拉斯加州	$ 158 737

① “Survey of Judicial Salaries”，NCSC 网站：http://www.ncsc.org/~/media/Microsites/Files/Judicial%20Salaries/Judicial-Salary-Tracker-October-2016.ashx，访问日期：2016年12月1日。

续表

最高法院		上诉法院		初审法院		根据生活费用指数调整后的初审法院	
阿拉斯加州	$ 205 176	宾夕法尼亚州	$ 191 926	阿拉斯加州	$ 189 720	宾夕法尼亚州	$ 156 404
宾夕法尼亚州	$ 203 409	阿拉巴马州	$ 178 878	特拉华州	$ 180 733	乔治亚州	$ 155 704
弗吉尼亚州	$ 192 458	弗吉尼亚州	$ 176 510	宾夕法尼亚州	$ 176 572	犹他州	$ 155 073
特拉华州	$ 192 360	田纳西州	$ 176 436	田纳西州	$ 170 352	弗吉尼亚州	$ 154 176
康涅狄格州	$ 185 610	新泽西州	$ 175 534	康涅狄格州	$ 167 634	密苏里州	$ 150 115
新泽西州	$ 185 482	康涅狄格州	$ 174 323	弗吉尼亚州	$ 166 136	密西西比州	$ 149 543
田纳西州	$ 182 508	华盛顿州	$ 170 808	新泽西州	$ 165 000	路易斯安那州	$ 148 767
华盛顿州	$ 179 432	犹他州	$ 167 000	华盛顿州	$ 162 618	德克萨斯州	$ 146 050
马里兰州	$ 176 433	乔治亚州	$ 166 186	阿肯色州	$ 160 000	内华达州	$ 145 725
马萨诸塞州	$ 175 984	科罗拉多州	$ 166 170	内华达州	$ 160 000	科罗拉多州	$ 145 625
罗德岛州	$ 175 870	印第安纳州	$ 165 443	马萨诸塞州	$ 159 694	爱荷华州	$ 145 421
犹他州	$ 174 950	马萨诸塞州	$ 165 087	科罗拉多州	$ 159 320	印第安纳州	$ 145 206
科罗拉多州	$ 173 024	内华达州	$ 165 000	内布拉斯加州	$ 159 077	密歇根州	$ 142 110
密苏里州	$ 172 017	马里兰州	$ 163 633	犹他州	$ 159 050	明尼苏达州	$ 141 965
爱荷华州	$ 170 554	内布拉斯加州	$ 163 476	罗德岛州	$ 158 340	华盛顿州	$ 141 618
印第安纳州	$ 170 195	阿肯色州	$ 161 500	乔治亚州	$ 156 252	阿拉巴马州	$ 140 933

续表

最高法院		上诉法院		初审法院		根据生活费用指数调整后的初审法院	
内华达州	$ 170 000	明尼苏达州	$ 159 370	马里兰州	$ 154 433	阿拉斯加州	$ 139 863
明尼苏达州	$ 169 135	德克萨斯州	$ 158 500	怀俄明州	$ 150 000	怀俄明州	$ 139 434
德克萨斯州	$ 168 000	密苏里州	$ 157 242	明尼苏达州	$ 149 605	南卡罗来纳州	$ 139 194
阿拉巴马州	$ 167 685	爱荷华州	$ 154 556	新罕布什尔州	$ 149 175	佛罗里达州	$ 138 036
乔治亚州	$ 167 210	佛罗里达州	$ 154 140	德克萨斯州	$ 149 000	哥伦比亚特区	$ 137 637
阿肯色州	$ 166 500	路易斯安那州	$ 154 059	密苏里州	$ 148 263	北达科他州	$ 136 693
内布拉斯加州	$ 166 159	密歇根州	$ 151 411	路易斯安那州	$ 148 108	俄克拉荷马州	$ 136 569
怀俄明州	$ 165 000	亚利桑那州	$ 150 000	佛罗里达州	$ 146 080	加利福尼亚州	$ 135 136
密歇根州	$ 164 610	南卡罗来纳州	$ 145 074	佛蒙特州	$ 145 011	亚利桑那州	$ 133 951
路易斯安那州	$ 164 590	密西西比州	$ 144 827	亚利桑那州	$ 145 000	肯塔基州	$ 132 760
佛罗里达州	$ 162 200	北卡罗来纳州	$ 140 144	爱荷华州	$ 143 897	爱达荷州	$ 132 529
新罕布什尔州	$ 159 042	威斯康星州	$ 139 059	北达科他州	$ 143 869	新泽西州	$ 131 289
北达科他州	$ 157 009	俄亥俄州	$ 138 600	南卡罗来纳州	$ 141 354	北卡罗来纳州	$ 131 067
亚利桑那州	$ 155 000	俄克拉荷马州	$ 138 235	印第安纳州	$ 141 311	俄亥俄州	$ 130 086
佛蒙特州	$ 152 538	俄勒冈州	$ 132 820	密歇根州	$ 139 919	纽约州	$ 129 735
密西西比州	$ 152 250	堪萨斯州	$ 131 518	密西西比州	$ 136 000	马里兰州	$ 127 950

续表

最高法院		上诉法院		初审法院		根据生活费用指数调整后的初审法院	
南卡罗来纳州	$ 148 794	肯塔基州	$ 130 044	阿拉巴马州	$ 134 943	威斯康星州	$ 127 286
俄亥俄州	$ 148 700	爱达荷州	$ 130 000	北卡罗来纳州	$ 132 584	西弗吉尼亚州	$ 126 808
威斯康星州	$ 147 403	新墨西哥州	$ 124 616	俄克拉荷马州	$ 131 835	夏威夷州	$ 124 828
北卡罗来纳州	$ 146 191	特拉华州	无	威斯康星州	$ 131 187	南达科他州	$ 124 024
俄克拉荷马州	$ 145 914	哥伦比亚特区	无	爱达荷州	$ 128 500	罗德岛州	$ 123 753
爱达荷州	$ 140 000	缅因州	无	俄亥俄州	$ 127 450	康涅狄格州	$ 123 186
蒙大拿州	$ 136 177	蒙大拿州	无	南达科他州	$ 126 346	蒙大拿州	$ 121 156
西弗吉尼亚州	$ 136 000	新罕布什尔州	无	蒙大拿州	$ 126 131	马萨诸塞州	$ 119 838
堪萨斯州	$ 135 905	北达科他州	无	西弗吉尼亚州	$ 126 000	堪萨斯州	$ 119 711
俄勒冈州	$ 135 688	罗德岛州	无	肯塔基州	$ 124 620	新罕布什尔州	$ 117 992
肯塔基州	$ 135 504	南达科他州	无	俄勒冈州	$ 124 468	佛蒙特州	$ 116 468
南达科他州	$ 135 270	佛蒙特州	无	缅因州	$ 121 967	新墨西哥州	$ 112 876
新墨西哥州	$ 131 174	西弗吉尼亚州	无	堪萨斯州	$ 120 037	俄勒冈州	$ 108 901
缅因州	$ 130 136	怀俄明州	无	新墨西哥州	$ 118 384	缅因州	$ 99 577
平均数	$ 168 163	平均数	$ 162 306	平均数	$ 151 624	平均数	无
中位数	$ 167 210	中位数	$ 162 488	中位数	$ 149 000	中位数	无
薪酬范围	$ 130 136 ~ $ 233 888	薪酬范围	$ 124 616 ~ $ 219 272	薪酬范围	$ 118 384 ~ $ 201 100	薪酬范围	无

第五章　检察机关和检察官

鉴于北美殖民地时期有多个宗主国的背景，美国检察制度受到英国、法国和荷兰检察制度的影响，兼具大陆法系的公诉职能和英美法系的地方自治特色。如本书第三章所述，在美国，专门致力于为政府服务与效力的律师可以被归入“政府律师”一栏。对内，他/她是政府部门的律师雇员，负责处理该部门的法律文件和法律事务；对外，他/她代表政府，就有关政府法律问题进行解答与提出处理意见。美国联邦司法部（Department of Justice）现拥有超过1000名的政府律师。司法部的律师与其他部门的律师在职能上有所不同，其他部门的律师可以承担本部门的各种非诉讼法律事务，但不能承担在法庭出庭的任务。而司法部的律师可以代表政府出庭提起公诉和担任代理人，其他部门的律师如有需要提起诉讼的案件，只能由司法部的政府律师担任诉讼律师，其他部门的律师可以配合司法部的律师进行诉讼。因此，美国的政府律师存在两种职能：一是在各个政府部门担任法律顾问，二是在政府司法部担任检察官出庭提起公诉。①

第一节　美国检察机关历史和架构②

冰冻三尺，非一日之寒。美国检察机关不是瞬间就成立的，萌芽于北美

① 美国司法部网站：https://www.justice.gov/，访问日期：2016年12月15日。

② 本节及本章开头由李晓郛博士和邱文娟博士共同整理和编写。

殖民地时期的美国检察制度，至今已经有超过350年的历史。北美社会多元文化因素融合并存的历史特点在美国检察官制度上得到展现：一方面，欧陆公诉检察官制度与英格兰分权型传统检控制度对美国检察官制度都产生过深远的历史影响；另一方面，美国独特的发展轨迹和民主治理的传统对检察制度的组织及权力结构也有深刻影响。[①]而且，研究美国的检察制度，离不开分析其与司法部、其与律师之间的关系。

早在“独立战争”之前的殖民地时代，法国已经在北美扩张势力，加上法国大革命广泛的历史影响，法国文化和制度也随之传播到北美，法国的检察官制度也很早地渗透到美国。1704年，康涅狄格州（Connecticut）正式采用法国公诉检察官制度，并很快被其他一些州效仿。1704年康涅狄格州宪法与法律规定：“从今以后，于各郡（countie）置由郡法院所任命之一名稳重、谨慎且富于‘宗教心’（sober，discreet and religious）之人作为女王之‘法务官’（attorney），依法诉追犯罪人，并为作为法务官，为抑制邪恶与反道义所必要或适当之一切。”依此规定于各郡配置人员从事刑事追诉，此则美国检察制度之滥觞。嗣后，其他若干殖民区亦相继效仿康涅狄格州而创设检察制度。[②]

英国虽然在詹姆斯敦（Jamestown）和普利茅斯（Plymouth）很早就建立了殖民地，但是，英国普通法上的私人刑事控诉体制在新土地上的实际存在期却很短。从一开始，美洲各殖民地的政治和地理条件严重限制了英国政府的中央集权。由于距离遥远和通信设备简陋，英国对各殖民地的影响被削弱。在缺少英国的直接控制和权威的情况下，强有力和独立的地方政府出现了。到1776年“独立战争”以后，美国社会整体上已经基本上废弃普通法的私诉权力体制。刑事犯罪的受害人等私人控诉者不再是刑事检控的中心，他们的意志也不再具有主导刑事诉讼进程的决定性效力，取而代之的是代表政府

---

① 黎敏：“联邦制政治文化下美国检察体制的历史缘起及其反官僚制特征”，载《比较法研究》2010年第4期。

② 黎敏：“联邦制政治文化下美国检察体制的历史缘起及其反官僚制特征”，载《比较法研究》2010年第4期。

当局对刑事犯罪提起指控的检察官。[①]因此，对 18 世纪后期以来的美国人而言，私人代行刑事控诉是一个陌生的概念。与这个体制共存亡的刑事犯罪理念，即“犯罪乃是行为人与受害人之间的私人纠纷的理念”也被美国人采信的另一种观念取代：他们认可另外一种刑事犯罪实体理论，即刑事犯罪不仅伤害了受害人，而且更是对社会公共利益和人类公共安全的藐视与侵犯，所以，国家与社会本身也是犯罪的受害者。美国人认可这一类型犯罪观的最早实践是《1796 年佛蒙特州宪法》（the Vermont Constitution declared in 1796），该州宪法确立一项对于美国刑事检控权力体制而言具有重要意义的一项原则，即所有的刑事犯罪都实质性地侵害了州本身的安宁与尊严。[②]

1789 年的《司法法令》（Judiciary Act of 1789）设置司法部长/总检察长（Attorney General）一职，这是美国内阁唯一一名不以部长称呼的高级官员。司法部长/总检察长在联邦最高法院审理的案件中代表美国政府，并监督代表政府的一方在所有上诉法院中的辩诉行为。《司法法令》同时规定在每个地区任命“一个精通法律的合适的人担任美国检察官”，其职责是“在每个地区追诉所有犯罪分子的属于美国审判管辖之内的犯罪行为”。

在美国立国的最初阶段，司法部长/总检察长是一个软弱无力的职位，只有模糊的监督权、咨询权以及有限的上诉管辖权。起诉的主要责任掌握在地方官员手中。之后的几十年，检察官职责很少发生变化，权力基础也很少发生改变。检察官的权力稳定但是有限，主要原因在于检察官作为被任命的官员这个事实。检察官地位和权力提高不是来自合众国最初 30 年在法典上发生的变化，而是来自大约在 1820 年的一场更广泛和更活跃的运动的结果。这场运动在第七任总统杰克逊期间（1828 ~ 1836 年）得到加强，并在“南北战争”前达到顶点。杰克逊任期内，美国政治进程更加民主化，其结果是重新规定全国性的民主进程方案，包括让更多公民成为选民和可能的公职人员，让更多数量的政府官员经由普选产生。这些运动最终使选举产生的官员具有

---

① David W. Neubruer, American's Courts and The Criminal Justice System, Fourth edition, Wadsworth Publishing Company, Belmont, California, A Divisionof Wadsworth, Inc, 1999, p. 180

② D. C. Joan E. Jacoby, The American Prosecutor: A Research for Identity, D. C. Heath and Company, Lexington, Massachusetts, Toronto, 1997, p. 10.

较大独立性，而且具有可以行使自由裁量权的职位。检察官受到这些变化的很大影响。①

内战结束后，涉及美国政府的诉讼大量增加。后来，国会通过《设立司法部的法案》（Act to Establish the Department of Justice），设立一个以总检察长为首的"美国行政部门"。《设立司法部的法案》于 1870 年 7 月 1 日正式生效，司法部有权处理涉及美国政府的所有刑事诉讼案件和民事诉讼案件。为了协助总检察长，《设立司法部的法案》还在联邦最高法院设置代表美国政府利益的第一副总检察长席位（Solicitor General）。以《设立司法部的法案》为基础，美国司法部随着时代的变迁，结构发生许多变化，例如增设副总检察长办公室、助理总检察长办公室，并组成各种部门、办公室和董事会。美国司法部从一开始一个人的（兼职）职位发展成为世界上最大的法律办公室和合众国联邦法律的执行者。美国第三任总统托马斯·杰斐逊曾经写道："政府最神圣的职责是对所有公民实行平等和公正。"这项神圣的职责仍然是今天美国司法部的重要指引。②

今日的美国检察体制具有"三级双轨、相互独立"的特点，三级指的是联邦（federal）、州（state）和市镇（municipal）这三级，而双轨指的是其有联邦和地方的两套检察系统，联邦检察系统隶属于联邦政府，地方检察系统隶属于地方政府，联邦总检察长和地方检察长之间不具有领导和监督关系。在联邦检察系统共有 94 个司法区、94 名检察长和约 9250 名检察官，在州检察系统约有 51 个州级检察院（51 名检察长）、2300 多个郡、市检察署约有 5.5 万名检察官。联邦检察长由总统提名，参议院审议后，总统任命。州检察长通过选举产生，其余检察官在检察长领导下，由司法行政管理部门采取公开竞聘等方式确定人选。

在美国，每个检察官办事处的规模大小、人员多少都不一样，没有统一模式。在联邦的 94 个司法系统/区中，每个区都有一名联邦检察官，并配备

① "About DOJ"，美国司法部网站：https://www.justice.gov/about，访问日期：2016 年 12 月 16 日。

② "About DOJ"，美国司法部网站：https://www.justice.gov/about，访问日期：2016 年 12 月 16 日。

若干助理检察官，他们是联邦检察工作的主要人员。除了涉及国家安全或者重大贪腐类案件需要得到检察长或主管刑事司工作的助理检察长批准，检察官可以检察长制定的规则范围内，自行决定每一个案件的侦查和起诉。

每个州的检察机关由州检察长和州检察官组成，每个州的检察官名称也不统一，“Prosecutor”（包括在多数大陆法系国家）一词通常指的是“检察官”或者是“提起公诉的人”，而狭义的“检察官”这个称谓，在不同州或者不同司法管辖权内都不一样。但是，无论他们的名称如何不同，州地方检察官管辖区域都只限于特定的行政区域。这些县和乡镇的政府公诉人是美式检察官的历史雏形，它们与法国集权体制和英国私诉体制下产生的检察官有所不同（见表 5.1）。[①]

表 5.1　美国州检察官的不同称谓

State	Title
Missouri cities and all Washington state cities	City Attorney
Arizona	County Attorney
Massachusetts, New York, Pennsylvania, Oklahoma, and Texas	District Attorney
Hawaii, Idaho, Indiana, Ohio, Michigan, Washington counties, and West Virginia, and in Missouri except cities that have “City Attorney” prosecutors	Prosecuting Attorney
South Carolina	Solicitor
Kentucky and Virginia	Commonwealth's Attorney
New Jersey	County Prosecutor
Tennessee	District Attorney General
Delaware and Rhode Island	State Attorney, State's Attorney, State Prosecutor, Attorney General

市镇检察机关也是独立的检察机关，在市镇检察机关工作的检察官职责

① 黎敏：“联邦制政治文化下美国检察体制的历史缘起及其反官僚制特征”，载《比较法研究》2010 年第 4 期。

范围比较广，其负责调查起诉违反市镇法规的行为，包括赌博、酗酒、交通肇事等。由于不同的检察机关职权范围不同、负责的案件种类不同，因此，其职能部门的设置有所不同，专业分工和检察人员的专业化程度也不同，体现极强的地方自治性。

第二节 美国检察官职能和管理制度[①]

基于美国三权分立的基本政治制度，检察机关作为行政机关的一部分，履行行政职能，尽管带有司法属性，但联邦总检察长是服务于联邦总统的。每年，在联邦最高法院审理的案件中，3/4 甚至更多的案件都有总检察长的身影：（1）当美国政府是诉讼当事方时，总检察长办公室的一名成员会代表政府进行辩护。辩护的内容多种多样，有时需要证明国会通过的某项法律的合宪性或者行政部门某项政策的合法性，有时是在联邦刑事案中陈述法院应当维持有罪判决的理由；（2）当美国政府不是诉讼当事方时，总检察长（办公室）往往以“法庭之友”（amicus curiae）的方式参与，就案件对美国长远利益可能产生的影响为联邦最高法院提供咨询；（3）在有些情况下，总检察长（办公室）主动请求以“法庭之友”的方式参与案件审理，在另一些情况下，联邦最高法院则邀请总检察长代表美国政府提出意见。奥巴马总统于2010 年任命的联邦最高法院大法官卡根女士（Elena Kagan）之前就担任第一副总检察长一职。[②]

除在联邦/州最高法院审理的案件中承担辩诉任务外，检察长（办公室）还在联邦/州上诉法院审理的案件中监督代表政府一方进行的辩诉。当政府在初审中被裁定败诉时，总检察长有权决定是否对判决提出上诉。同样，当政府在上诉法院被裁定败诉时，总检察长决定是否向联邦/州最高法院提出上诉。通过决定政府应对哪些案件提出上诉，检察长（办公室）在整个美国司

① 本节主要由李晓郛博士和胡旭宇博士共同整理和编写。

② “Biographies of Current Justices of the Supreme Court”，美国联邦最高法院网站：https://www.supremecourt.gov/about/biographies.aspx，访问日期：2016 年 12 月 6 日。

法系统中保持政府立场的一致性。①

在美国“独立战争”前夕，很多州放弃英国私诉体制，较为普遍地确立了州检察官公诉制度。州检察官制度可以分为两个范畴——州检察长和州的地方检察官。州的地方检察官主要是指州的各县、各郡或各乡镇的检察官。一方面，在州本身设立的州检察长是州长或州政府的法律顾问，不同州的州检察长权限与地位虽然并不相同，有的相对广泛，有的则极为狭窄，但是，从实际上的权力运作来看，除了几个面积较小的州的刑事检控直接由州检察长及其助理执行之外，绝大多数州的检察长实际上都不具体执行刑事公诉。所以，大多数州的检察长实质上是政府的法律顾问，而不是实质性的拥有较强刑事检察公诉权的检察长。另一方面，州刑事公诉的主要执行力量是县与乡镇的地方检察官。值得指出的是，与美国地方政府制度的多样化情况相对应，独立后各州的地方检察官制度也绝不是整齐划一的一种模式，最为突出的一点是这些在各个县或乡镇代表政府当局提起刑事公诉的地方公共官员的名称不尽相同：有的是县或乡镇选举出来的律师，有的是县的法院任命的，有的则是州检察长的代理人。②

在刑事起诉过程中，美国检察官是以个人负责制为基础，拥有较大的自由裁量权。1979 年《布莱克法律词典（第五版）》释义“自由裁量权”时，将“司法裁量权”与“法律裁量权”合称“司法及法律裁量权”，并仅认可法官或者法院之自由裁量权，未触及检察层面。然而时隔 30 年，2009 年《布莱克法律词典（第九版）》明确将“自由裁量权”细分为行政/法律裁量权、司法裁量权及检察裁量权。显而易见这一版本的《布莱克法律词典》将“司法裁量权”及“检察裁量权”排他性地分别赋予法院/法官和检察院/检察官。词典字里行间透露出的语义变迁及扩容，凸显检察裁量权地位的攀升。③

---

① “About DOJ”，美国司法部网站：https://www. justice. gov/about，访问日期：2016 年 12 月 16 日。

② D. C. Joan E. Jacoby, The American Prosecutor: A Research for Identity, D. C. Heath and Company, Lexington, Massachusetts, Toronto, 1997, p. 19.

③ 张鸿巍：“美国检察制度面临的挑战与应对”，载《检察日报》2014 年 12 月 2 日，第 3 版。

检察官裁量权体现在以下三个方面：一是罪行豁免权。《美国法典》第42章第1983节赋予司法官起诉豁免权。在英美法系的语境下，豁免指一个人不承担某种法律后果或对其不适用某些法律规则，是法律给予该人的一种特别优待。根据《布莱克法律词典（第九版）》，美国检察官豁免权指检察官就刑事检控的决定以及行为不承担民事责任的绝对豁免权。[①]《全美检察准则（第二版）》又对豁免的范围作了缩小解释，对于检察官从事行政管理或侦查活动所引发的民事诉讼，检察官在具备“诚实信用”以及“充分的理由”的情况下，享有绝对的抗辩权。同时，因检察官履职引发的民事责任诉讼产生的律师费用以及判决开支，由检察官基金承担。在现实情况下，由于上述费用的不可预见性和造成检察机关资金紧张甚至匮乏的可能性，同时考虑到社区和纳税人的舆论影响，许多检察机关只能另辟蹊径，求助于各类保险。然而，美国的检察官豁免制度并不是绝对的豁免，其仅针对的是民事损害赔偿责任，并不能违背职业道德，无限制地扩张到刑事责任。[②]

二是起诉决定权。每个国家都存在司法资源有限的问题，加上美国犯罪率相对较高的情况，政府无法将所有的犯罪行为经过司法程序审理。美国检察官在具体案件办理过程中有权决定是否提起诉讼，单独决定在何种程度上来指控罪行，并且不需要向任何人说明理由。诚然，在实践中可能是因为办事处的人手有限，也可能是因为指控犯罪的证据不足等原因。

三是辩诉交易权，“辩诉交易”（plea bargain）是指法官开庭审理之前，处于控诉一方的检察官和代表被告人的辩护律师进行协商，以检察官撤销指控、降格指控或要求法官从轻判处刑罚为条件，换取被告人的“认罪答辩”（plea of guilty）。[③] 检察官在受理刑事案件后，可以将犯罪嫌疑人提交至法庭审理，也可以启动辩诉交易程序。选择辩诉交易一方面是为了在侦查起诉其他案件中取得被告人的合作，另一方面是为了避免在法庭上败诉的风险。双方一旦达成合意后，法官便不会对案件进行实质审查，仅会在形式上确认辩

---

① 原文“The absolute immunity of a prosecutor from civil liability for decisions made ad actions taken in a criminal prosecution.”

② 张鸿巍：《美国检察制度研究（第二版）》，人民出版社2011年版，第319页。

③ 何家弘：“论美国检察制度的特色”，载《外国法译评》1995年第4期。

诉协议的内容，在美国高达90%的刑事案件是通过辩诉交易处理的。在没有外部监督的情况下，很有可能造成检察官权力的滥用。美国也在逐步建立对美国检察官自由裁量权的限制，以及责任豁免对应的问责制度。有国外学者认为，未来合众国检察职能改革应至少完成两项目标：一是消除检察官自由裁量权之恣意妄为；二是创设增进现有检察问责制之机制（prosecutorial accountability）。①

此外，美国当事人主义（adversary system）模式带来一种“被动司法”（passive justice）的景象——美国检察官仅需要提出其所指控的事实和证明被告方有罪事实的证据，而不承担提出有利于被告方事实和证据的责任。而且，检察官作为代表政府诉讼的一方当事人，与被告方辩护人（public defender）在法庭上的地位是对等的，在社会地位和声望上不及法院的法官。

成为美国检察官一般需要获得 J. D. 学位，并通过所在州的律师资格考试。总检察长由美国总统征得参议院同意后上任，任期为四年。然而，不同于最高法院的终身制法官，联邦最高检察官会随着总统换届而更替，有的总统一届任期内也会更换总检察长。和法官的任职情况类似，大部分州检察长经过选举产生，州检察官由其所在辖区选举产生，是当地司法辖区的主要执法官员，对辖区的选民负责。

助理检察官是协助联邦检察官或者地方检察官工作的律师，由检察官雇用，大多通过公开招聘入职。检察辅助人员有一部分是实习检察官，来自法学院三年级学生（third year of Juris Doctor），主要是协助助理检察官工作。还有一部分是类似于国内检察机关的文员，不需要经过专业的法学教育，主要是协助助理检察官搜集材料、起草文件等。

观察美国的检察官、助理检察官和检察辅助人员，与国内近些年推行司法改革中的检察系统人员分类管理“如出一辙”。国内多数省份现由检察官带领若干名检察官助理办理案件，检察官助理不具备独立办案资格，可以陪同出庭，但不能单独出庭，并且所有对外的文件、文书均需要经过检察官的

---

① Davis Angela：Arbitrary Justice：The Power of the American Prosecutor New York，New York：Oxford University Press，2007，p. 180.

审核、签发。国内检察机关同时给每个检察官办案组配备 1～2 名检察辅助人员，即不属于公务员编制的文员，负责材料归档整理、装卷、准备程序性文件等工作。

美国检察官的薪资水平和一般的政务公务人员相差不大，这是导致其职业流动性高的一个原因。美国检察官的平均薪水比法官和律师低，检察官、助理检察官往往把检察工作作为以后从事其他工作积累经验和资本的“跳板”，而不是长期职业。此外，每次新总统上台总会重新任命同党人士作为检察官替换原有检察人员。可以说，美国检察官往往与政党共进退，法学院一些毕业身会选择先在检察官办事处实习，一旦政府重新选任检察长，助理检察官多数会提前找好下一份工作，甚至在一些复杂的大要案办理期间，办案人员几易。这就容易导致办案效果不佳，也确实影响检察官队伍的稳定性。

一般而言，联邦检察官薪水高于州检察官薪水。但是，大多数检察官/助理都会接受数额不大、按部就班的工资。按照美国劳工部 2012 年的统计：（1）尚未获得律师资格的 J. D. 人士，年薪大约为 $50 000；（2）具有研究生学历的人士，年薪约为 $60 000；（3）已经具有 2 年或者 3 年工作经验的人士，年薪达到 $72 000。[①]

由于检察官在司法诉讼中具有重要的地位和作用，对案件结果享有重大影响的职权，因而美国司法制度建立了相应的制约和监督机制。主要有以下几个方面。

一是权力配置上的监督制约。首先是检察官任命受到行政权和立法权的制衡，如联邦检察官由总统任命，并需要参议院审议同意。其次受到司法机关权力的制衡，检察官虽然有相当的自由裁量权力，但是总体上法官在司法中处于最终裁判的角色，检察官对法官的尊重贯穿司法的始终，并接受法官的监督。最后是美国检察机关附属于行政机关，检察官自然受到来自上级各行政机关的制约，检察官的很多司法权如侦查权往往需要警察局、联邦调查

① “Legal Occupations”，美国劳工部网站：http://www.bls.gov/ooh/legal/home.htm，访问日期：2016 年 10 月 29 日。

局等行政机关配合才能实现。①

二是诉讼程序中的监督制约。检察官的各项诉讼权力均受到辩方以及诉讼中第三方的制约和监督。例如检察官在办理案件中，必须将所获得的证据全部向辩方律师公开，如不开示将面临受到律师职业责任追究等严重的后果。

三是检察机关的内部监督。美国在司法部专门设有调查检察官违法违规的部门——职业责任办公室（OPR），负责对检察官不遵守职业规范的不端行为或者其他违法行为进行调查。监督的范围包括检察官必须遵循诚实性、可信性和适当性等职业伦理，遵守利益冲突规则等职业规范的情况，也包括廉洁方面的各项规定，如禁止联邦雇员（包括检察官）以公职身份获得非法利益等联邦法律规定。

此外，司法公开也是对检察官行使权力的有力监督。美国的司法案件在庭审时公众可到庭旁听。法院对庭审全程录音，并定期公开录音资料。案件宣判后，裁判文书立即上传网站向社会公开，有的地方甚至实行庭审直播。全面和较为及时的司法公开，不仅方便了当事人参与诉讼，而且使司法的全过程置于当事人和公众视野下，客观上形成对包括检察官在内的司法人员有力的监督。

1977 年 ABA 考虑制定律师职业行为规则，并于 1983 年提出《模范职业行为规则》（Model Rules of Professional Conduct），之后不断有新的修正案出现，并在全美逐渐扩大其适用范围。检察官因为政府律师身份而适用《模范职业行为规则》，其有关虚假陈述、提供虚假证据、隐瞒证据、要求证人不配合对方当事人等规定也适用于检察官。唯一专门规定检察官行为举止的条文是《模范职业行为规则》第 3. 8 条。第 3. 8 条涉及检察官最重要的一些责任，包括起诉决定，向辩护律师开示无罪信息。美中不足的是第 3. 8 条没有涉及另外一些同样重要的问题，如检察官与警察的关系，与被害人以及与证人的关系。②

---

① 朱学元："借鉴美国检察官管理制度 完善我国对检察官的监督制约机制"，载《民主与法制时报》2016 年 1 月 25 日，第 7 版。

② "Center for Professional Responsibility"，ABA 网站：https://www.americanbar.org/groups/professional_responsibility.html，访问日期：2016 年 10 月 29 日。

最后，美国近代检察史上有一个特殊的职位——独立检察官，其既不属于联邦检察系统，也不属于地方检察系统，其职责、权限和任免方式都不同于上述提及的联邦检察官或者州检察官，从白宫助理吸毒，到总统说谎都是独立检察官的调查范围。该职位诞生于20世纪70年代，设立初衷是为了通过调查联邦政府高级官员（包括总统）的违法犯罪行为，保证公众对于刑事侦查公正性的信心。独立检察官制度是美国联邦政府体制的一项特色制度，是面临困境的美国试图完善制衡机制的一项重要尝试，该制度起源于美国第37任总统尼克松（Richard Milhous Nixon）的“水门事件”（Watergate Scandal）。

为了排除政治干扰，更有效地反对政治腐败，恢复公众对政府的信任，经过长达六年的国会讨论，国会参众两院以及国会和总统之间最终达成妥协。于1978年美国联邦国会通过了《政府行为准则法》（Ethics in Government Act）（1982年改称《独立检察官法》），并据此设立不属于司法部长领导的“独立检察官”（Special Counsel）一职，独立检察官是负责对国家高级行政官员违法犯罪行为进行调查和起诉的官员。

《独立检察官法》分别于1982年和1987年修订后，由国会重新通过，但在1992~1994年曾一度失效，最终于1999年6月30日再次到期，后未获国会通过终止。独立检察官制度20多年的实践表明，国会当初制定《政府行为规则法》时想要达到的目标并没有完全实现。囿于独立检察官制度始终存在合宪性困境、有非独立倾向和其在分权结构中地位模糊，其最终没有实现最初的目标而被废止，但它在解决美国法治危机、遏制高层官员腐败、完善制衡机制、解决司法部的利益关系问题上仍有一定的作用，对现今的检察制度仍有许多启示。

第六章　教学科研人员

美国法学院历来有句谚语："得 A 的学生当老师，得 A－的学生当法官，得 B 的学生当律师。"优质的师资力量是美国法学教育始终保持高质量和高水准的原因之一。目前，共有 205 所机构得到美国律师协会（ABA）认可。①根据美国劳工部的统计数据，2012 年全美高等教育机构接近 127 万名教师，其中，在四年制大学（universities）和学院（colleges）共有约 97 万名教师，在两年制专科学校（junior colleges）共有约 27 万名教师，法学教师数量约有 2 万名，占总数的 1.58%，属于人数较少的学科。预计到 2022 年，美国高等教育机构的教师人数还将增长 19%（见表 6.1）。②

表 6.1　全美高等教育机构各学科教师人数及比例（2012 年）

教师类别	人数（名）	比例
合计	1 267 700	100%
健康学	190 000	14.99%
艺术、戏剧、音乐	114 300	9.02%
商学	103 400	8.16%
英语语言及文学	86 800	6.85%
教育学	79 300	6.26%

① 有四所机构是 ABA 临时认证的：（1）Concordia University School of Law；（2）Indiana Tech Law School；（3）Lincoln Memorial University Duncan School of Law；（4）University of Massachusetts School of Law-Dartmouth。具体信息可见"ABA-Approved Law Schools"，ABA 网站：http://www.americanbar.org/groups/legal_education/resources/aba_approved_law_schools.html，访问日期：2016 年 10 月 29 日。

② "Bureau of Labor Statistics, 2014－15 Edition"，美国劳工部网站：http://www.bls.gov/ooh/，访问日期：2016 年 10 月 29 日。

续表

教师类别	人数（名）	比例
护理学	67 800	5. 35%
数学	63 300	4. 99%
生物科学	61 400	4. 84%
心理学	47 500	3. 75%
工程学	42 500	3. 35%
计算机科学	41 700	3. 29%
通讯	36 500	2. 88%
外语语言及文学	35 800	2. 82%
哲学和宗教	30 800	2. 43%
历史学	29 200	2. 30%
化学	25 300	2. 00%
政治科学	21 100	1. 66%
社会学	20 600	1. 62%
法学	20 000	1. 58%
物理	17 400	1. 37%
经济学	16 800	1. 33%
刑事司法与执法	16 400	1. 29%
大气、地球、海洋、空间科学	13 200	1. 04%
农业科学	12 800	1. 01%
地域、种族、文化研究	12 400	0. 98%
其他社会科学	12 400	0. 98%
社会福利工作	12 400	0. 98%
建筑学	9 100	0. 72%
人类学、考古学	7 000	0. 55%
环境科学	6 300	0. 50%
地理学	5 500	0. 43%
图书馆科学	5 500	0. 43%
林业科学	3 100	0. 24%

第一节 美国法学院的聘任制度[①]

高校教师聘任制度最早源于中世纪大学作为特权形式的教师任用制度，一般认为，有三个发展阶段：学者行会主义时期、雇员时期和职业化时期。终身教职制度在三个阶段的形式分别是：特权形式的终身聘任制、任期制形式的终身聘任制和法律形式的终身聘任制。第一个阶段的发展主要是在欧洲，本章暂且不论。[②]

美国最早对终身教职的尝试始于哈佛学院（1780 年哈佛学院改称今天的“哈佛大学”），目的是调整学院与教师的权利义务关系。1716 年，其董事会规定此后所有聘用的助教，任期不能超过三年，经过新一轮的考核可以续聘的除外。后来又陆续开始对不同等级职务的教师实行不同的任期制。所有教授的任期时间都不受原来规定的三年之限，逐渐发展成教师聘任的“双轨制”，后来发展成美国大学通行的“UP-OR-OUT”制度（“非升即走”）的教师聘用制度。此时的终身教职以任期制形式出现，从本质上规定了大学教师的雇员身份。

现代美国，大学教师不论来自公立还是来自私立，一直被视为是与大学董事会签订雇用合同的被雇用者，尽管他们不同于一般的雇员，且大多数教师并不认同这种身份。在美国法学院，教职一般包括四类：教授（Professor）、副教授（Associate Professor）、助理教授（Assistant Professor）和讲师（Lecture/Instructor）。终身聘任制（Tenure System）主要指的是前两类，这是美国高校人力资源管理的重要内容。作为美国大学教育的核心制度之一，终身聘任制是指当顺利通过一定时间的试用期后，除非有适当且充分的原因并且经过教师委员会听证，或者达到退休年龄，学校/学院不得随意解聘获得终身职位的高校教师。首先要说明的是，并不是所有的美国大学都施行终身聘任制，但

---

① 本节及本章开头主要由张艾思博士和李晓郛博士共同整理和编写。

② 马印普：“管窥美国高等教育——浅析终身教职制度”，载《教育育人》2008 年第 18 期。

是美国主要的大学都施行终身聘任制。美国大学教授联盟（American Association of University Professors，简称AAUP）根据美国中学后教育数据综合系统（The Integrated Postsecondary Education Data System，简称IPEDS）统计出终身聘任制人员与非终身聘任制人员的比例分别为73.12%和26.88%。[①]

早期美国大学和国内多数大学一样，尽管没有明确的、法律意义上的终身聘任制，但实际上教授一旦被聘用，很少有大学教授被学校解聘。既然事实上很少有教授被学校解聘，而且美国又有反对暴政和集权的历史传统，为何要创设终身聘任制来进一步保护大学教授本来就已经拥有的自由？

AAUP于1915年成立，签署以保护学术自由和终身聘任制为主要内容的宣言，但在那个时代，AAUP的主张并未得到全美的重视。1934年，AAUP和美国大学学会（Association of American Colleges and Universities，简称AACU）的代表举行联合会议，对学术自由原则予以重申，并于1940年发表《关于学术自由与终身聘任制原则的声明》（1940 Statement of Principles on Academic Freedom and Tenure）。这份声明指出："终身教职是实现学术自由亦即教学自由、研究自由和对外活动自由这一目标的手段，由于其提供充分的经济安全，对有能力的人构成了职业吸引力。"同时，这份声明还重提"非升即走"制度：规定助理教授在试用期内，若无职位晋升，则必须走人；若达到评定标准，则有永久或继续任职的资格。[②]从此，终身聘任制逐渐与学校自治、学术自由成为美国高等教育的三块基石。终身聘任制的理念在于对高等教育机构性质的认定，认为大学的设立是为了实现公共利益，而不是为满足单独某一个教师或者整个教师群体的利益，公共利益的实现有赖于对知识的自由探索和评论，终身聘任制恰恰就是为保障学术自由而确立。1967年，美国联邦最高法院在Keyishian v. Board of Regents（385 U.S. 589）一案中又一次确认学术自由是受宪法第一修正案所保护的一项基本权利。终身聘任制的推行为学术自由提供了充分保障：一方面，终身聘任制给获得终身职位的

---

① "Contingent Faculty Positions"，不知为何，没有统计的具体日期，AAUP网站：https://www.aaup.org/issues/tenure，访问日期：2016年11月9日。

② 宣言内容具体可见网站：https://www.aaup.org/report/1940-statement-principles-academic-freedom-and-tenure，访问日期：2016年11月9日。

大学教师提供长期稳定的教学和研究机会、永久的就业保障以及稳定的经济收入，确保他们可以全身心地投入教学工作和学术研究；另一方面，终身聘任制客观上形成一种有效的目标激励机制，吸引更多有能力、有才华的人投入大学教师这一职业，并激励尚未取得终身职位的大学教师在自己的研究领域作出更好的成绩。①

终身聘任制并非一蹴而就，也是一个逐渐完善的制度。1940 年《关于学术自由与终身聘任制原则的声明》对大学教师终身资格的申请、审批、终止等作出明确规定：（1）从任用到正式授予终身职位，试用期不得超过七年；（2）学校由于某种特殊原因需要解聘某个获得终身职位的教师时，解聘决定必须由教师委员会和大学管理委员会共同作出，并且被解聘的教师有要求听证的权利；（3）学校由于财政危机解聘某个获得终身职位的教师时，必须提供真实可靠的证据。

1957 年，AAUP 制定《关于学术自由和终身聘任制的建议性规定》（Recommended Institutional Regulations on Academic Freedom and Tenure），并且在 1972 年、1976 年、1982 年、1990 年、1999 年、2005 年、2006 年、2009 年和 2013 年分别作出九次修订。1957 年的规定对美国高等教育机构的终身聘任制作出了非常详尽的规定，例如，解聘一个终身教师必须基于“适当且充分的原因”，包括财政危机和学习项目的终止。此外，该规定也对非终身制教师作出很多保障性规定，例如，提前解聘一个非终身制教师必须举行听证会；另外，如果一个非终身制教师认为不再聘任他的决定违反学术自由或者基于不适当的歧视，那么作出该决定的大学必须提供证据证明该决定的作出是基于合理的理由。②

1958 年，AAUP 和美国学院与 AACU 共同制定并签署《关于教师解聘程序标准的声明》（Statement on Procedural Standards in Faculty Dismissal Proceedings），

① 夏建芬：“美国大学教授终身聘任制及其启示”，载《大学教育科学》2004 年第 1 期；周俊：“美国大学终身聘任制的发展趋势及其对我国的启示”，载《教育研究》2007 年第 9 期；王春梅：“美国大学教师终身聘任制及其启示”，载《内蒙古师范大学学报》（教育科学版）2008 年第 7 期。

② “Recommended Institutional Regulations on Academic Freedom and Tenure”，AAUP 网站：https://www.aaup.org/report/recommended-institutional-regulations-academic-freedom-and-tenure，访问日期：2016 年 11 月 15 日。

该声明正式确立在解聘程序中必须遵守“正当程序”（due process）。[①]根据这份声明，各大学/学院可自行解释何为“适当且充分的原因”，但不得违背前述《关于学术自由与终身聘任制原则的声明》（1940 年）中的明确规定。此外，这份声明还对于解聘终身教师的“正当程序”作出详细规定，例如，对某一个终身教师的任教资格产生置疑时，必须首先由全体教员选举出一个专门委员会来负责作出关于是否解聘的最终决定。其次，该专门委员会必须起草一份声明详尽阐述解聘该终身教师所具有的“适当且充分的原因”。最后，在该终身教师的要求下，必须选举出一个听证委员会负责组织听证会，该终身教师在听证会上有为自己申辩的权利和自由。

授予终身教职的评价标准通常有三个：一是教学水平，二是科研水平及发表论文情况，三是参与行政管理及其他公共事务的情况。尽管各个大学对于这三项标准的相对权重不同，一般而言，至少要在两项标准中达到优秀才有可能被授予终身教职。通常情况下，美国大学教师从任职期起就会开始准备自己的终身评审材料，主要包括四个部分：第一部分是教学记录和评估证明；第二部分是所有发表的论文，出版的书籍以及艺术作品的复件；第三部分是专业人士的推荐信，负责评估在所属研究领域作出的成就，除了所在院系的终身教师的推荐信以外，还必须有所属研究领域的具有终身资格的外校教师推荐信；第四部分是参与行政管理及其他公共事务的记录证明。终身教职的重要性不言而喻，对于任何一个教师而言，终身教职是自己在学术界实现自己目标和理想的重要阶梯。

国内一些重要法学院，例如厦门大学法学院，在传统的教授、副教授和讲师的序列之外，也开始使用“助理教授”这个称谓/职位。就国内法学院而言，助理教授的入职条件、待遇和晋升标准和讲师并无明显区别。[②]在美国，讲师的任职时间较短，通常为 1 ~ 2 年，助理教授任职时间较长，通常为

① “Statement on Procedural Standards in Faculty Dismissal Proceedings”，AAUP 网站：https://www.aaup.org/report/statement-procedural-standards-faculty-dismissal-proceedings，访问日期：2016 年 11 月 15 日。

② 厦门大学法学院在“中国法学创新网”发布的“2016 年师资招聘计划”就包括助理教授的入职要求，具体信息可见中国法学创新网：http://www.lawinnovation.com/index.php/home/xuejie/artindex/id/9677/tid/1.html，访问日期：2016 年 11 月 10 日。

3~6年，两者最主要的区别是讲师不属于终身聘任制，助理教授有可能列入终身聘任制序列。助理教授阶段主要成就了美国大学学术成果的数量，永久教职的副教授及以后阶段成就了美国学术成果的质量。两个阶段相得益彰，成就了辉煌的美国大学科学成就，这些已经通过很多案例得到印证。例如，普林斯顿大学的经济学诺贝尔奖得主纳什（John Forbes Nash, Jr.）的经历就是个典型。他提出博弈论的博士论文24年后才被同行认识到是一个牛成果。纳什性情古怪、放荡不羁，但一直被普林斯顿大学容忍。所以有人说，在纳什身上体现了普林斯顿大学的"大爱"精神，其实背后一直有终身聘任制的支持。

以波士顿大学（Boston University）的《教职手册》（Faculty Handbook）内容为例：（1）助理教授一般要求必须具有博士学位或者其他同等学位。除教学任务之外，助理教授也必须进行高质量的科研活动，并且参与所属院系的行政管理事务。（2）副教授，作为一名学者，通常在全国范围内享有很高的声誉。除了高水平的教学能力，副教授通常也必须参与整个大学的行政管理事务及其他公共事务。（3）对于教授，除了达到副教授所需的条件以外，通常还需在所属研究领域作出杰出的贡献从而在国际学术界享有很高的声誉。①从助理教授晋升至副教授以及从副教授晋升至教授的评判标准，各个大学虽然不同，但都有共性的地方。对于大多数应届博士生而言，一般都是从助理教授开始做起，任职期满6年或7年时会进行终身聘任评审，通过评审后才能晋升至副教授并且被授予终身教职。而对于没有通过评审的助理教授，通常会选择离职并重新应聘其他大学不具终身资格的副教授，并且在两年之内必须再次进行终身聘任评审。②对于已经被授予终身资格的副教授而言，任职期满六年后可以申请晋升教授评审，即使评审失败，也可以继续保留自己

① "Classification of Ranks and Titles, Boston University Office of the Provost Faculty Handbook"，波士顿大学网站：https://www.bu.edu/handbook/appointments-and-promotions/classification-of-ranks-and-titles/，访问日期：2016年11月10日。

② 香港大学法学院助理教授入职六年内，助理教授如果升职至副教授级便能获得"终身任聘"，如未能通过升职要求，便要离开；在一定条件下，允许第二次评定。加州大学伯克利分校则是满七年评定制度，具体信息可见加州大学网站：https://career.berkeley.edu/PhDs/PhDtransition，访问日期：2016年11月10日。

原有的副教授职位，并待重新申请。事实上，美国相当一部分副教授并不会申请晋升教授评审，而是终生停留在副教授的级别上。以俄勒冈州立大学（Oregon State University）的教职手册内容为例，从助理教授晋升至副教授的评判标准有：一是有效地完成了教学、指导以及行政管理等各项职责；二是对所属研究领域作出重大贡献，有成为杰出人才的潜力；三是适当平衡所承担的各项职责。从副教授晋升至教授的评判标准有：一是杰出地完成教学、指导以及行政管理等各项职责，例如创新性教学、课程设计与发展；二是在所属研究领域成为杰出人才，受到广泛认可；三是完美地平衡了所承担的各项职责，成为楷模。①

某一些法学院的教职体系可能与所属大学的教职体系存在一定差异。以耶鲁大学法学院为例，所有的人事任命均由一个专门理事会（Governing Board）来决定，这个理事会由所有的教授组成。在耶鲁大学法学院，终身制教职只有一个，就是教授。在教授这个级别之下，没有助理教授，只有一定任职期限的"副教授"（Associate Professor on Term）。对于副教授而言，初次聘任期通常为三年，没发生特殊情况，三年期满之后会续约，第二次聘任期通常为四年。当某一副教授任职期满六年后，专门理事会负责评估该副教授在教学和科研方面所作出的成绩，从而决定是否授予终身职位并且晋升至教授，一般而言，在副教授任职第七年也就是最后一年必须作出该决定。对于没有担任过副教授的教师而言，也可以直接被授予终身教职并且聘任为教授，但是该教师必须事先在法学院进行为期一学年或者一学期的访学，只有当该教师在教学、科研或者法律实务领域有非凡成就，才可能被直接聘任为教授。②

ABA 发布的《法学院批准标准及程序规则》（2016～2017 Standards and Rules of Procedure for Approval of Law Schools）对法学院的教职体系也有规定，

---

① "Faculty Handbook：Promotion and Tenure Guidelines"，俄勒冈州立大学网站：http://oregonstate.edu/admin/aa/faculty-handbook-promotion-and-tenure-guidelines，访问日期：2016 年 11 月 10 日。

② "Faculty Handbook"，耶鲁大学网站：http://provost.yale.edu/sites/default/files/files/Faculty%20Handbook_9－18－15.pdf，访问日期：2016 年 11 月 10 日。

例如，法学院必须有足够数量的全职教师，具体数量主要取决于学生数量。师生比例越低，意味着一所法学院的师资力量相对雄厚，而比例越高，意味着师资力量相对薄弱。Internet Legal Research Group 以 2015 年秋季入学学生为基础进行统计，比例最低的前五所法学院依次是哥伦比亚大学法学院、西北大学法学院、犹他大学法学院、斯坦福大学法学院和加州大学尔湾分校法学院，其中三所为 U. S. News 认定的全美 Top14 法学院（见表 6. 2）。

表 6. 2　ILRG 统计的全美 183 所法学院全日制学生与教师比例①

法学院名称	学生与教师比例（从低到高）
Columbia Law School	6. 1
Northwestern University Pritzker School of Law	6. 5
University of Utah S. J. Quinney College of Law	6. 8
Stanford Law School	7. 3
University of California, Irvine School of Law	7. 3
University of Hawaii at Manoa William S. Richardson School of Law	7. 3
City University of New York School of Law	7. 4
University of Washington School of Law	7. 6
Yale Law School	7. 8
University of Connecticut School of Law	7. 9
Liberty University Christian School of Law	8. 0
Case Western Reserve University School of Law	8. 1
West Virginia University College of Law	8. 1
University of Wisconsin Law School	8. 2
Indiana University Bloomington Maurer School of Law	8. 3
Pennsylvania State University-Dickinson Law	8. 3
University of New Hampshire School of Law	8. 3

① 这 183 所法学院均为 ABA 认证的法学院，具体信息可见 https://www.ilrg.com/rankings/law/1/asc/SFRatio，访问日期：2016 年 11 月 10 日。

续表

法学院名称	学生与教师比例（从低到高）
New York University School of Law	8.4
Cornell Law School	8.5
University of Chicago Law School	8.6
University of Cincinnati College of Law	8.6
Cleveland State University Cleveland-Marshall College of Law	8.7
University of Iowa College of Law	8.7
Widener University School of Law	8.7
University Arizona James E. Rogers College of Law	8.8
Georgia State University College of Law	8.9
University of New Mexico School of Law	8.9
University of Richmond School of Law	8.9
Washington and Lee University School of Law	8.9
Temple University James E. Beasley School of Law	9.0
Duke University School of Law	9.1
Pennsylvania State University Law School-University Park	9.1
University of Nevada William S. Boyd School of Law	9.1
University of Wyoming College of Law	9.1
Washburn University School of Law	9.2
University of Denver Sturm College of Law	9.3
University of Minnesota Law School	9.3
Widener University School of Law	9.3
University of Tennessee College of Law	9.4
University of Tulsa College of Law	9.4
Syracuse University College of Law	9.5
University of Alabama School of Law	9.5
University of Pittsburgh School of Law	9.5
Washington University in St. Louis Law School	9.6

续表

法学院名称	学生与教师比例（从低到高）
Catholic University of America Columbus School of Law	9. 7
University of Houston Law Center	9. 7
University of Virginia School of Law	9. 7
Arizona State University Sandra Day O'Connor College of Law	9. 8
University of Texas School of Law	9. 8
Northern Illinois University College of Law	9. 9
University of Colorado-Boulder Law School	9. 9
University of Idaho College of Law	9. 9
Drake University Law School	10. 0
Ohio State University Michael E. Moritz College of Law	10. 1
Santa Clara University School of Law	10. 1
University of California Davis School of Law	10. 1
University of Notre Dame Law School	10. 1
University of Pennsylvania Law School	10. 1
Illinois Institute of Technology Chicago-Kent College of Law	10. 2
University of Southern California Gould School of Law	10. 2
Boston College Law School	10. 3
Chapman University Dale E. Fowler School of Law	10. 3
Drexel University Thomas R. Kline School of Law	10. 3
Lewis & Clark Law School	10. 3
Loyola University Chicago School of Law	10. 3
Loyola University New Orleans College of Law	10. 3
University of Maryland Francis King Carey School of Law	10. 3
University of Oregon School of Law	10. 3
Wayne State University Law School	10. 3
Seton Hall University School of Law	10. 4
Elon University School of Law	10. 5
Boston University School of Law	10. 6
George Mason University Antonin Scalia Law School	10. 6

续表

法学院名称	学生与教师比例（从低到高）
Quinnipiac University School of Law	10. 6
University of Toledo College of Law	10. 6
University of Louisville Louis D. Brandeis School of Law	10. 7
University of Maine School of Law	10. 7
University of Michigan Law School	10. 7
University of Missouri School of Law	10. 7
Saint Louis University School of Law	10. 8
University of Kansas School of Law	10. 8
Georgetown University Law Center	10. 9
Harvard Law School	10. 9
Vanderbilt University Law School	10. 9
Wake Forest University School of Law	10. 9
American University Washington College of Law	11. 0
Florida State University College of Law	11. 0
Fordham University School of Law	11. 0
Golden Gate University School of Law	11. 0
University of Illinois at Urbana-Champaign College of Law	11. 0
University of Kentucky College of Law	11. 0
University of Missouri-Kansas City School of Law	11. 0
University of San Diego School of Law	11. 0
Ohio Northern University Claude W. Pettit College of Law	11. 1
Texas A&M University School of Law	11. 1
University of North Carolina School of Law	11. 1
University of South Dakota School of Law	11. 1
Willamette University College of Law	11. 1
Duquesne University School of Law	11. 4
Emory University School of Law	11. 4
Howard University School of Law	11. 4
Pace University Elisabeth Haub School of Law	11. 4

续表

法学院名称	学生与教师比例（从低到高）
University of California, Los Angeles, School of Law	11.4
Seattle University School of Law	11.5
University of Nebraska-Lincoln College of Law	11.5
University of the District of Columbia David A. Clarke School of Law	11.5
Union University Albany Law School	11.6
University of Arkansas School of Law	11.6
University of Miami School of Law	11.6
Valparaiso University Law School	11.6
Creighton University School of Law	11.7
Regent University School of Law	11.7
University of Baltimore School of Law	11.7
Pepperdine University School of Law	11.8
Whittier Law School	11.8
University of North Dakota School of Law	11.9
William & Mary Law School	12.0
University of Florida Fredric G. Levin College of Law	12.0
University of St. Thomas School of Law	12.0
Capital University Law School	12.1
University of Georgia School of Law	12.2
University of Memphis Cecil C. Humphreys School of Law	12.2
Brigham Young University J. Reuben Clark Law School	12.3
California Western School of Law	12.3
DePaul University College of Law	12.3
Northern Kentucky University Salmon P. Chase College of Law	12.3
Stetson University College of Law	12.4
Yeshiva University Benjamin N. Cardozo School of Law	12.5

续表

法学院名称	学生与教师比例（从低到高）
Mercer University Walter F. George School of Law	12. 5
North Carolina Central University School of Law	12. 5
University of Mississippi School of Law	12. 5
University of San Francisco School of Law	12. 5
Northeastern University School of Law	12. 6
Rutgers School of Law-Camden	12. 6
Florida International University College of Law	12. 7
Tulane University Law School	12. 7
Loyola Marymount University Law School	12. 8
St. John's University School of Law	12. 8
Baylor University Law School	12. 9
Mississippi College School of Law	12. 9
Southwestern Law School	12. 9
University of California, Berkeley, School of Law	13. 0
University of Akron School of Law	13. 1
University of Detroit Mercy School of Law	13. 2
Villanova University School of Law	13. 2
University of Montana Alexander Blewett III School of Law	13. 3
University of South Carolina School of Law	13. 3
Southern Illinois University School of Law	13. 5
Texas Tech University School of Law	13. 5
Hofstra University Maurice A. Deane School of Law	13. 6
University of Oklahoma College of Law	13. 6
University of the Pacific, McGeorge School of Law	13. 6
New York Law School	13. 7
Nova Southeastern University Shepard Broad Law Center	13. 7
Ave Maria School of Law	13. 9
Hamline University School of Law	13. 9

续表

法学院名称	学生与教师比例（从低到高）
Southern Methodist University Dedman School of Law	13. 9
University of California, Hastings College of the Law	13. 9
Michigan State University College of Law	14. 1
Roger Williams University School of Law	14. 1
University of Dayton School of Law	14. 2
Campbell University Norman Adrian Wiggins School of Law	14. 3
Oklahoma City University School of Law	14. 3
Gonzaga University School of Law	14. 8
St. Mary's University School of Law	14. 8
Southern University Law Center	15. 0
University of Arkansas at Little Rock William H. Bowen School of Law	15. 5
Indiana University Robert H. McKinney School of Law	15. 6
George Washington University Law School	15. 9
Suffolk University Law School	15. 9
Thomas Jefferson School of Law	15. 9
Brooklyn Law School	16. 2
Samford University Cumberland School of Law	16. 3
University at Buffalo Law School	16. 7
Marquette University Law School	17. 0
John Marshall Law School	17. 3
Charleston School of Law	17. 5
Vermont Law School	18. 3
Louisiana State University Paul M. Hebert Law Center	18. 4
Florida Coastal School of Law	19. 3
Houston College of Law	20. 1
Argosy University Western State College of Law	20. 4
William Mitchell College of Law	22. 2

获得终身教职后，用国内的话说，就等于端上高校的“铁饭碗”。似乎不思进取，不想从副教授升为教授，也完全可以在高校混饭吃。编委不止一次问过法学院的资深院长们：如果某人在获得终身教职前勤勤恳恳，获得终身教职后就无所建树，该当如何？他们的回答几乎一致，“这样的申请者我们能够看出来，几乎不可能得到终身教职”。

如前所述，要废除一个美国教授的“终身教职”非常难——一位教授的“一般性问题”几乎不可能获得“教授参议院”的通过。基于学术和教授们的独立地位，如果没有这个委员会同意，就是大学校长也无权取消终身教职。甚至可以这么说，要取消某人的“终身教职”比获得这个头衔还难。但有两件事可以立刻砸碎终身教授手中的“铁饭碗”：学术造假和与学生发生男女关系。先说学术造假。在研究过程中伪造数据或者抄袭他人成果是常见的学术造假。国内外都有关于抄袭的定义和处理做法，还有一些查重的机制。[①]而在美国，一旦发现学术造假，自动离职一般是免不了的，终身教职也同时作废。鲁迅和许广平之间的“师生恋”，为国内一些人所乐道。但是，在美国，教职人员与学生发生男女关系容易遭到开除，同时免去终身教职。这样的规定是出于对“利益冲突”的考虑，和教职人员是否结婚没有关系。特别是全职教授，无论婚否，都不能与学生有暧昧关系。即便这位教授未婚，也不能与别的学院的学生有“亲密接触”。其中一大理由就是这名教授可能认识该学生所在学院的某些教授，而对其他学生不公平。学生毕业后，则不受此限制。

除了终身制教职之外，美国高等教育机构里还有非终身制教职，主要分为两大类，一类是兼职（part-time）的大学教师，另一类是全职（full-time）但没有终身资格的大学教师。[②]虽然不同的高等教育机构对于非终身制教职的称谓不尽相同，但主要包括讲师、博士后、教员等。讲师通常要求至少具有硕士学位或其他同等学位，并且已经完成博士学位的绝大多数要求，有进一

① 国内主要的期刊网站如中国知网、万方、维普，均有提供查重服务。

② AAUP 网站：https://www.aaup.org/AAUP/comm/rep/nontenuretrack.htm#b2，访问日期：2016年11月16日。

步晋升的潜力。[①]讲师通常是全职的，聘任期一般为 1 年，最多可以被续约 3 次，每次为期 1 年。也就是说，如果在任职期满 4 年时讲师仍然不能晋升至助理教授或者副教授，唯一的结果就是离职。[②]教员是主要专注于教学的工作人员，可以是全职的，也可以是兼职的。教员一般不从事科研工作，在许多法学院，都有专门的教员为学生修改论文、指导语法。[③]除了讲师和教员以外，还有其他一些非终身制教职，例如客座教授（Visting/Adjunct Professor）。和国内的兼职教授类似，律师、法官、检察官等是客座教授的重要来源，这些客座教授聘任合同一般都有固定期限，1 年到 5 年不等。客座教授通常只负责教学工作，往往无暇顾及学术研究，因此尽管客座教授可以得到丰富的教学经验，但很少有晋升的机会。[④]

美国法学院的非终身制教职在讲师、教员和客座教授三类之外，还有两类独特的教职。一类是"法律实践教授"（Clinical Professor of Law），以康奈尔大学法学院为例，通常是某一领域内经验丰富的执业律师，专门负责教导法学生的法律实践活动，指导学生如何与真实存在的客户沟通，如何收集证据，如何起草申诉书和请求书及其他与律师工作相关的活动。[⑤]以耶鲁大学法学院为例，法律实践教授不具有终身资格，一般也没有固定的聘任期限，换言之，他们的聘任合同通常是长期且可以续约的。只有当 2/3 的理事会成员一致投票决定，才可以解聘某一法律实践教授，并且该解聘决定必须至少提前两年告知该教授。在法律实践教授这一级别之下，还有法律实践副教授，也不具有终身资格。法律实践副教授的初次聘任期限一般为三年，在工作表

---

① 例如"Classification of Ranks and Titles"，波士顿大学网站：https://www. bu. edu/handbook/appointments-and-promotions/classification-of-ranks-and-titles/，访问日期：2016 年 11 月 16 日。

② 例如"Faculty Policies, Procedures & Guidelines"，北卡罗莱纳大学教堂山分校网站：lhttp://academicpersonnel. unc. edu/faculty-policies-procedures-guidelines/faculty-appointments/，访问日期：2016 年 11 月 16 日。

③ 例如"Classification of Ranks and Titles"，波士顿大学网站：https://www. bu. edu/handbook/appointments-and-promotions/classification-of-ranks-and-titles/，访问日期：2016 年 11 月 16 日。

④ 例如"The Transition from Graduate Student to Assistant Professor"，加州大学伯克利分校网站：https://career. berkeley. edu/PhDs/PhDtransition，访问日期：2016 年 11 月 16 日。

⑤ "Careers in Law School Teaching Handbook, Cornell Law School Alumni in Teaching Committee & Office of Public Service Spring 2011"，康奈尔大学法学院网站：http://www. lawschool. cornell. edu/publicservice/upload/Complete-Handbook-final. pdf，访问日期：2016 年 11 月 15 日。

现良好的情况下，可以续约四年，并且在初次就职后的第六年可以申请晋升至法律实践教授。[①]与终身制法学教师相比，法律实践教师必须有丰富的实践经验，并且必须是对实践教学有帮助的实践经验，例如作为低收入群体的代理律师进行诉讼的经验或者有关公民权利保障的诉讼经验。如果一个律师拥有丰富的实践经验处理复杂的商业纠纷，那么他/她就不适合作为法律实践教授，因为法学院该实践项目的目标人群是贫困人口。[②]

非终身制教职的另一大类是法律研究和写作教师（Legal Research and Writing Instructors），主要负责指导法学新生的研究和写作，例如如何起草备忘录（memoranda）、客户信函（client letters）及其他与诉讼有关的文件。[③]他们的工作通常需要花费大量的时间与法学生们进行一对一的沟通与交流，而每一个教师可能需要负责 40～50 名学生，因此他们几乎没有时间从事自己的学术研究。与法律实践教授不同，法律研究和写作教师通常都有固定的聘任期限。美国法律写作主任协会（Association of Legal Writing Directors，简称 ALWD）2014 年的调查报告显示，在 138 名法律研究和写作教师中，有 60 名教师的聘任合同期为一年，18 名教师的合同期为两年，其余 60 名教师的合同期为三年或者三年以上。[④]需要强调的是，法律研究和写作教职并不是可以晋升至终身制教职的跳板，而是专门针对那些喜欢从事教学工作、乐于与法学新生进行面对面交流的求职者。

非终身制教职和终身制教职的区别主要体现在以下三方面：一是职业保障。AAUP 有过统计，超过半数的非终身制教师对于自身工作的稳定性表达了不满，相比较而言，对于已经获得终身资格的教师而言，只有 3.5% 的人

① 2015 年耶鲁大学“Faculty Handbook”，耶鲁大学网站：http://provost.yale.edu/sites/default/files/files/Faculty%20Handbook_9－18－15.pdf，访问日期：2016 年 11 月 15 日。

② 例如“Careers in Law School Teaching Handbook，Cornell Law School Alumni in Teaching Committee & Office of Public Service Spring 2011”，康奈尔大学法学院网站：http://www.lawschool.cornell.edu/publicservice/upload/Complete-Handbook-final.pdf，访问日期：2016 年 11 月 16 日。

③ 例如“Entering the Law Teaching Market”，耶鲁大学网站：https://www.law.yale.edu/system/files/area/department/cdo/document/cdo_law_teaching_public.pdf，访问日期：2016 年 11 月 16 日。

④ “Association of Legal Writing Directors，Legal Writing Institute，Report of the Annual Legal Writing Survey 2014”，ALWD 网站：http://www.alwd.org/wp-content/uploads/2014/07/2014-Survey-Report-Final.pdf，访问日期：2016 年 11 月 16 日。

表示不满；二是职业晋升机会。如前所述，除了讲师有可能晋升至助理教授，教员和客座教授一般都没有任何的晋升机会，即不可能获得终身资格；三是职业福利。除了巨大的收入差距，非终身制教师的工作条件往往不利于自身的工作表现。他们通常没有独立办公室和基本工作设备，不利于与学生探讨课业和备课。此外，非终身制教师一般也没有资格申请研究或旅行经费，或者参与所属院系的行政管理事务决定。除了以上三个方面，非终身制教师在求职市场上往往也会受到歧视。与应届博士毕业生相比，如果某一应聘者具有非终身制工作经历，往往被视为不认真对待自身职业发展。此外，在职位晋升方面，非终身制教师很少能得到任何的优先考虑。①总之，非终身制教师在高等教育机构里是一群“被边缘化”的人。正是由于这样的差别对待，终身制教师和非终身制教师在工作的各个方面的表现都不同，包括教学、研究、行政管理、课外活动等方面。根据 AAUP《2015 至 2016 学年关于大学教师职业群体经济地位年度报告》，与非终身制教师相比，终身制教师更愿意在教学方法及课程内容方面进行创新；也更愿意进行学术研究，参加学术会议及发表学术论文。②

第二节　美国法学院的教职要求③

不论是终身制教职还是非终身制教职，要想在美国法学院获得一个教职岗位，通常有三种途径。第一种途径即传统途径，要求申请者必须在法学院攻读 J. D. 学位时有杰出的学术表现，并且在法学院的法律评论杂志（Law Review）中担任过高级编辑职位。更重要的是，申请者必须有足够“耀眼”的司法见习经历，至少是曾在美国 13 个联邦上诉法院之一的任职经历，如果

① “The Status of Non-Tenure-Track Faculty”，AAUP 网站：https://www.aaup.org/AAUP/comm/rep/nontenuretrack.htm#b2，访问日期：2016 年 11 月 16 日。

② “The Annual Report on The Economic Status of The Profession（2015 – 16）”，AAUP 网站：https://www.aaup.org/sites/default/files/2015 – 16EconomicStatusReport.pdf，访问日期：2016 年 11 月 16 日。

③ 本节主要由张艾思博士和李晓郛博士共同整理和编写。

可能的话，最好是有在美国联邦最高法院从事书记员的工作经历。然而，随着法学院教职岗位的竞争愈加激烈，这样的一种传统方式已经不能再作为获得教职岗位的保障了。尤其在最近20年，美国各大法学院越发关注学科交叉，例如，法律与经济学或实证法学的交叉研究，申请者往往需要把第一种（传统）途径与第二种途径和第三种途径相结合才能确保找到一个合适的教职。①第二种途径对于见习经历的要求没有传统途径那么严格，但是它要求申请者必须有额外的学术经历，或者是在顶尖法学院取得J. S. D. 学位，或者是助教经历。特别是要求申请者必须有可供发表的学术成果。在近15～20年里法学领域最重大的发展趋势之一就是重视跨学科研究，因此第三种成为法学教师的途径也随之应运而生。②第三种途径是由NGO分析得出的，它需要与第一种或者第二种途径相结合，申请者必须在除法学以外的其他领域有一定成就，例如历史、经济、哲学或者政治学。通常情况下申请者都会拥有其他领域的博士或者硕士学位。近年来，美国新入职的法学教师中的1/4都有Ph. D. 学位，尤其是一些顶尖法学院的公司法教师，他们几乎都有经济学或某一强调严密的实证研究方法的社会学科的博士学位。③

一般而言，要想在美国法学院获得一个教职岗位，J. D. 学位可以说是必不可少的，并且求职者所毕业的法学院排名也是十分重要的因素。④芝加哥大学法学院布莱恩·雷特教授曾对1996～2001年全美720名入职的终身制法学教师进行调查，2002年年底公布的数据显示，超过1/3的教师的J. D. 学位是从三所顶尖法学院获得：耶鲁大学法学院、哈佛大学法学院以及斯坦福大学法学院。剩余的约2/3的教师的J. D. 学位几乎都是从以下16所知名法学院获得：芝加哥大学法学院、密歇根大学安娜堡分校法学院、哥伦比亚大学

① 例如“Paths to Law Teaching”，芝加哥大学法学院网站：http://www. law. uchicago. edu/careerservices/pathstolawteaching，访问日期：2016年11月16日。

② 例如“Paths to Law Teaching”，芝加哥大学法学院网站：http://www. law. uchicago. edu/careerservices/pathstolawteaching，访问日期：2016年11月16日。

③ “What You Need to Know about Law Professorships”，http://www. lawcrossing. com/article/4510/What-You-Need-to-Know-about-Law-Professorships/ http://ww3. lawschool. cornell. edu/faculty-pages/wendel/teaching. htm，访问日期：2016年12月3日。

④ Brad Wendel：“The Big Rock Candy Mountain：How to Get a Job in Law Teaching”，http://ww3. lawschool. cornell. edu/faculty-pages/wendel/teaching. htm，访问日期：2016年11月17日。

法学院、加州大学伯克利分校法学院、弗吉尼亚大学法学院、纽约大学法学院、康奈尔大学法学院、杜克大学法学院、乔治城大学法学院、宾夕法尼亚大学法学、德克萨斯大学奥斯汀分校法学院、加州大学洛杉矶分校法学院、范德堡大学法学院、南加州大学法学院、明尼苏达大学双城分校法学院和威斯康星大学麦迪逊分校法学院。还有极少数法学教师的 J. D. 学位是从其他 U. S. News Top50 法学院获得，例如伊利诺伊大学香槟分校法学院、埃默里大学法学院、西北大学法学院等。①要想成为一名法学教师，除了要从一所知名法学院获得 J. D. 学位，同时也要确保在校期间的成绩名列前茅。即便是耶鲁、哈佛、斯坦福这样的顶尖法学院，求职者成绩排名也需要在前 25%。对于上述的其他知名法学院，排名前 5% 的毕业生在求职市场上才具有较强竞争力。②就读法学院期间，与教授们建立良好的关系也是十分重要的，因为在未来的求职过程中，最少需要三名教授为求职者写推荐信。良好的关系不仅意味着取得优异成绩，而且意味着与教授建立密切的学术合作关系，例如担任研究助理或者助教（Assistant）。

在美国，绝大多数法学院求职者都是通过参加每年的“美国法学院协会教师招聘会议”（Association of American Law Schools Faculty Recruitment Conference）来寻找工作机会。作为一个大型招聘会议，其被戏称为“肉类市场”（Meat Market），每年 10 月末或者 11 月初在美国首都华盛顿举行，一般为期三天。会议的参与人员必须先在会议举办前一年的 8 月初之前在会议官网填写并提交个人登记表（Faculty Appointments Register Form，简称 FAR Form）。在提交这个登记表时，申请者必须提交个人学术简历（Curriculum Vitae，简称 CV）。CV 是法学院求职者最重要的求职文件，在 CV 中，除了教育经历，最重要的部分就是研究经历，主要是论文发表和书籍出版情况。研究经历一般包括两部分：一部分是已发表或者已出版的论文和著作

① “Where Tenure Faculty Went to Law School, 2000 - 2001”, http://www.leiterrankings.com/faculty/2000faculty_education.shtml，访问日期：2017 年 11 月 17 日。

② “What You Need to Know about Law Professorships”, http://www.lawcrossing.com/article/4510/What-You-Need-to-Know-about-Law-Professorships/ http://ww3.lawschool.cornell.edu/faculty-pages/wendel/teaching.htm，访问日期：2016 年 12 月 3 日。

(Publications)，另一部分是正在进行中的研究工作（Works in Progress）。与工作经历相比，法学院求职者CV中更加重要的部分是教学和研究兴趣(Teaching and Research Interests)，在这一部分中，求职者必须明确列举自己所感兴趣的某一或者某几个教学和研究领域。在CV结尾，还有一个重要的部分，就是个人学术计划（Scholarly Agenda)，主要阐述自己即将完成的论文或著作，以及近三年至五年的学术研究和写作计划。在会议举办前一年的8月中旬，已经被提交的登记表就会对全美的法学院公开，各个法学院的招聘委员会从中筛选出符合各自要求的面试者。面试通常是在会议举行期间进行，一般时长约30分钟，面试官一般包括法学院招聘委员会的全体或大部分成员。有时某些法学院也会在会议举行之前提前邀请附近的求职者进行校园面试，以便在会议举行期间为其他求职者提供充足的面试时间。会议结束之后，各个法学院的招聘委员会将邀请一部分求职者进行进一步的校园面试，通常持续一天。求职者不仅要与法学院的全体教员单独或集体会面，通常也需要做一个1小时左右的公开演讲（Job Talk)，介绍已经发表的研究成果以及正在进行的研究项目，并且回答听众的问题。[①]

除了终身制和非终身制教职之外，美国大学法学院在近10年出现一个新趋势，就是为有志于成为法学教授的青年学者提供1~2年的学术研究员基金(Academic Fellowships)。这样的学术研究员职位一般分为五大类：第一类是非正式且无薪水的客座研究员（Visiting Researcher)，他们一般仅从事研究和写作，可以使用所在法学院图书馆的所有资源，还可以参加法学院的研讨会，也可以在授课教师的同意下旁听课程；第二类是带薪的客座助理教授(Visiting Assistant Professor)，他们通常负责承担1~2门与自己研究领域相关的授课任务，并且有机会参与法学院教师的研讨会及其他对自己学术发展有利的活动。近年来，越来越多的美国知名法学院均提供客座助理教授职位，例如康奈尔大学法学院、西北大学法学院、杜克大学法学院和加州大学伯克利分校法学院；第三类是法律写作教师（Legal Writing Instructor)，他们通常

① 例如“Entering the Law Teaching Market”，耶鲁大学法学院网站：https://www.law.yale.edu/system/files/area/department/cdo/document/cdo_law_teaching_public.pdf，访问日期：2016年11月16日。

需要承担指导新生如何进行法学研究和写作的工作任务。美国芝加哥大学法学院比格罗研究员项目（Bigelow Fellows Program）就提供这样的职位，一般为期一年，也有可能再续约一年。除了教授法律写作课程，他们还可以从事自己的学术研究并且参与所属法学院的学术圈；第四类是实践教学研究员（Clinical Teaching Fellows），他们一般从事法律实践教学。例如，耶鲁大学法学院的罗伯特 · 科弗研究员基金（Robert M. Cover Fellowship）为经验丰富的律师提供了为期两年的培训机会，使得他们可以真实地体验如何从执业律师转变为法律实践教师；第五类是专科教学研究员（Specialized Teaching Fellows），他们一般只从事与自己研究领域相关的教学工作。例如，纽约大学法学院的塞缪尔·戈利布研究员基金（Samuel I. Golieb Fellowship）为历史专业的博士毕业生提供专门研究法制史的机会和平台。① Paul Caron 于 2012 年 2 月公布统计数据，全美法学院共有 106 个学术研究员基金，如表 6. 3 所示。②

表 6. 3　全美法学院学术研究员基金列表

学校名称	学术研究员基金名称
阿拉巴马大学法学院（University of Alabama School of Law）	Hugo Black Fellowship Program
亚利桑那大学法学院（University of Arizona James E. Rogers College of Law）	Law Library Fellows Program
亚利桑那州立大学法学院（Arizona State University Sandra Day O'Connor College of Law）	Visiting Assistant Professor Program
波士顿大学法学院（Boston University School of Law）	General Visiting Assistant Professor Program Health Law Visiting Assistant Professor Program
布鲁克林法学院（Brooklyn Law School）	Visiting Assistant Professor Program

① 例如 "Entering the Law Teaching Market"，耶鲁大学法学院网站：https://www.law.yale.edu/system/files/area/department/cdo/document/cdo_law_teaching_public.pdf，访问日期：2016 年 11 月 16 日。

② Paul Caron "Fellowships for Aspiring Law Professors (2012 Edition)"，http://taxprof.typepad.com/taxprof_blog/2012/02/fellowships-for.html，访问日期：2016 年 11 月 16 日。

续表

学校名称	学术研究员基金名称
加州西部法学院（California Western School of Law）	Legal Scholars Teaching Fellowship Program
芝加哥大学法学院（University of Chicago Law School）	Harry A. Bigelow Teaching Fellowships Fellowship in Law and Philosophy John M. Olin Fellows in Law
伊利诺伊理工大学芝加哥—肯特法学院（Chicago-Kent College of Law, Illinois Institute of Technology）	Visiting Assistant Professor Program Intellectual Property Fellowship Program
哥伦比亚大学法学院（Columbia Law School）	Academic Fellows Program Associates in Law Program James Milligan Law Review Fellowships Intellectual Property Fellows Center for Reproductive Rights – Columbia Law School Fellowship
康涅狄格大学法学院（University of Connecticut School of Law）	Visiting Assistant Professor Program
康奈尔大学法学院（Cornell Law School）	Visiting Assistant Professor Program
丹佛大学法学院（University of Denver Sturm College of Law）	Faculty Fellows Program
杜克大学法学院（Duke University School of Law）	Visiting Assistant Professor Program
佛罗里达大学法学院（University of Florida Levin College of Law）	Visiting Assistant Professor Program
乔治华盛顿大学法学院（George Washington University Law School）	Visiting Associate Professor Program Frank H. Marks Visiting Associate Professor of Law and Administrative Fellow in the Intellectual Property Law Program
乔治城大学法学院（Georgetown University Law Center）	Clinical Graduate Teaching Fellowships Global Health Law Fellowships Research Fellowship Program Graduate Fellowship in State and Local Taxation Graduate Tax Scholars Institute of International Economic Law Student Fellowship

续表

学校名称	学术研究员基金名称
哈佛大学法学院（Harvard Law School）	Byse Fellowship Climenko Fellowship Kauffman Legal Fellowship Reginald F. Lewis Fellowship for Law Teaching Post-Graduate Fellowship in International Law Post-Graduate Fellowship in Public Law Post-Graduate Research Fellowship Program Program on Negotiation Research Fellowships Raoul Berger Visiting Fellowship in Legal History Visiting Assistant Professor Program Petrie-Flom Fellowships in Health Law Policy, Biotechnology and Bioethics
休斯敦大学法学院（University of Houston Law Center）	Energy Law Scholar Visiting Assistant Professor Program
伊利诺伊大学法学院（University of Illinois College of Law）	Academic Fellowship Program
芝加哥洛约拉大学法学院（Loyola University Chicago School of Law）	Institute for Consumer Antitrust Studies Research Fellowship
洛杉矶洛约拉大学法学院（Loyola Law School, Los Angeles）	Visiting Assistant Professor
新奥尔良洛约拉大学法学院（Loyola University New Orleans College of Law）	Westerfield Fellows Program
路易斯安那州立大学法学院（LSU Paul M. Hebert Law Center）	Future Law Teachers Fellowship Program
孟菲斯大学法学院（The University of Memphis Cecil C. Humphreys School of Law）	Tennessee Board of Regents Access and Diversity Assistant Professorship
纽约大学法学院（New York University School of Law）	Acting Assistant Professor of Lawyering Program Acting Assistant Professor Program Furman Academic Fellowship Program Golieb Fellowships in Legal History Wagner Fellowship in Law & Business Furman Center for Real Estate and Urban Policy Research Fellowship

续表

学校名称	学术研究员基金名称
西北大学法学院（Northwestern University Pritzker School of Law）	General Visiting Assistant Professor Program Tax Visiting Assistant Professor Program
宾夕法尼亚大学法学院（University of Pennsylvania Law School）	Law Faculty Fellowship Program Sharswood Fellowship Program
宾夕法尼亚州立大学法学院（Penn State University Law School）	Shughart Fellowship Program
普林斯顿大学法学院（Princeton University Law School）①	Law and Public Affairs Fellowships
西雅图大学法学院（Seattle University School of Law）	Korematsu Teaching Fellowship Program
斯坦福大学法学院（Stanford Law School）	Center for Ethics in Society Postdoctoral Fellows Center for Internet & Society Teaching Fellows Center for Law and the Biosciences Fellows Center on the Legal Profession Fellows Clinical Teaching Fellowship Program Center for Computers and Law Fellows Constitutional Law Center Fellows Criminal Justice Center Fellows Environmental and Natural Resources Policy Program Legal Research & Writing Teaching Fellowship Program Arthur and Toni Rembe Rock Center for Corporate Governance Fellows Center for Internet & Society and Constitutional Law Center Joint Fellowship
史丹森大学法学院（Stetson University College of Law）	Bruce R. Jacob Visiting Assistant Professor Program

① 普林斯顿大学长期没有设立法学院、医学院和商学院，但是颁发“荣誉法律博士学位”（honorary degrees of law），因行文需要，故在此处称作“普林斯顿大学法学院”。美国联邦最高法院大法官 Sonia Maria Sotomayor 就曾经获得荣誉法律博士学位。

续表

学校名称	学术研究员基金名称
天普大学法学院（Temple University James E. Beasley School of Law）	Abraham L. Freedman Graduate Teaching Fellowship Program
田纳西大学法学院（University of Tennessee College of Law）	Clayton Center for Entrepreneurial Law Visiting Professor of Business Law
德克萨斯大学法学院（University of Texas at Austin School of Law）	Emerging Scholars Program
托马斯·杰斐逊法学院（Thomas Jefferson School of Law）	Legal Research and Writing Teaching Fellowship
杜兰大学法学院（Tulane University Law School）	Forrester Fellow Program Visiting Assistant Professor Program
加州大学伯克利分校法学院（University of California, Berkeley, School of Law）	Berkeley Center for Law & Technology, Microsoft Research Fellowship
加州大学洛杉矶分校法学院（University of California, Los Angeles, School of Law）	Binder Clinical Teaching Fellowship Critical Race Studies Law Teaching Fellowship Evan Frankel Environmental Law and Policy Fellowship Law and Philosophy Program Postdoctoral Fellowship Lowell Milken Institute Law Teaching Fellowship Williams Institute Law Teaching Fellowship
维克森林大学法学院（Wake Forest University School of Law）	Visiting Assistant Professor Program
华盛顿大学法学院（University of Washington School of Law）	Visiting Assistant Professor Program
圣路易斯华盛顿大学法学院（Washington University in St. Louis, School of Law）	Visiting Faculty Fellows Program
威斯康星大学法学院（University of Wisconsin Law School）	William H. Hastie Fellowship Program Law & Society Post-doctoral Fellowship

续表

学校名称	学术研究员基金名称
耶鲁大学法学院（Yale Law School）	Robert M. Cover Fellowship Information Society Project Fellowship International Court of Justice Internship/Clerkship Arthur Liman Public Interest Fellowship Mary A. McCarthy Fellowship in Public Interest Law Irving S. Ribicoff Fellowship Program Oscar M. Ruebhausen Fellowship Program Oscar. M. Ruebhausen South Asia Fellowship Program San Francisco Affirmative Litigation Project Fellowship Fellowship at the Permanent Court of Arbitration Heyman Federal Public Service Fellowship Program Howard M. Holtzmann Fellowship in International Dispute Resolution Robert M. Cover-Allard K. Lowenstein Fellowship in International Human Rights Law Robert L. Bernstein Fellowship in International Human Rights

在上述学术研究员基金中，较为大家熟知的一类就是博士后岗位（post-doctoral fellows）。例如，哈佛大学法学院提供为期两年的博士后研究员岗位，申请者必须从事与财产法、合同法、税法、知识产权法或者商法相关的学术研究。[①]纽约大学法学院提供为期一年的博士后研究员职位，申请者须为近四年内毕业的博士生，且没有在任何一所高等教育机构获得终身教职岗位。博

① 哈佛大学法学院网站：http://hls. harvard. edu/dept/oaa/postdoctoral-fellowship-in-private-law/，访问日期：2016 年 11 月 10 日。

士后研究员主要从事学术研究工作，并且可以获得＄30 000的津贴。[①]威斯康星大学法学院提供为期一年的博士后研究员岗位，申请者须为人文学科或者社会学科的博士毕业生，并且致力于与法律相关的学术研究。博士后研究员除了从事自身的学术研究和写作，也须为法学院的在读学生讲授一门讨论课（Colloquium）。[②]密歇根大学法学院提供为期一年的博士后研究员岗位，申请者必须从事法律、经济与科技三个领域的学术交叉研究。[③]

第三节　美国法学院教职制度的变化和反思[④]

美国法学院的教职工体系，以杨百翰大学法学院的《教工简介》（Faculty Profiles）为例，将教职分为以下部分："专职教师"（full-time faculty）、"访问教授与访问学者"（visiting professors and fellows）、"法律图书馆教工"（law library faculty）、"法律写作教工"（legal writing faculty）、"兼职教师"（adjunct faculty）以及"荣誉退休教工"（emeriti faculty）。堪萨斯大学法学院所采分类类似，但美国法学院并非均采用此种分类，例如，耶鲁大学法学院将教职工大略分为两类，即"教工"（faculty）、"讲师与附属教职"（lecturer & affiliate）。其中，本书所指涉的美国法学院教职制度，主要是指"终身教职"（tenure）和"附属教职"（adjuncts）的分类。

如前所述，终身教职制度自1915年AAUP的声明确立，该声明中指出："大学教师任职的决定必须建立在教授委员会评价的基础上，在经过10年的试用期后大学教授、副教授以及拥有讲师以上职称的专业技术人员均应终身

① 纽约大学法学院网站：http://www.law.nyu.edu/global/globalvisitorsprogram/postdocfellows，访问日期：2016年11月10日。

② 威斯康星大学法学院网站：https://law.wisc.edu/ils/lawandsocietyfellowship.html，访问日期：2016年11月10日。

③ 密歇根大学网站：https://www.law.umich.edu/centersandprograms/lawecontech/Pages/PostDocFellows.aspx

④ 本节主要由吴才毓博士和李晓郛博士共同整理和编写。

聘用。”[①]对比附属教职教员，终身教职获得者享有更高的学术声誉，可以进行专业咨询、演讲、现身大众传媒、出版著作等活动，有机会向更知名的法学院流动。法学院对于终身教职获得者不设置学术发表的硬性要求。[②]并且，终身教职意味着持续有保障的收入，终身教职获得者并无强制性的退休年限。[③]然而，为应对财政紧缩的压力、大学绩效责任的压力、教育环境的变化，在美国，能够进入终身教职轨（tenure track）的终身教职名额愈趋减少。[④]

2016 年 10 月底，宾夕法尼亚州立大学系统教师工会发动集体罢工，这意味着 14 所宾夕法尼亚州立大学系统的 5500 多名教员会从自己的工作岗位上离开，受到影响的学生超过 10 万人。这是宾夕法尼亚州立大学系统自 1983 年建立以来第一次罢工，可能也是大多数教授人生中的第一次罢工经历。罢工的导火索是因为 APSCUF 成员与宾夕法尼亚州立大学高等教育管理处之间的聘用合同已经于 2015 年 8 月到期，而双方一直没有就新合同的细节达成一致。其中双方最相持不下的两点，一是是否要调整现有工资水平，二是是否要降低终身教职（Tenure）教员在教师队伍中的比例，更多地雇用非常勤（Adjunct）讲师。[⑤]

“非常勤讲师”的说法来自日本，不过日本大学里非常勤讲师的处境确实与美国大学中的“附属教职”（Adjuncts）或者非终身聘任制十分相似，而且比“附属”更能描述这类教师的处境。非终身聘任制教职人员不受大学“终身教职”系统的保护，与学校之间只有短期合同关系，因此面临更多的解雇风险，且收入水平低于终身教职员工，往往也不能享受全职员工的医疗保险等福利。理论上说，大学教师的主体应该是终身教职序列中的教授，非

---

① 王保星、张斌贤：“‘大学教师终身教职’的存废之争”，载《教育研究》2004 年第 9 期。

② 沈明：“法学院的生意：美国法律教育困境的制度分析”，见苏力主编：《法律和社会科学》（第 14 卷），法律出版社 2015 年版，第 186 页。

③ Rhyan Zuercher：“Adjuncts and Tenure”，http://chicagotonight.wttw.com/2015/02/02/adjuncts-and-tenure，访问日期：2016 年 11 月 30 日。

④ 顾建民：“美国大学终身教职制度改革”，载《清华大学教育研究》2006 年第 1 期。

⑤ 焦姣：“美国大批大学教师罢工：临时教职沦为学术劳工?”澎湃新闻：http://www.thepaper.cn/newsDetail_forward_1553554，访问日期：2016 年 11 月 17 日。该新闻的基础内容已经被本书编委朱绍明博士核实。

常勤教师只是事急从权时的后备补充力量。从大学管理者的角度，提高非常勤讲师比例是为了削减大学运作的支出，因此教职市场上提供的终身轨岗位越来越少。AAUP 统计过，不到 3/10 的美国大学教职员工能进入终身聘任制序列。1975～2011 年，美国高校 3/4 以上的教学工作都是兼职教授/讲师和研究生助教在负责。非终审聘任制教职员工在各类高校中的分布并不均衡，经费原本就吃紧的社区学院是最早开始大规模使用临时教师的，随后蔓延到州立大学系统，而中国人最熟悉的精英私立大学则较少受到波及。在高等教育观察者看来，“非常勤”已经是美国大学教职的常态：大学教师和知识分子已经是两个不同的职业。①

后来，在终身聘任制教师们的“妥协”和“牺牲”下，宾夕法尼亚州立大学罢工事件得到迅速解决。然而，反映出来的问题仍未解决：在美国大学严重层级分化的前提下，非精英大学的预算削减仍然是个解不开的死结。大学提供的终身制岗位仍然在减少，也就是说，随着老一代教授的退休，具有更强“谈判议价能力”的终身制教授只会越来越少。而在学术全球化的时代，美国本土“青椒”们同国内一样，就像 19 世纪末的劳工，还要面对移民“学术工人”的挑战。

高校终身聘任制岗位总体上确实在减少，而且终身聘任制本身在近十几年来，也受到许多抨击。有关这个问题的讨论是在一个广阔的社会背景下展开的，从蓝带委员会（Blue-ribbon Commissions）到那些评估营利性教育公司的股市分析家，这些评审高等教育的人认为，不得不和终身聘任制痛苦周旋的高等教育机构是在一种极端不利的情况下运营的。用终身聘任制把个人与高校紧紧地联系在一起，这是使学术共同体（academic community）可以长期践行一个共同目标最有效的基础。这类学术共同体其实就是使维护公众利益的高等教育与商业化的中学后教育泾渭分明的最重要特征，假设这种营利性教育的提供者“入侵”到非营利性高等教育的“禁区”，那么两者的分别就不再是学术上的了。

---

① “Contingent Faculty Positions”，AAUP 网站：https://www.aaup.org/issues/tenure，访问日期：2016 年 11 月 9 日。

21 世纪以来，美国很多州的公立高等教育系统采取折中的解决方法——保留终身聘任制，同时进行终身聘任后评审制（Post-Tenure Review，简称 PTR），这个制度目的在于恢复 AAUP 等学术团体早期的共同承诺，并在平等合作的基础上管理高校事务和改善学术科研工作。[①]一方面，PTR 有助于保持终身聘任制的本质，确保学者和公众关注的是终身聘任制的功能作用，而不是把它当作一种特权、地位和最后防线来捍卫。尽管 AAUP 曾经指责定期对获得终身聘任的教授进行评审是徒劳无功的，同时会增加不必要的支出，浪费大量的金钱和时间，还会挫伤教师的创造力和平等合作的关系，甚至会威胁学术自由。但是，仅依靠个人自律性行为是无法捍卫终身聘任制的本质的。另一方面，PTR 实质上捍卫了终身聘任制。终身聘任后评审制对于一个学校的可持续发展是必要的，或者进一步来说，它是终身聘任制的一个“补丁”，有利于捍卫终身聘任制。[②]

除上述终身聘任后评审制外，还有其他应对改革的方案包括：第一，长期合同制度。此种定期合同制度较通常的附属教职 3～5 年合同制，期限更长，通常为 6～7 年，最长一般可以达到 10 年，到期后如果通过评议即可续约。在于各个法学院如何把握评议标准，如果评价标准严格，那么长期合同制即严格的定期合同制度，如果评价标准执行得不严格，则长期合同则接近于终身合同。第二，暂停或取消“非升即走”制度。部分法学院采取的教职制度是“非升即走”，高校教师须与学院签订“UP-OR-OUT”（“非升即走”）合同。“非升即走”制度作为终身教职制的配套措施，暂停或取消“非升即走”，并不危及终身教职本身。但在“非升即走”制度下，处于试用期的教师，很可能出现跳槽现象。第三，减少终身职位，实行限额制。该方案旨在大量聘用附属教职教师，亦有做法是将终身教职提升到教授一级，从而达到减少终身职位的目的。该方案无疑回应了学校发展规划、招生变化趋势以及学科专业发展情况等，但是该方案不利于一些具有巨大发展潜力的年轻教师，

---

① 李敏谊编译：“美国高校终身聘任制何去何从——终身聘任后评审制（Post-Tenure Review）浮出水面”，载《科学时报》2003 年 7 月 15 日，第 2 版。

② 李金春：“美国大学终身教授的聘后评审制度及其启示”，载《中国高教研究》2007 年第 8 期。

不利于教师团队的优化。[①]第四，定期终身教职。该方案指，教师获得终身教职时起，在25年内享有终身教职。但该方案被批评为难以确定教师在其专业领域可能保持学术创造力的时间，存在年龄歧视的倾向。[②]

总体而言，终身教职制度是美国高校教师聘任制度的核心，目的一直是保护学术自由，提供工作安全。该制度虽然遇到挑战，但并没有一种新的学术聘任方案完全替代终身教职制度。[③]

① 顾建民："美国大学终身教职制度改革"，载《清华大学教育研究》2006年第1期。

② 王保星、张斌贤："'大学教师终身教职'的存废之争"，载《教育研究》2004年第9期。

③ 蒋凯："终身教职的价值与影响因素——基于美国八所高校的经验研究"，载《教育研究》2016年第3期。

第三篇　其　他

第七章　SSCI 法学期刊

2013 年 5 月，78 个科学组织的 155 位科学家签署《旧金山宣言》（San Francisco Declaration on Research Assessment），呼吁科学界停止使用期刊的影响因子（Journal Impact Factor，简称 IF）来评价科学家和科学研究。作为《旧金山宣言》的主要推动者美国细胞生物学会（An International Forum for Cell Biology）禁止在年会上谈论影响因子。[①] 从某种角度上看，SCI（Science Citation Index，科学引用指数）/SSCI（Social Sciences Citation Index，社会科学引文索引）自诞生开始就是商业机构的一门生意，按照统计学方法，SCI/SSCI 和 JCR（Journal Citation Reports，期刊引用报告）的数据都有被“污染”的可能性，因此，学者们更需要关注的可能是如何使用这些参考数据。

第一节　SSCI 法学期刊简况[②]

2016 年 7 月 11 日，汤森路透公司（Thomson Reuters）宣布将知识产权业务和科学信息业务（IP & Science）以 35.5 亿美元的价格出售给 Onex Corp 和霸菱亚洲投资（Baring Private Equity Asia）。这对国内学术界可谓是“一件

---

① 《旧金山宣言》原文可以见美国细胞生物学会网站：http://www.ascb.org/files/SFDeclarationFINAL.pdf?x30490，访问日期：2016 年 11 月 9 日。

② 本节及本章开头主要由张艾思博士和李晓郛博士共同整理和编写。

大事”,[①]因为诸多学者和编辑（部）一直推崇的SCI也就这么一起被卖了，其他还包括 Web of Science、Thomson Innovation、MarkMonitor、Thomson CompuMark 和 Thomson IP Manager 等业务。汤森路透的首席执行官 Jim Smith 在给所有员工的邮件中表示，出售 IP & Science 业务将“让我们更专注于全球商业与政策管理交叉方面的业务”。现在国内大学和科研机构都很喜欢用影响因子来评价作者或者文章，对于期刊编辑来说，期刊影响因子可以反映自己的工作质量；而对出版商来说，期刊影响因子可以量化旗下各期刊的表现；对科研作者来说，能发表论文在高影响因子的期刊有助于自己的科研评价。甚至可以说SCI/SSCI一直是汤森路透公司和中国“合作”最紧密的部门。因为国内学术圈多数人一直推崇SCI/SSCI。[②]

要了解SCI/SSCI，首先要了解JCR。JCR来自汤森路透集团，其成立于2008年4月17日，是由加拿大汤姆森公司（The Thomson Corporation）与英国路透集团（Reuters Group PLC）合并组成的商务和专业智能信息提供商。主要为专业企业、金融机构和消费者提供财经信息服务，以及为在法律、税务和会计、科学、医疗保健和媒体市场的专业人员提供智能信息及问题解决方案。1799年，Sweet & Maxwell 法律出版社在伦敦成立。1934年，罗伊·汤姆森在加拿大收购了他的第一份报纸：《安大略省蒂明斯新闻》。1987年，汤姆森购得英国的 Sweet & Maxwell、加拿大的卡斯威尔和澳大利亚的法律图书公司等法律出版业务。1963年，美国科技信息研究所（Institute of Science Information，ISI）出版科学引文索引（Science Citation Index，SCI），收录论文所引用的参考文献，如今是权威的科技文献检索和分析评估工具。1997

① 据中国科学技术发展战略研究院副院长武夷山介绍，SCI为中国学者重视，起源于中国科学技术信息研究所从1987年起开展的中国科技论文统计与分析工作，当时选择SCI、ISTP、EI和ISR这四类数据库进行统计，主要是考虑其综合性和权威性。在过去的几十年中引入这些量化的评价标准，确实使得论文数量和质量有所提升，并且成为中国科研界的重要评价标准。转引自“SCI被卖给‘门外汉’后续：中国科研评价怎么办”，搜狐网站：http://mt.sohu.com/20160805/n462812208.shtml，访问日期：2016年12月13日。

② 叶子：“SCI真的被卖了，以后发文章有影响吗”，搜狐网站：http://mt.sohu.com/20160714/n459309772.shtml，访问日期：2016年10月29日。

年，Web of Science 发布，该数据库集成 SCI、SSCI 和 A&HCI[①]，在线提供全球近 9 000 种高质量学术期刊的引文索引信息。2006 年，汤森路透公司与中国科学院建立战略合作关系，通过 Web of Knowledge SM 平台提供其中国科学引文索引数据库（Chinese Science Citation Database，CSCD）。现在，汤森路透每年都会出具一份 JCR，其实就是一个数据库，结合学术期刊在上一年的表现以及历年发展进行综合评定。[②]该报告收录各专业的顶级期刊，并按影响因子进行排列，而各专业的具体排名，就是所谓的 SCI/SSCI 列表。收入 SCI/SSCI 列表的期刊一定是同行评审（peer-review），但是同行评审的期刊不一定被收入 SCI/SSCI 列表。此外，汤森路透其还按影响因子大小，按照 25% 的比例划分四个区间（Q1 ~ Q4），Q1 即所谓的影响因子前 25% 的杂志，代表着各个领域的顶尖期刊。所以每年的 JCR，将决定着 SSCI 期刊收录的情况，不可谓不重要。

虽然影响因子的“主人”刚换，但是由于 SCI/SSCI 长期坚持较为严格的评选标准，影响力还在，科学界一时间也无法推出能够完全取代 SCI/SSCI 评价标准的新方法。因此，本章将专门进行相关介绍：2016 年 JCR 收录 149 本法学期刊，比 2015 年 JCR 多 2 本。期刊所属的国家是按照出版社进行划分的，例如一直被认为是国内唯一一本 SSCI 法学期刊的 Chinese Journal of International Law，由于选择牛津大学出版社出版，因此被 JCR 归入英国期刊。[③]以下是根据 2015 年 JCR 和 SSCI 法学期刊主要议题筛选后制作的表格（见表 7.1 ~ 表 7.6）。

---

① A&HCI（Arts&Humanities Citation Index）是 ISI 出版的关于艺术与人文科学领域的引文索引。

② 更多信息可见汤森路透公司网站：http://www.thomsonscientific.com.cn/aboutus/，访问日期：2016 年 10 月 29 日。

③ 2014 年 JCR 收录 140 本法学 SSCI 期刊，比 2013 年增加 1 本，其中美国期刊 87 本、英国期刊 31 本、荷兰期刊 12 本。2013 年法学 SSCI 期刊中，美国期刊 88 本、英国 29 本、荷兰 12 本。

表 7.1　宪法和行政法

期刊名	刊物简介	影响因子
Administrative Law Review①（已经不在 2016 年 JCR 中）	The Administrative Law Review (ALR) is published four times annually by the students of American University Washington College of Law in conjunction with the American Bar Association's Section of Administrative Law and Regulatory Practice. The ALR strives to develop legal research and writing skills of students while publishing articles that serve both practitioners and academics. Each issue is a nexus of theory and practice containing articles by practicing lawyers, judges, and academics. In addition, the ALR regularly publishes symposia, conferences, and meetings on current topics in administrative law	1.417
European Constitutional Law Review②	The European Constitutional Law Review (EuConst), a peer-reviewed English-language journal, is a platform for advancing the study of European constitutional law, its history and its evolution. Published in three issues per year, it contains articles on doctrine, theory and practice, plus case notes and book reviews. EuConst is addressed at academics, professionals, politicians and all those involved or interested in the European constitutional process	0.841
Icon-International Journal of Constitutional Law③	Published in association with the New York University School of Law, I · CON is dedicated to advancing the study of international and comparative constitutional law in the broadest sense of the terms I · CON recognizes that the boundaries between the disciplines of "constitutional law", "administrative law", "international law" and their comparative variants have become increasingly porous. So too, there is no longer a distinct divide between law and political science. I · CON scholarship reflects and values this intellectual cross-fertilization	0.667

① 更多信息可见期刊网站：http://www.administrativelawreview.org/，访问日期：2016 年 10 月 29 日。

② 更多信息可见期刊网站：https://www.cambridge.org/core/journals/european-constitutional-law-review，访问日期：2016 年 10 月 29 日。

③ 更多信息可见期刊网站：http://icon.oxfordjournals.org，访问日期：2016 年 10 月 29 日。

续表

期刊名	刊物简介	影响因子
	I · CON's interests include not only fields such as Administrative Law, Global Constitutional Law and Global Administrative Law, but also scholarship that reflects both legal reality and academic perception; scholarship which, in dealing with the challenges of public life and governance, combines elements from all of these fields with a good measure of political theory and social science Featuring scholarly articles by international and constitutional legal scholars, judges, and people from related fields, such as economics, philosophy and political science, I · CON offers critical analysis of current issues, debates and global trends that carry constitutional implications	

表 7.2 刑法、民法和商法

期刊名	刊物简介	影响因子
American Business Law Journal①	American University Washington College of Law; American Bar Association's Section of Administrative Law and Regulatory Practice	0.576
American Criminal Law Review②	The American Criminal Law Review is the nation's premier journal of criminal law. The ACLR seeks to serve the criminal law community by providing a forum for the best scholarship in the field. The ACLR especially strives to provide information and ideas that are useful to criminal law practitioners The ACLR publishes three issues a year containing articles and notes from leading criminal law scholars. It also publishes the Annual Survey of White Collar Crime, the definitive reference work for white collar practitioners. Every other year, the ACLR also hosts a symposium bringing together professors, practitioners, and students to discuss contemporary issues in criminal law. In 2010, the ACLR launched its blog, providing yet another forum for criminal law scholarship	0.447

① 更多信息可见期刊网站：http://onlinelibrary.wiley.com/journal/10.1111/(ISSN)1744-1714，访问日期：2016年10月29日。

② 更多信息可见期刊网站：http://www.americancriminallawreview.com，访问日期：2016年10月29日。

续表

期刊名	刊物简介	影响因子
Business Lawyer①	The Business Lawyer circulates to approximately 40 000 readers and is among the most cited law journals in the nation. Our aim is to provide members of the legal profession and the public generally with practical articles by individual authors and reports and surveys by various committees of the ABA Business Law Section in the fields of law within the general purview of the Section The Editor-in-Chief and the Editorial Board encourage the submission of finished manuscripts on legal topics within any area of business law	0. 531
Criminal Law Review②（已经不在 2016 年 JCR 中）	Criminal Law Review is the leading quality journal for all those involved in criminal law. Drawing all aspects of the law together in one regular publication, it allows quick and easy monitoring of all key developments. It publishes 12 issues a year	0. 270
European Business Organization Law Review③	The European Business Organization Law Review（EBOR）aims to promote a scholarly debate which critically analyses the whole range of organizations chosen by companies, groups of companies, and state-owned enterprises to pursue their business activities and offer goods and services all over the European Union. At issue are the enactment of corporate laws, the theory of firm, the theory of capital markets and related legal topics. It publishes four issues a year	0. 222

① 更多信息可见期刊网站：http://www. americanbar. org/publications/the_business_lawyer/submit_an_article. html，访问日期：2016 年 10 月 29 日。

② 更多信息可见期刊网站：http://www. sweetandmaxwell. co. uk/catalogue/productdetails. aspx?recordid =478&productid =7139，访问日期：2016 年 10 月 27 日。

③ 更多信息可见期刊网站：http://www. springer. com/law/international/journal/40804，访问日期：2016 年 10 月 27 日。

续表

期刊名	刊物简介	影响因子
Journal of Criminal Law & Criminology①	Journal of Criminal Law & Criminology is a student-run publication at Northwestern University School of Law that prints four issues annually and rests upon a century of scholarship devoted to the scientific study of criminal law and criminology. Since its inception in 1910, the Journal strives to capture the breadth and depth of legal scholarship on crime through the publication of legal articles, criminological research, book reviews, and symposia. The Journal is consistently ranked among the most influential legal and criminology publications and remains the most widely read and cited criminal law journal. Our broad readership of judges, legal scholars, criminologists, and practitioners composes the second largest subscription base of all the nation's law journals	1. 581
Journal of International Criminal Justice②	The Journal of International Criminal Justice aims to promote a profound collective reflection on the new problems facing international law. It publishes five times a year Established by a group of distinguished criminal lawyers and international lawyers, the Journal addresses the major problems of justice from the angle of law, jurisprudence, criminology, penal philosophy, and the history of international judicial institutions It is intended for graduate and post-graduate students, practitioners, academics, government officials, as well as the hundreds of people working for international criminal courts	0. 542

① 更多信息可见期刊网站：http://scholarlycommons. law. northwestern. edu/jclc/，访问日期：2016 年 10 月 27 日。

② 更多信息可见期刊网站：https://jicj. oxfordjournals. org/，访问日期：2016 年 10 月 27 日。

表 7.3　国际法与比较法

期刊名	刊物简介	影响因子
American Journalof Comparative Law①	The American Journal of Comparative Law is the world's leading journal dedicated to the comparative study of law, as well as the critical analysis of foreign law and legal systems, and private international law. A peer-reviewed quarterly founded in 1952, the board of journal editors includes scholars with interests in the world's major legal systems and traditions. Authors from many disciplinary traditions including anthropology, economics, history, philosophy, political science, psychology, and sociology contribute to the journal. It publishes four times a year	1.721
American Journalof International Law②	The American Journal of International Law (AJIL) has been published quarterly since 1907. It features articles, editorials, notes, and comments by pre-eminent scholars on developments in international law and international relations. The Journal contains summaries and analyses of decisions by national and international courts and arbitral or other tribunals, and of contemporary U.S. practice in international law. Each issue lists recent publications in English and other languages, many of which are reviewed in depth. The Journal is indispensable for all professionals working in international law, economics, trade, and foreign affairs. It publishes four times a year	1.895
Chinese Journalof International Law③	The Chinese Journal of International Law is the leading forum for articles on international law by Chinese scholars and on international law issues relating to China. It publishes four times a year An independent, peer-reviewed research journal edited primarily by scholars from mainland China, and published in association with the Chinese Society of International Law, Beijing, and Wuhan University Institute of International Law, Wuhan, the Journal is a general international law journal with a focus on materials and viewpoints from and/or about China, other parts of Asia, and the broader developing world	1.186

① 更多信息可见期刊网站：https://www.law.umich.edu/mlawglobal/Pages/americanjournalofcomparativelaw.aspx，访问日期：2016 年 10 月 27 日。

② 更多信息可见期刊网站：https://www.asil.org/resources/american-journal-international-law，访问日期：2016 年 10 月 27 日。

③ 更多信息可见期刊网站：https://chinesejil.oxfordjournals.org/，访问日期：2016 年 10 月 27 日。

续表

期刊名	刊物简介	影响因子
Columbia Journalof Transnational Law①	The Columbia Journal of Transnational Law is the second oldest student-run international law journal in the nation. The Journal was founded in 1961 by the late Wolfgang Friedmann, one of Columbia's most renowned international law professors, and today it is the second most cited journal at Columbia. Writings that appear in the Journal are regularly cited by academics, practitioners and courts, including the United States Supreme Court Each year the Journal publishes three issues, which contain articles by legal scholars and practitioners, student notes, book reviews and bibliographic materials. The Journal's purpose is to provide the practicing bar and the academic community with insight into the evolving problems of an increasingly interdependent world. It publishes three times a year	0. 878
Cornell International Law Journal②	Founded in 1967, the Cornell International Law Journal (ILJ) is one of the oldest and most prominent international law journals in the United States. Three times a year, the Journal publishes scholarship that reflects the sweeping changes that are taking place in public and private international law. Each issue features articles by legal scholars, practitioners, and participants in international politics, as well as student-written notes	0. 317
European Journalof International Law③	The European Journal of International Law is firmly established as one of the world's leading journals in its field. With its distinctive combination of theoretical and practical approaches to the issues of international law, the journal offers readers a unique opportunity to stay in touch with the latest developments in this rapidly evolving area. It publishes four times a year	0. 913

① 更多信息可见期刊网站：http://jtl. columbia. edu/，访问日期：2016 年 10 月 27 日。

② 更多信息可见期刊网站：http://www. lawschool. cornell. edu/research/ILJ/about-the-ilj. cfm，访问日期：2016 年 10 月 27 日。

③ 更多信息可见期刊网站：http://www. ejil. org/，访问日期：2016 年 10 月 27 日。

续表

期刊名	刊物简介	影响因子
Harvard International Law Journal①	As "the oldest and most-cited student-edited journal of international law", the Harvard International Law Journal covers a variety of international issues and topics in public and private international law. It publishes two times a year HILJ also publishes student-written work. In addition to an annual Student Note Competition, HILJ publishes pieces on recent developments in international law and reviews of new books in the field. Past student work has been awarded the International Law Students Association's Francis Deak Prize for the top student-written article published in a student-edited international law journal	1.700
International & Comparative Law Quarterly②	International & Comparative Law Quarterly (ICLQ) is the journal of the British Institute of International and Comparative Law. It publishes papers on public and private international law and also comparative law. It has maintained its pre-eminence as one of the earliest and most important journals of its kind, encompassing human rights and European law. The journal encourages innovative and original articles that explore the interconnectedness between the legal subject areas, moving across the boundaries that divide the law in a way that provides vital analysis at a time when formal distinctions, in scholarship and between jurisdictions, are becoming less relevant. The ICLQ attracts scholarship of the highest standard from around the world, which contributes to the maintenance of its truly international frame of reference. The "Shorter Articles and Notes" section particularly enables the discussion of highly topical legal issues. It publishes four times a year	0.554

① 更多信息可见期刊网站：http://www.harvardilj.org/，访问日期：2016年10月27日。

② 更多信息可见期刊网站：https://www.cambridge.org/core/journals/international-and-comparative-law-quarterly，访问日期：2016年10月27日。

续表

期刊名	刊物简介	影响因子
Leiden Journalof International Law①	Firmly established as one of Europe's leading journals in the field, the Leiden Journal of International Law (LJIL) provides a forum for two vital areas, namely international legal theory and international dispute settlement. It is unique in providing the most comprehensive coverage of the world's most important international tribunals in The Hague (such as the ICJ, ICTY, ICC and others) and elsewhere, as well as examining new trends in international legal thinking. LJIL is essential reading for academics and practitioners who need to stay abreast of recent developments in these areas. It publishes four times a year	0. 961
Northwestern Journalof International Law and Business②	The Northwestern Journal of International Law and Business is a student-run, student-edited publication of the Northwestern University School of Law. First published in 1979, JILB is dedicated to the analysis of transnational and international laws and their effects on private entities. The Journal's substantive focus—private international law and business—distinguishes it from many other publications in the international field. JILB publishes three issues annually and is circulated to practitioners, professors, and libraries around the world. Articles published in the Journal are written by prominent scholars and practitioners. These articles analyze significant questions and current issues in private international law. The Journal also publishes student-written notes and comments that are of scholarly length and quality	0. 704

① 更多信息可见期刊网站：https://www. cambridge. org/core/journals/leiden-journal-of-international-law，访问日期：2016 年 10 月 27 日。

② 更多信息可见期刊网站：http://scholarlycommons. law. northwestern. edu/njilb/，访问日期：2016 年 10 月 27 日。

续表

期刊名	刊物简介	影响因子
Revista Chilena De Derecho① (已经不在 2016 年 JCR 中)	The Revista Chilena de Derecho (RChD) is a publication of the Pontificia Universidad Católica de Chile's Law School, which comes out from April through December every year since 1974. The RChD is a law specialized journal which covers all the law disciplines including principally the "philosophy of law", "history of law" and comparative law. Its purpose is to treat interesting topics for the current national juridical community. It publishes three times a year	0.050
Stanford Journalof International Law②	The Stanford Journal of International Law is one of the oldest and most reputable international law journals in the United States, publishing two regular issues each year. The journal seeks to promote scholarship of the highest quality through timely, innovative, and important pieces on international and comparative legal topics. The journal invites contributions from professors, practitioners, legislators, judges and Stanford Law School students The Stanford Journal of International Law is indexed in The Index of Legal Periodicals, ABC POL SCI: Bibliography of Contents, Contents of Current Legal Periodicals, Current Law Index/Legal Resource Index, Index to Periodicals Related to Law, PAIS (Public Affairs Information Service) Bulletin, and Social Sciences Citation Index, and is abstracted in International Political Science Abstracts and Economische Voorlichtingdienst	0.773

① 更多信息可见期刊网站：http://www.scielo.cl/scielo.php?script=sci_serial&pid=0718-3437&lng=es&nrm=iso，访问日期：2016年10月27日。

② 更多期刊可见期刊网站：http://journals.law.stanford.edu/sjil，访问日期：2016年10月27日。

续表

期刊名	刊物简介	影响因子
University of Pennsylvania Journal of International Law①	First printed in 1978 as the University of Pennsylvania Journal of Comparative Corporate Law and Securities Regulation, the Journal of International Law (JIL) is the oldest topically focused Journal at Penn Law and widely recognized as one of the top international law journals in the world JIL now publishes scholarship on diverse issues ranging from international economic law to international human rights and environmental regulation. The Journal continues to work with preeminent authors on articles regarding private international transactions, international governmental regulation, and empirical research on the effects of international law on world economies. One issue per year is devoted to scholarship arising from the annual JIL Symposium. It publishes four times a year	0.019

表 7.4　学科交叉（法学与其他学科）

期刊名	刊物简介	影响因子
American Law and Economics Review②	The rise of the field of law and economics has been extremely rapid over the last 25 years. Among important developments of the 1990s has been the founding of the American Law and Economics Association. The creation and rapid expansion of the ALEA and the creation of parallel associations in Europe, Latin America, and Canada attest to the growing acceptance of the economic perspective on law by judges, practitioners, and policy-makers The Review is a refereed journal, published twice a year. It maintains the highest scholarly standards, and at the same time endeavors to publish international work that is accessible to the full range of membership in the ALEA, which includes practicing lawyers, consulting economics and academic lawyers, and academic economists from around the world. The Review differs from other scholarly economic journals in particular, in that the Editors endeavor to make the material more easily accessible to non-academics. It publishes two times a year	0.594

① 更多信息可见期刊网站：https://www.law.upenn.edu/journals/jil/，访问日期：2016 年 10 月 27 日。

② 更多信息可见期刊网站：http://aler.oxfordjournals.org/，访问日期：2016 年 10 月 27 日。

续表

期刊名	刊物简介	影响因子
Annual Review of Law and Social Science①	The Annual Review of Law and Social Science, in publication since 2005, strives to enhance the understanding of the complex connections between law, culture, social structure, and society by focusing on social scientific studies of law and law-like systems of rules, institutions, processes, and behaviors. It publishes one issue a year	1.128
Behavioral Sciences & The Law②	Behavioral Sciences & the Law is a peer-reviewed journal which provides current and comprehensive information from throughout the world on topics at the interface of the law and the behavioral sciences. The journal balances theoretical, mental health, legal, and research writings to provide a broad perspective on pertinent psycho-legal topics. It publishes six issues a year. Most issues are devoted primarily to one special topic, often presented from a variety of disciplinary perspectives. One special issue per year is specifically targeted toward "International Perspectives" on the selected topic. In addition, one issue each year is devoted to miscellaneous research articles, special perspectives, book review/essays, adversarial forums, and articles of special concern to practitioners; such offerings are also published in other issues as space permits. The journal also appeals to clinicians, academics, researchers, and policy makers. Five issues are published per year, and articles are published in English	1.055

① 更多信息可见期刊网站：http://www.annualreviews.org/loi/lawsocsci，访问日期：2016年10月27日。

② 更多信息可见期刊网站：http://onlinelibrary.wiley.com/journal/10.1002/(ISSN)1099-0798，访问日期：2016年10月27日。

续表

期刊名	刊物简介	影响因子
Columbia Journal of Law and Social Problems①	The Columbia Journal of Law and Social Problems (JLSP), established in 1965, is one of the oldest legal publications at Columbia Law School. Since its founding, one of JLSP's missions has been to remind its readers of the law's responsibility to serve the public good. To that end, the journal emphasizes the sociological, economic, and political impact of legal issues. As a result, JLSP's target audience includes not only judges and lawyers but also Congress, state legislatures, regulatory agencies, and members of the public. JLSP is the only Columbia Law journal that is entirely student-written. Thus, members have an excellent chance to publish a Note. Because JLSP is a general interest journal covering the broad area of "law and social problems", it is a forum for students interested in several legal areas, in a legal area not covered by any other journal, or uncertain about their particular area of interest. This general interest publication is valued in the legal community, as is reflected by JLSP's numerous citations in the Supreme Court, courts of appeal, and district courts. It publishes four times a year	0. 346
European Journal of Law and Economics②	The European Journal of Law and Economics provides readers with high quality and empirical research in law and economics. The Journal publishes analytical studies on the impact of legal interventions into economic processes by legislators, courts and regulatory agencies. There is an emphasis on European Community law and the comparative analysis of legal structures and legal problem solutions in member states of the European Community. The editors are particularly interested in papers discussing the institutional (and) legal prerequisites for efficient market operation both in the European Community and in the new European market economies. Case studies are welcome, as are the analyses of proposed legislation and court	0. 454

① 更多信息可见期刊网站：http://www.columbia.edu/cu/jlsp/，访问日期：2016 年 10 月 27 日。

② 更多信息可见期刊网站：http://link.springer.com/journal/10657，访问日期：2016 年 10 月 27 日。

续表

期刊名	刊物简介	影响因子
	cases. The Journal also publishes literature surveys, review articles, and book reviews and notes. Finally, important developments and topics in law and economics analysis will be documented and examined in special issues dedicated to that subject As its name says, the Journal focuses on European Law and Economics. Approximately two thirds of the board members and consulting editors, as well as of the submitted papers, are from Europe. The ideal article exploits the large institutional diversity in European legal reality in order to build a more robust body of theory. Referees are chosen with two criteria in mind: One referee should have a European, the other an American background; simultaneously, one should be a lawyer and the other an economist. The journal is edited for readability; both lawyers and economists, scholars and specialized practitioners count among its readers. It publishes six times a year	
European Journal of Psychology Applied to Legal Context①	The European Journal of Psychology Applied to Legal Context, the official journal of the Spanish Society of Forensic Psychology and the Latin-American Association of Therapeutic Jurisprudence, publishes empirical articles and meta-analytic reviews of topics dealing with psychology and law (e. g. , legal decision making, eyewitness). Papers addressing both the inquisitorial and the adversarial legal systems will be welcome as well as papers based on concrete laws of a European or Latin-American country. Neither the Editors nor the Publishers will accept responsibility for the views or statements expressed by the authors. The journal is aimed at researchers, academics and professionals in Psychology, Law, Social Work, Forensic Sciences, Educators and, in general, people related with Social Sciences and the Law. It publishes two times a year	1.000

① 更多信息可见期刊网站：http://www.journals.elsevier.com/the-european-journal-of-psychology-applied-to-legal-context，访问日期：2016年10月27日。

续表

期刊名	刊物简介	影响因子
International Journal of Law and Psychiatry①	The International Journal of Law and Psychiatry is intended to provide a multi-disciplinary forum for the exchange of ideas and information among professionals concerned with the interface of law and psychiatry. There is a growing awareness of the need for exploring the fundamental goals of both the legal and psychiatric systems and the social implications of their interaction. The journal seeks to enhance understanding and cooperation in the field through the varied approaches represented, not only by law and psychiatry, but also by the social sciences and related disciplines. The Editors and Publisher wish to encourage a dialogue among the experts from different countries whose diverse legal cultures afford interesting and challenging alternatives to existing theories and practices. Priority will therefore be given to articles which are oriented to a comparative or international perspective. The journal will publish significant conceptual contributions on contemporary issues as well as serve in the rapid dissemination of important and relevant research findings The International Journal of Law and Psychiatry is published bimonthly in English; wherever possible, translated articles are accompanied by an abstract in the original language. The views expressed in this journal do not necessarily reflect those of the editors	1. 000
International Journal of Law, Crime and Justice②	The International Journal of Law, Crime and Justice is a refereed journal for high quality research and analysis in the areas of socio-legal studies and the psychology of law, criminology and social justice studies. It published four times a year. The Journal invites papers based on empirical research, theoretical analysis and debate, and policy analysis and critique. Papers should be between 7000 ~ 10 000 words in length, although shorter papers relating to policy analysis and debate will be considered. The peer review process and decision on publication will normally be completed within 90 days of receipt of submissions. The Editors also welcome proposals for Special Issues and Guest Editorships	0. 38

① 更多信息可见期刊网站：http://www. journals. elsevier. com/international-journal-of-law-and-psychiatry/，访问日期：2016 年 10 月 27 日。

② 更多信息可见期刊网站：http://www. journals. elsevier. com/international-journal-of-law-crime-and-justice，访问日期：2016 年 10 月 27 日。

续表

期刊名	刊物简介	影响因子
International Review of Law and Economics①	The International Review of Law and Economics provides a forum for interdisciplinary research at the interface of law and economics. IRLE is international in scope and audience and particularly welcomes both theoretical and empirical papers on comparative law and economics, globalization and legal harmonization, and the endogenous emergence of legal institutions, in addition to more traditional legal topics. It publishes four times a year	0.543
Journal of Empirical Legal Studies②	The Journal of Empirical Legal Studies is a peer-edited, peer-refereed, interdisciplinary journal that publishes high-quality, empirically-oriented articles of interest to scholars in a diverse range of law and law-related fields, including civil justice, corporate law, criminal justice, domestic relations, economic, finance, health care, political science, psychology, public policy, securities regulation, and sociology. Both experimental and non-experimental data analysis are welcome, as are law-related empirical studies from around the world. It publishes four times a year	1.362
Journal of Law & Economics③	Established in 1958, The Journal of Law and Economics publishes research on a broad range of topics including the economic analysis of regulation and the behavior of regulated firms, the political economy of legislation and legislative processes, law and finance, corporate finance and governance, and industrial organization. The journal has published some of the most influential and widely cited articles in these areas. It is an invaluable resource for academics as well as those interested in cutting-edge analysis of current public policy issues. It publishes four times a year	1.446

① 更多信息可见期刊网站：http://www.journals.elsevier.com/international-review-of-law-and-economics，访问日期：2016年10月27日。

② 更多信息可见期刊网站：http://onlinelibrary.wiley.com/journal/10.1111/(ISSN)1740-1461，访问日期：2016年10月27日。

③ 更多信息可见期刊网站：http://www.journals.uchicago.edu/toc/jle/current，访问日期：2016年10月27日。

续表

期刊名	刊物简介	影响因子
Journal of Law & Society①	Established as the leading British periodical for Socio-Legal Studies The Journal of Law and Society offers an interdisciplinary approach. It is committed to achieving a broad international appeal, attracting contributions and addressing issues from a range of legal cultures, as well as theoretical concerns of cross-cultural interest. It publishes four times a year. It produces an annual special issue, which is also published in book form. It has a widely respected Book Review section and is cited all over the world. Challenging, authoritative and topical, the journal appeals to legal researchers and practitioners as well as sociologists, criminologists and other social scientists	0.686
Journal of Law Economics & Organization②	The Journal of Law, Economics, & Organization is an interdisciplinary journal which promotes an understanding of many complex phenomena by examining such matters from a combined law, economics, and organization perspective. It includes scholarship which draws upon political science, psychology, and sociology, among other fields. It publishes four times a year The journal also holds the study of institutions-especially economic, legal, and political institutions-to be specifically important and greatly in need of careful analytic study	1.372
Journal of Legal Studies③	The Journal of Legal Studies publishes interdisciplinary academic research about law and legal institutions. It emphasizes social science approaches, especially those of economics, political science, and psychology, but it also publishes the work of historians, philosophers, and others who are interested in legal theory. JLS was founded in 1972. It publishes four times a year	2.233

① 更多信息可见期刊网站：http://onlinelibrary.wiley.com/journal/10.1111/(ISSN)1467－6478，访问日期：2016年10月27日。

② 更多信息可见期刊网站：https://jleo.oxfordjournals.org/，访问日期：2016年10月27日。

③ 更多信息可见期刊网站：http://www.journals.uchicago.edu/toc/jls/current，访问日期：2016年10月27日。

续表

期刊名	刊物简介	影响因子
Journal of The American Academy of Psychiatry and The Law①	The Journal, published by the American Academy of Psychiatry and the Law, is intended to be a forum for the exchange of multidisciplinary ideas. Manuscripts are welcomed that deal with the interfaces of psychiatry and the legal system and the theory and practice of forensic psychiatry. It publishes four times a year Content includes correctional psychiatry, psychiatric evaluation of individuals involved with the criminal or civil legal system, ethics, the philosophy of law, legal regulation of psychiatric practice, education and training in the field, and research into causes and treatment of behavioral problems that manifest themselves particularly in individuals who are in contact with the legal system	1. 222
Justice System Journal②	The Justice System Journal is an interdisciplinary journal that publishes original research articles on all aspects of law, courts, court administration, judicial behavior, and the impact of all of these on public and social policy. Open as to methodological approaches, the Justice System Journal aims to use the latest in advanced social science research and analysis to bridge the gap between practicing and academic law, courts and politics communities The Justice System Journal invites submission of original articles and research notes that are likely to be of interest to scholars and practitioners in the field of law, courts, and judicial administration, broadly defined. Articles may draw on a variety of research approaches in the social sciences. The journal does not publish articles devoted to extended analysis of legal doctrine such as a law review might publish, although short manuscripts analyzing cases or legal issues are welcome and will be considered for the Legal Notes section. The Justice System Journal was created by the National Center for State Courts located in Williamsburg, Virginia, and it has been published under the auspices of that organization since 1976	0. 225

① 更多信息可见期刊网站：http://www. jaapl. org/，访问日期：2016 年 10 月 27 日。

② 更多信息可见期刊网站：http://www. tandfonline. com/loi/ujsj20，访问日期：2016 年 10 月 27 日。

续表

期刊名	刊物简介	影响因子
	The Justice System Journal features peer-reviewed research articles as well as reviews of important books in law and courts, and analytical research notes on some of the leading cases from state and federal courts. The journal periodically produces special issues that provide analysis of fundamental and timely issues on law and courts from both national and international perspectives. It publishes three times a year	
Law & Society Review①	Founded in 1966, Law & Society Review is regarded by sociolegal scholars worldwide as a leading journal in the field. The Review is a peer-reviewed publication for work bearing on the relationship between society and the legal process, including articles or notes of interest to the research community in general, new theoretical developments, results of empirical studies, and reviews and comments on the field or its methods of inquiry. Broadly interdisciplinary, The Review welcomes work from any tradition of scholarship concerned with the cultural, economic, political, psychological, or social aspects of law and legal systems. It publishes four times a year	1. 22
Law and Human Behavior②	Law and Human Behavior is a multidisciplinary forum for the publication of articles and discussions of issues arising from the relationships between human behavior and the law, the legal system, and the legal process The journal publishes original research, reviews of earlier research results, and theoretical studies. Coverage spans criminal justice, law, psychology, sociology, psychiatry, political science, education, communication, and other areas germane to the field. It publishes six times a year	2. 542

① 更多信息可见期刊网站：http://onlinelibrary. wiley. com/journal/10. 1111/(ISSN)1540 - 5893，访问日期：2016 年 10 月 27 日。

② 更多信息可见期刊网站：http://www. apa. org/pubs/journals/lhb/，访问日期：2016 年 10 月 27 日。

续表

期刊名	刊物简介	影响因子
Law and Philosophy①	Law and Philosophy serves as a forum for the publication of work in law and philosophy that is of common interest to individuals in the disciplines of jurisprudence and legal philosophy. The journal publishes articles that use all approaches in both fields. In addition, it publishes work in any of the major legal traditions, including common law, civil law, and the socialist tradition The editors of Law and Philosophy encourage papers that exhibit a philosophical reflection on the law and that are also informed by a solid knowledge of the law. Moreover, they encourage legal analysis informed by sound philosophical methods and principles. It publishes six times a year	0.415
Law and Social Inquiry②	Law & Social Inquiry (LSI) is a multidisciplinary quarterly that publishes original research articles and wide-ranging review essays that contribute to the understanding of sociolegal processes. Law & Social Inquiry's combination of empirical and theoretical research with critique and appraisal of the sociolegal field make the journal an indispensable source for the latest research and commentary. Law & Social Inquiry's ambit spans law and sociology, economics, political science, social psychology, history, philosophy and other social science and humanities disciplines. The journal publishes a remarkable range of scholarship on specific topics in law and society, including but not limited to law, legal institutions, the legal profession, and legal processes. It publishes four times a year	0.861

① 更多信息可见期刊网站：http://link.springer.com/journal/10982，访问日期：2016年10月27日。

② 更多信息可见期刊网站：http://onlinelibrary.wiley.com/journal/10.1111/(ISSN)1747－4469，访问日期：2016年10月27日。

续表

期刊名	刊物简介	影响因子
Law, Probability & Risk①	Law, Probability & Risk is a fully refereed journal which publishes papers dealing with topics on the interface of law and probabilistic reasoning. These are interpreted broadly to include aspects relevant to the interpretation of scientific evidence, the assessment of uncertainty and the assessment of risk. The readership includes academic lawyers, mathematicians, statisticians and social scientists with interests in quantitative reasoning. It publishes four times a year	0.594
Legal and Criminological Psychology②	Legal and Criminological Psychology publishes original papers which advance professional and scientific knowledge in the field of legal and criminological psychology, defined broadly as the application of psychology to law or interdisciplinary enquiry in legal and psychological fields. It publishes two times a year	1.776
Psychiatry, Psychology and Law③	Psychiatry, Psychology and Law is a peer reviewed journal with outstanding academic and professional representation on its editorial board. The journal disseminates high quality information to scholars and professionals working in the areas, or intersections, of psychiatry, psychology and the law. It aims to keep professionals informed about contemporary research and practice developments in these fields and to facilitate cross-disciplinary debate, collaboration and communication. It publishes six times a year The journal publishes original articles and empirical studies; analyses of professional issues, controversies and developments in these areas; case studies and case commentaries; and book reviews. It invites contributions to research and practice developments in forensic psychiatry, forensic psychology, criminology, behavioral science, civil and criminal mental health law and related fields. The journal is open, but not	0.654

① 更多信息可见期刊网站：https://lpr.oxfordjournals.org/，访问日期：2016 年 10 月 27 日。

② 更多信息可见期刊网站：http://onlinelibrary.wiley.com/journal/10.1111/(ISSN)2044－8333，访问日期：2016 年 10 月 27 日。

③ 更多信息可见期刊网站：http:// http://ianfreckelton.com.au/journals/psychiatry-psychology-and-law，访问日期：2016 年 10 月 27 日。

续表

期刊名	刊物简介	影响因子
	limited, to international or cross-jurisdictional comparisons of experiences in the related fields and invites authors to contextualize in depth analyses of specialized topics to readers of various backgrounds. Periodically, one of the annual issues of Psychiatry, Psychology and Law deals with a particular topic in depth. Psychiatry, Psychology and Law is the professional journal of the Australian and New Zealand Association of Psychiatry, Psychology and Law (ANZAPPL). Established in the late 1970s, ANZAPPL is committed to exploring the relationship between the disciplines of psychiatry, psychology and the law	
Psychology Crime & Law①	Psychology, Crime & Law promotes the study and application of psychological approaches to crime, criminal and civil law, and the influence of law on behavior. The content includes the aetiology of criminal behavior and studies of different offender groups; crime detection; courtroom studies in areas such as jury behavior, decision making, and expert testimony; behavior of litigants, lawyers, judges, and court officers, both in and outside the courtroom; issues of offender management including prisons, probation, and rehabilitation initiatives; and studies of public, including the victim, reactions to crime and the legal process. It publishes reviews and brief reports which make a significant contribution to the psychology of law, crime and legal behavior. Internationally, Psychology, Crime & Law provides professionals in the areas of forensic-clinical psychology, law, and crime with the very latest cutting edge research and theory. It publishes ten times a year	1.009

① 更多信息可见期刊网站：http://china.tandfonline.com/action/journalInformation?show=aimsScope&journalCode=gpcl20，访问日期：2016年10月27日。

续表

期刊名	刊物简介	影响因子
Psychology Public Policy and Law①	Psychology, Public Policy, and Law provides a forum in which to critically evaluate the contributions of psychology and related disciplines (hereinafter psychology) to public policy and legal issues, and vice versa. It is read by legal scholars and professionals and public policy analysts as well as psychology researchers and practitioners working at the interface of the three fields. It publishes four times a year	1.986
Social & Legal Studies②	Social & Legal Studies is a leading international, peer-reviewed journal, publishing progressive, interdisciplinary and critical approaches to socio-legal study. Published quarterly, the journal is committed to feminist, post-colonial and socialist economic perspectives to the study of law. It publishes four times a year	0.896

表 7.5 专注于某个地区的法律问题

期刊名	刊物简介	影响因子
Asian Pacific Law Review③	First published in 1992, the internationally refereed Asia Pacific Law Review is the pre-eminent publication based in Asia focusing on law in the Asia Pacific region. It provides scholarly writing of interest to both academics and practitioners in a variety of law-related disciplines. Another focus of the journal is the development of professional legal practice in the region. It publishes two times a year It is the First Asia-based law journal to be included in the Social Sciences Citation Index (SSCI)	0.111

① 更多信息可见期刊网站：http://www.apa.org/pubs/journals/law/index.aspx，访问日期：2016年10月27日。

② 更多信息可见期刊网站：http://sls.sagepub.com/，访问日期：2016年10月27日。

③ 更多信息可见期刊网站：http://www.cityu.edu.hk/slw/aplr/，访问日期：2016年10月27日。

续表

期刊名	刊物简介	影响因子
European Law Journal①	The European Law Journal stands for the study of European law in its political, economic, historical, social and cultural context. The journal focuses on both supranational law (European Union law, the law of the European Convention of Human Rights), transnational law and the national laws of European states from a comparative perspective. It is open to contributions which analyzes other processes of regional integration and set them against the European case, considering the impact they have on national institutional and normative systems, economic and civic organizations, and citizens at large. The European Law Journal is essential reading for scholars, students and practitioners. It publishes six times a year	0.482
European Law Review②	The European Law Review is the principal English-language journal covering the law relating to European integration and the Council of Europe. While preserving the highest academic standards, the Review also caters for the needs of those involved in the practice and administration of the law. It carries authoritative and thought-provoking articles on all aspects of European law and incisive commentaries on current developments in its field. It publishes six times a year	0.221
Hong Kong Law Journal③	The Hong Kong Law Journal was founded in 1971 and is the leading scholarly journal in the English language on common law in the Hong Kong Special Administrative Region, and law in the mainland PRC. It is a peer-reviewed journal, providing up-to-date, academic, authoritative and critical analysis of current legal issues in Hong Kong and the PRC. In addition, the journal accepts and publishes comparative, jurisprudential, international, and interdisciplinary material relevant to the study of law. It publishes three times a year	0.215

① 更多信息可见期刊网站：http://onlinelibrary.wiley.com/journal/10.1111/(ISSN)1468－0386，访问日期：2016年10月27日。

② 更多信息可见期刊网站：http://www.sweetandmaxwell.co.uk/catalogue/productdetails.aspx?recordid=427&productid=6968，访问日期：2016年10月27日。

③ 更多信息可见期刊网站：http://www.law.hku.hk/hklj/，访问日期：2016年10月27日。

续表

期刊名	刊物简介	影响因子
Journal of African Law①	The Journal of African Law has been in existence for 60 years and in that time has followed changing trends in law and legal reform. The earlier focus on legal pluralism and customary law has evolved to include to a focus on issues of international law, post conflict resolution, constitutionalism and commercial law. In recent years the journal has published articles on the Sharia debate in Nigeria, the new constitutional dispensation in Southern Sudan and case notes including on the rights of indigenous peoples under the African Charter on Human and Peoples' Rights. The Journal welcomes articles on all legal issues pertaining to the African continent in its entirety. It publishes two times a year	0.129
Journal of East Asian and International Law②	The Journal of East Asia and International Law is a refereed journal that aims to provide a forum for legal scholars and practitioners of East Asia and elsewhere to discuss the broad range of issues relating to East Asia. The Board of Editors invites submissions of manuscripts which analyze either East Asian affairs with a viewpoint of international law or general international legal questions from an East Asian perspective. It publishes two times a year	0.140
The Modern Law Review③	The Modern Law Review is a general, peer-refereed journal that publishes original articles relating to common law jurisdictions, and increasingly to the law of the European Union. In addition to publishing articles in all branches of the law, the Review contains sections devoted to recent legislation and reports, to case analysis, and to review articles and book reviews Since its foundation over seventy years ago, The Modern Law Review has been providing a unique forum for the critical examination of contemporary legal issues and of the law as it functions in society. The Review today stands as one of Europe's leading scholarly journals. It publishes six times a year	0.855

① 更多信息可见期刊网站：https://www.cambridge.org/core/journals/journal-of-african-law，访问日期：2016年10月27日。

② 更多信息可见期刊网站：http://www.yiil.org/home/en_journal，访问日期：2016年10月27日。

③ 更多信息可见期刊网站：http://www.modernlawreview.co.uk/，访问日期：2016年10月27日。

续表

期刊名	刊物简介	影响因子
Review of Central and East European Law①	The quarterly Review of Central and East European Law (RCEEL) critically examines issues of legal doctrine and practice in the region. An important aspect of this is, for example, the harmonization of legal principles and rules; another facet is the legal impact of the intertwining of domestic economies, on the one hand, with regional economies and the processes of international trade and investment on the other. RCEEL offers a forum for discussion of topical questions of public and private law from domestic, regional, and international perspectives. RCEEL encourages comparative research; it is hoped that, in this way, additional insights in legal developments can be communicated to those interested in questions, not only of law, but also of politics, economics, and of society of countries in the region	0.333
South African Journal on Human Rights②	Founded in 1985 by the Centre for Applied Legal Studies (CALS) and housed at the School of Law, University of Witwatersrand, Johannesburg, the SAJHR is the leading South African public law journal, publishing scholarship of the highest standard for a worldwide readership. The Journal appears three times a year and is published by CALS and Taylor & Francis (as of January 2016) The journal is dedicated to the advancement of scholarship on human rights and justice-related law in South Africa. While this remains the primary focus of the Journal, the editors accept submissions dealing with the enforcement of human rights in other African countries where direct relevance to South Africa is demonstrated	0.392

① 更多信息可见期刊网站：http://www.brill.com/review-central-and-east-european-law，访问日期：2016年10月27日。

② 更多信息可见期刊网站：https://www.wits.ac.za/sajhr/，访问日期：2016年10月27日。

表 7.6 其他专业或者法学院期刊

期刊名	刊物简介	影响因子
American Bankruptcy Law Journal①	The American Bankruptcy Law Journal is a peer reviewed journal that publishes learned articles focusing on bankruptcy law and related subjects. It promotes the exchange of ideas about and deeper understanding of bankruptcy issues, particularly among its core audience that includes judges, bankruptcy professionals, academics, legislators and other policymakers. It publishes four times a year	0.414
American Journal of Law & Medicine②	The American Journal of Law & Medicine (AJLM) is the country's leading health law journal. Its scope is broad, covering topics ranging from health law and policy, to the legal, ethical and economic aspects of medical practice, research and education. The journal publishes articles written by professors, attorneys and other professionals, as well as student notes and comments. AJLM is also a peer-reviewed journal, with leading experts in health law reviewing every manuscript selected for publication. It is published by the Boston University School of Law in conjunction with the American Society of Law, Medicine & Ethics. It publishes three times a year	1.389
Antitrust Law Journal③	The Journal publishes, among other things, original articles, comments, and essays on significant current issues of antitrust and trade regulation law, selected material from continuing legal education programs organized and sponsored by the Section, and reports, resolutions, and comments prepared by the Section and its committees. It publishes three times a year	1.651

① 更多信息可见期刊网站：http://www.ncbj.org/?page=amerbanklawjour，访问日期：2016 年 10 月 27 日。

② 更多信息可见期刊网站：https://www.bu.edu/ajlm/，访问日期：2016 年 10 月 27 日。

③ 更多信息可见期刊网站：http://www.americanbar.org/groups/antitrust_law/publications/antitrust_law_journal.html，访问日期：2016 年 10 月 27 日。

续表

期刊名	刊物简介	影响因子
Asian Journal of WTO and International Health Law and Policy①	Asian Journal of WTO & International Health Law and Policy (AJWH) by the Asian Center for WTO & International Health Law and Policy (ACWH), College of Law, National Taiwan University, is published at the initiative of Dr. Chang-fa Lo, the former Dean of the College of Law, National Taiwan University. The AJWH is published semiannually, one in March and the other one in September. It purports to provide a deep understanding, close examination and constructive debates of law and policy on trade practices and health systems in the region of Asia, as well as the multi-disciplinary relationship between trade and public health, and the relationship between the multilateral trade regimes and the international health systems. The ultimate aims of the AJWH are to provide profound and constructive perception on the practices directly and/or indirectly related to the World Trade Organization, as well as the international health organizations, and in the same way, to contribute to the development of these practices	0. 59
Boston University Law Review②	The Boston University Law Review provides analysis and commentary on all areas of the law. Published six times a year, the Law Review contains articles contributed by law professors and practicing attorneys from all over the world, along with notes written by student members. It publishes six times a year	1. 226
Buffalo Law Review③	The Buffalo Law Review's inaugural issue was published in 1951 by a group of students under the guidance of Professor Charles W. Webster, who had served as the executive editor of the Wisconsin Law Review. In the fifty-plus years since its humble beginnings, the Buffalo Law Review has seen its subscription base grow from zero to well over 600. Today the Buffalo Law Review publishes five issues per year with each issue containing articles from scholars, practitioners, and judges. The Buffalo Law Review also publishes member-written pieces on contemporary legal issues. It publishes five times a year	0. 422

① 更多信息可见期刊网站：http://www. ntu. law. acwh. tw/publication. php，访问日期：2016年10月27日。

② 更多信息可见期刊网站：http://www. bu. edu/bulawreview/，访问日期：2016年10月27日。

③ 更多信息可见期刊网站：http://buffalolawreview. org/，访问日期：2016年10月27日。

续表

期刊名	刊物简介	影响因子
California Law Review①	The California Law Review is the preeminent legal publication at the University of California, Berkeley School of Law. Founded in 1912, the California Law Review publishes six times annually on a variety of engaging topics in legal scholarship. The California Law Review is edited and published entirely by students at Berkeley Law	3.091
Cambridge Law Journal②	The Cambridge Law Journal publishes articles on all aspects of law. Special emphasis is placed on contemporary developments, but the journal's range includes jurisprudence and legal history. An important feature of the journal is the Case and Comment section, in which members of the Cambridge Law Faculty and other distinguished contributors analyze recent judicial decisions, new legislation and current law reform proposals. The articles and case notes are designed to have the widest appeal to those interested in the law-whether as practitioners, students, teachers, judges or administrators-and to provide an opportunity for them to keep abreast of new ideas and the progress of legal reform. It publishes three issues a year. Each issue also contains an extensive section of book reviews	0.353
Catholic University Law Review③	Founded in 1950, the Catholic University Law Review is the Columbus School of Law's oldest legal journal. Now in its 65th year of publication, the Law Review is a student run scholarly journal that examines problems of current legal concern. The Law Review publishes articles submitted by legal scholars and practitioners on a quarterly basis. The Catholic University Law Review is respected in the legal community and its articles are often cited in judicial opinions, casebooks, treatises, and other legal journals. It publishes four times a year The Catholic University Law Review also regularly publishes Notes and Comments written by its student members. Each	0.281

① 更多信息可见期刊网站：http://www.californialawreview.org/，访问日期：2016 年 10 月 27 日。

② 更多信息可见期刊网站：https://www.cambridge.org/core/journals/cambridge-law-journal，访问日期：2016 年 10 月 27 日。

③ 更多信息可见期刊网站：http://lawreview.law.edu/，访问日期：2016 年 10 月 27 日。

续表

期刊名	刊物简介	影响因子
	Staff Editor of the Law Review must complete a Note or Comment on a novel and current legal topic during his or her first semester of membership as part of the Journal's writing program. The program requires Staff Editors to complete three drafts and to work closely with an expert reader. Upon completion, Staff Editors then have a choice of submitting their Notes or Comments for potential publication. Staff Editors may also satisfy one of their academic writing requirements through the Law Review's writing program	
Columbia Law Review①	Founded in 1901, the Columbia Law Review is a leader in legal scholarship in the United States and around the world. The Review is an independent nonprofit corporation edited and published entirely by students at Columbia Law School. Published eight times a year, the Review is the third most widely distributed and cited law review in the country, receiving close to 1 500 submissions yearly from which approximately 25 manuscripts are chosen for publication	3. 716
Common Market Law Review②	The Common Market Law Review has provided a forum for the keenest legal minds in the field of European Union law for over 50 years. Because of the international composition of its Editorial Board, and in view of the fact that it is able to attract contributions from all over the world, the Review is able to adopt a unique approach to capitalize European Union issues. It publishes six times a year	1. 824
Competition Policy International③	The CPI Journal is published semi-annually, both online and as an e-book. The journal presents indepth symposiums on crucial competition topics, with articles written by recognized experts from the academic, legal, and regulatory arenas	0. 167

① 更多信息可见期刊网站：https://columbialawreview.org/，访问日期：2016 年 10 月 27 日。

② 更多信息可见期刊网站：http://www.kluwerlawonline.com/toc.php? pubcode = COLA，访问日期：2016 年 10 月 27 日。

③ 更多信息可见期刊网站：https://www.competitionpolicyinternational.com/，访问日期：2016 年 10 月 27 日。

续表

期刊名	刊物简介	影响因子
Computer Law & Security Review①	The Computer Law and Security Review (CLSR) is an international journal of technology law and practice providing a major platform for publication of high quality research, policy and legal analysis within the field of IT law and computer security. It has been published six times a year since 1985 under its founding Editor, Professor Steve Saxby. It is the leading journal of its kind in Europe and provides a robust peer reviewed medium and policy forum for dissemination of knowledge and discussion, supported by powerful Editorial and Professional Boards and an Editor of more than 30 years specialist experience in the field. It publishes six times a year	0.373
Cornell Law Review②	Founded in 1915, the Cornell Law Review is a student-run and student-edited journal that strives to publish novel scholarship that will have an immediate and lasting impact on the legal community. The Cornell Law Review publishes six print issues annually consisting of articles, essays, and student notes. It publishes six times a year	3.066
Current Legal Problems③	The Current Legal Problems (CLP) annual volume is published on behalf of University College London, Faculty of Laws. It is based on the Faculty's annual lecture series that was established over sixty years ago. The lectures are public, delivered on a weekly basis and chaired by members of the judiciary. CLP features scholarly articles that offer a critical analysis of important current legal issues. It covers all areas of legal scholarship and features a wide range of methodological approaches to law. With its emphasis on contemporary developments, CLP is a major point of reference for legal scholarship. It publishes only one time a year	1.069

① 更多信息可见期刊网站：http://www.journals.elsevier.com/computer-law-and-security-review，访问日期：2016年10月27日。

② 更多信息可见期刊网站：http://www.lawschool.cornell.edu/research/cornell-law-review/，访问日期：2016年10月27日。

③ 更多信息可见期刊网站：https://clp.oxfordjournals.org/，访问日期：2016年10月27日。

续表

期刊名	刊物简介	影响因子
Denver University Law Review①	The Denver Law Review is the flagship journal of the University of Denver Sturm College of Law. The Denver Law Review strives to publish articles of the highest quality in all areas of the law. The Denver Law Review has proudly featured such distinguished authors as U. S. Supreme Court Justices Sandra Day O'Connor, William O. Douglas, and Byron White, noted constitutional law scholar Erwin Chemerinsky, and consumer advocate Ralph Nader. The Denver Law Review actively seeks submissions from professors, practitioners, and judges from all practice areas. It publishes four times a year	0. 195
Duke Law Journal②	The first issue of what was to become the Duke Law Journal was published in March 1951 as the Duke Bar Journal. Created to provide a medium for student expression, the Duke Bar Journal consisted entirely of student-written and student-edited work until 1953, when it began publishing faculty contributions. To reflect the inclusion of faculty scholarship, the Duke Bar Journal became the Duke Law Journal in 1957. In 1969, the Journal published its inaugural Administrative Law Symposium issue, a tradition that continues today Volume 1 of the Duke Bar Journal spanned two issues and 259 pages. In 1959, the Journal grew to four issues and 649 pages, growing again in 1970 to six issues and 1263 pages. Today, the Duke Law Journal publishes eight issues per volume. Our staff is committed to the purpose set forth in our constitution: to publish legal writing of superior quality. We seek to publish a collection of outstanding scholarship from established legal writers, up-and-coming authors, and our own student editors	1. 349

① 更多信息可见期刊网站：http://www. law. du. edu/index. php/denver-law-review，访问日期：2016 年 10 月 27 日。

② 更多信息可见期刊网站：http://dlj. law. duke. edu/，访问日期：2016 年 10 月 27 日。

续表

期刊名	刊物简介	影响因子
Ecology Law Quarterly①	Established in 1971, Ecology Law Quarterly is among the oldest and most prestigious journals publishing environmental law scholarship Publishing four issues a year, ELQ provides a forum for preeminent scholarship on groundbreaking environmental law topics, including renewable energy, environmental justice, and international environmental law. In 2008, ELQ launched Ecology Law Currents, an online companion journal designed to publish pieces on a more frequent basis than the print journal	0.085
European Journal Of Migration and Law②	The European Journal of Migration and Law is a quarterly journal on migration law and policy with specific emphasis on the European Union, the Council of Europe and migration activities within the Organization for Security and Cooperation in Europe. This journal differs from other migration journals by focusing on both the law and policy within the field of migration, as opposed to examining immigration and migration policies from a wholly sociological perspective. The Journal is the initiative of the Centre for Migration Law of the University of Nijmegen, in co-operation with the Brussels-based Migration Policy Group The European Journal of Migration and Law provides an invaluable source of information and a platform for discussion for government and public officials, academics, lawyers and NGOs interested in migration issues in the European context. Devoted exclusively to migration law and policy, the original research and analysis the Journal presents will emphasize the development of migration policies across Europe. Each issue will have a cross-disciplinary approach to migration and social issues such as access of migrants to social security and assistance benefits, including socio-legal and meta-juridical perspectives	0.359

① 更多信息可见期刊网站：http://www.ecologylawquarterly.org/，访问日期：2016 年 10 月 27 日。

② 更多信息可见期刊网站：http://www.brill.com/european-journal-migration-and-law，访问日期：2016 年 10 月 27 日。

续表

期刊名	刊物简介	影响因子
Family Law Quarterly①	Family Law Quarterly published four times per year, is the journal of the American Bar Association Section of Family Law, published as a service to its members. Family Law Quarterly publishes theme issues on topics of interest to lawyers practicing in the field of family law. Recent issues have covered: Assisted Reproductive Technology, International Custody, Domestic Violence and the annual Review of the Year in Family Law	0.311
Feminist Legal Studies②	Feminist Legal Studies is committed to an international perspective and to the promotion of feminist work in all areas of law, legal theory and legal practice. The journal publishes material in a range of formats, including articles, essay reviews, interviews, book reviews and notes on recent legal developments. The editorial board encourages the submission of papers from people working outside the academy, as well as from researchers in any discipline. It publishes three times a year The journal publishes critical, interdisciplinary, theoretically engaged feminist scholarship relating to law (broadly conceived). It has a particular interest in work that extends feminist debates and analysis by reference to critical and theoretical approaches and perspectives	0.731
Food and Drug Law Journal③	The Food and Drug Law Journal (FDLJ) has led the academic and practical discussions of the law regarding food, drugs, cosmetics, biologics, and medical devices for seventy years. Published quarterly by the not-for-profit and non-partisan Food and Drug Law Institute (FDLI), the peer-reviewed FDLJ is the only forum exclusively dedicated to food, drugs, and related	0.578

① 更多信息可见期刊网站：http://www.americanbar.org/publications/family_law_quarterly_home.html，访问日期：2016 年 10 月 27 日。

② 更多信息可见期刊网站：http://link.springer.com/journal/10691，访问日期：2016 年 10 月 27 日。

③ 更多信息可见期刊网站：https://www.law.georgetown.edu/academics/law-journals/fdlj/，访问日期：2016 年 10 月 27 日。

续表

期刊名	刊物简介	影响因子
	areas. From the Third Circuit to the Supreme Court, jurists have cited and relied upon its scholarship in order to understand this complicated and expanding area of law. Similarly, professors, practitioners, physicians, and policymakers rely on the FDLJ for insight into how the law has changed, and where the law is heading. It publishes four times a year	
Fordham Law Review①	Founded in 1914 and operating continuously since 1935, the Fordham Law Review is a scholarly journal committed to serving the legal profession and the public by discussing current legal issues. The Law Review is both an honor society and a working journal that publishes six issues per year, three each semester, totaling over 3 000 pages. The Law Review is managed by a board of twenty student editors and comprised of an additional forty student staff, members, and associate editors The Fordham Law Review publishes works in various formats, including Articles, Essays, Symposia, and Student Notes. The Law Review also administers Res Gestae, the online companion to the Law Review, which provides a forum for scholars to respond to articles and to comment on timely legal issues	1.615
George Washington Law Review②	The George Washington Law Review is a law review edited and published by students at The George Washington University Law School that examines legal issues of national significance. The review was established in 1932 and publishes six issues each year containing scholarly articles, essays, and student notes. This includes special Administrative Law and Symposium Issues that focus on matters of special importance to the legal practice of the Washington, D. C. legal community	1.558

① 更多信息可见期刊网站：http://fordhamlawreview.org/，访问日期：2016 年 10 月 27 日。

② 更多信息可见期刊网站：http://www.gwlr.org/，访问日期：2016 年 10 月 27 日。

续表

期刊名	刊物简介	影响因子
Georgetown Law Journal①	The Georgetown Law Journal is a student-edited scholarly journal published at Georgetown University Law Center. It is the flagship law review of the Georgetown University Law Center. It publishes six times a year	2. 654
Hague Journal on The Rule of Law②	Now Published by Springer This exciting new journal provides a timely forum for the rapidly-expanding field of the rule of law, encapsulating cutting-edge study from all related disciplines. It publishes two times a year This unique center for the exchange of views between academics and practitioners gives focus to the promotion of the rule of law on both the national and international stage. The journal aims to deepen and broaden the knowledge of the rule of law and its relation to economic growth, poverty reduction, promotion of democracy, protection of human rights and geopolitical stability. The journal invites and will publish academic articles, practitioner reports and commentary, book reviews and special volumes on major developments and themes in the rule of law field	0. 286
Harvard Civil Rights-Civil Liberties Law Review③	The Harvard Civil Rights-Civil Liberties Law Review (CR-CL) is the nation's leading progressive law journal. Founded in 1966 as an instrument to advance personal freedoms and human dignities, CR-CL seeks to catalyze progressive thought and dialogue through publishing innovative legal scholarship and from various perspectives and in diverse fields of study. It publishes two times a year In recent years, CR-CL has published articles by professors, practitioners, and students on topics including zoning the homeless, political lawyering, and the right to revolution. These and other subjects continue to be some of the most exciting and rapidly developing areas of the law, and we believe that the dialogue provided by CR-CL and other progressive journals will help to shape the future	1. 536

① 更多信息可见期刊网站：http://georgetownlawjournal.org/，访问日期：2016 年 10 月 27 日。

② 更多信息可见期刊网站：https://www.cambridge.org/core/journals/hague-journal-on-the-rule-of-law，访问日期：2016 年 10 月 27 日。

③ 更多信息可见期刊网站：http://harvardcrcl.org/，访问日期：2016 年 10 月 27 日。

续表

期刊名	刊物简介	影响因子
Harvard Environmental Law Review①	The Harvard Environmental Law Review has been published semi-annually by Harvard Law School students since 1976. HELR has adopted a broad view of environmental law to include such areas as climate change; air, water, and noise regulation; land use and property rights; toxic substances control; radiation control; energy use; workplace pollution; science and technology control; and resource use and regulation. HELR is interested in developments on the local, state, federal, foreign, and international levels	2. 480
Harvard Journal of Law and Public Policy②	The Harvard Journal of Law & Public Policy is published three times annually by the Harvard Society for Law & Public Policy, Inc. , an organization of Harvard Law School students. The Journal is one of the most widely circulated student-edited law reviews and the nation's leading forum for conservative and libertarian legal scholarship. The late Stephen Eberhard and former Senator and Secretary of Energy E. Spencer Abraham founded the journal twenty-eight years ago and many journal alumni have risen to prominent legal positions in the government and at the nation's top law firms	1. 494
Harvard Journal on Legislation③	The Harvard Journal on Legislation is the nation's premier legal journal focused on the analysis of legislation and the legislative process. First published in 1964, the Journal on Legislation is the third oldest journal at Harvard Law School. Now in its 53rd volume, the Journal is published semi-annually, in winter and summer For more than half a century, the Journal on Legislation has provided a forum for scholarship on legislative reform and on the efficiency and effectiveness of legislative decision-making. The Journal is especially interested in publishing articles that examine public policy problems of national significance and propose legislative solutions	0. 556

① 更多信息可见期刊网站：http://harvardelr. com/，访问日期：2016 年 10 月 27 日。

② 更多信息可见期刊网站：http://www. harvard-jlpp. com/，访问日期：2016 年 10 月 27 日。

③ 更多信息可见期刊网站：http://harvardjol. com/，访问日期：2016 年 10 月 27 日。

续表

期刊名	刊物简介	影响因子
Harvard Law Review①	The Harvard Law Review is a student-run organization whose primary purpose is to publish a journal of legal scholarship. The Review comes out monthly from November through June and has roughly 2 500 pages per volume. The organization is formally independent of the Harvard Law School. Student editors make all editorial and organizational decisions and, together with a professional business staff of three, carry out day-to-day operations	4. 452
Hastings Law Journal②	Since 1949, Hastings Law Journal has published scholarly articles, essays, and student Notes on a broad range of legal topics. With close to 90 members, HLJ publishes six issues each year, reaching a large domestic and international audience. One of these issues may be dedicated to our periodic symposium, which features speeches, commentaries, and panel discussions on an area of current interest and development in the law	0. 952
Indiana Law Journal③	Founded in 1925, the Indiana Law Journal is a general-interest academic legal journal. The Journal is published quarterly by students of the Indiana University Maurer School of Law. The opportunity to become a member of the Journal is available to all students at the end of their first-year The Indiana Law Journal has published articles from a wide variety of scholars. Some of the notable individuals that have published in the Journal include Justice Hugo Black, Robert H. Bork, Archibald Cox, John Hart Ely, William N. Eskridge, Jr. , Leon Green, Frank I. Michelman, Martha Minow, Richard Posner, Chief Justice William H. Rehnquist, Cass Sunstein, Laurence Tribe, Chief Justice Fred Vinson, Chief Justice Earl Warren, and Seth P. Waxman	1. 782

① 更多信息可见期刊网站：http://harvardlawreview.org/，访问日期：2016 年 10 月 27 日。

② 更多信息可见期刊网站：http://www.hastingslawjournal.org/，访问日期：2016 年 10 月 27 日。

③ 更多信息可见期刊网站：http://ilj.law.indiana.edu/，访问日期：2016 年 10 月 27 日。

续表

期刊名	刊物简介	影响因子
International Environmental Agreements: Politics, Law and Economics①	International Environmental Agreements: Politics, Law and Economics is a peer-reviewed, multi-disciplinary journal that focuses on the theoretical, methodological and practical dimensions of achieving cooperative solutions to international environmental problems. The journal, which is published four times each year, emphasizes both formal legal agreements (such as multilateral treaties) and less formal cooperative mechanisms (such as ministerial declarations and producer-consumer agreements). The journal's scope encompasses the full range of environmental and natural resource issues, including (but not limited to) biosafety, biodiversity loss, climate change, desertification, forest conservation, ozone depletion, transboundary pollutant flows, and the management of marine and fresh-water resources. The editors welcome contributions that consider stakeholder initiatives and the role of civil society in the definition and resolution of environmental conflicts	1.289
International Insolvency Review②	International Insolvency Review has a dual mission which is conveniently encapsulated in its title. Insolvency itself, as a subject of unquestioned-indeed, increasing-importance properly commands international interest as an area of study and critical comment. Our principal aims are therefore to provide authoritative information and comment about major issues and developments in the field of insolvency, viewed in an international perspective. The Review is a refereed journal, published thrice yearly, in which every item has been subjected to a rigorous evaluation by the Editor working in conjunction with the members of the Editorial Board. The Board consists of some twenty members, each of whom is a distinguished academic, judge or practitioner having an established international reputation in the field of insolvency,	0.273

① 更多信息可见期刊网站：http://www.springer.com/law/environmental/journal/10784，访问日期：2016 年 10 月 27 日。

② 更多信息可见期刊网站：http://onlinelibrary.wiley.com/journal/10.1002/(ISSN)1099－1107，访问日期：2016 年 10 月 27 日。

续表

期刊名	刊物简介	影响因子
	with particular emphasis on its cross-border and comparative dimensions. The contents of each Issue include scholarly articles providing an authoritative treatment of topics of current interest and concern to its international readership. Other features can include case comments, book reviews and notices, special communications and editorial intelligence regarding significant developments. English translations of important new legislation or conventions applicable to international insolvency are published in the Documentation section	
International Journal of Law, Policy and the Family①	International Journal of Law, Policy and the Family publishes three times a year. The subject matter of the International Journal of Law, Policy and the Family comprises the following: analyses of the law relating to the family which carry an interest beyond the jurisdiction dealt with, or which are of a comparative nature; theoretical analyses of family law; sociological literature concerning the family and legal policy; social policy literature of special interest to law and the family; and literature in related disciplines (medicine, psychology, demography) of special relevance to family law and research findings in the above areas	0.5
International Journal of Marine and Coastal Law②	The International Journal of Marine and Coastal Law (ESTU) addresses all aspects of marine and coastal law. It publishes four times a year. In addition to normal in-depth scholarly articles, the Journal contains a distinctive feature: a vigorous "Current Legal Developments" section which provides notes and commentary on international treaties and case law, national statute law, national court decisions, and other aspects of state practice; includes the relevant original documentation where appropriate; and monitors developments in relevant international organizations at a global and regional level. The format also includes a book review section	0.277

① 更多信息可见期刊网站：https://lawfam.oxfordjournals.org/，访问日期：2016年10月27日。

② 更多信息可见期刊网站：genhttp://www.brill.com/international-journal-marine-and-coastal-law，访问日期：2016年10月27日。

续表

期刊名	刊物简介	影响因子
International Journal of Transitional Justice①	The International Journal of Transitional Justice publishes high quality, refereed articles in the rapidly growing field of transitional justice; that is the study of those strategies employed by states and international institutions to deal with a legacy of human rights abuses and to effect social reconstruction in the wake of widespread violence. It publishes three times a year Topics covered by the journal include (but are not limited to): truth commissions, universal jurisdiction, post-conflict social reconciliation, victim and perpetrator studies, international and domestic prosecutions, institutional transformation, vetting, memorialization, reparations and ex-combatant reintegration	1. 250
International Review of The Red Cross②	Established in 1869, the International Review of the Red Cross is a quarterly journal published by the International Committee of the Red Cross (ICRC) and Cambridge University Press. It is a forum for debate on international humanitarian law and humanitarian action and policy related to armed conflict and other situations of violence. It is dedicated to governments, international governmental and non-governmental organizations, universities, the media and all those interested in humanitarian issues at large	0. 250
Iowa Law Review③	Since its inception in 1915 as the Iowa Law Bulletin, the Iowa Law Review has served as a scholarly legal journal, noting and analyzing developments in the law and suggesting future paths for the law to follow. Since 1935, students have edited and have managed the Law Review, which is published at least five times annually. The Law Review ranks high among the top "high impact" legal periodicals in the country, and its subscribers include legal practitioners and law libraries throughout the world	1. 369

① 更多信息可见期刊网站：http://ijtj. oxfordjournals. org/，访问日期：2016 年 10 月 27 日。

② 更多信息可见期刊网站：https://www. icrc. org/en/international-review，访问日期：2016 年 10 月 27 日。

③ 更多信息可见期刊网站：https://ilr. law. uiowa. edu/，访问日期：2016 年 10 月 27 日。

续表

期刊名	刊物简介	影响因子
Issues in Law & Medicine①	Issues in Law & Medicine is a peer reviewed professional journal published semiannually. Founded in 1985, ILM is co-sponsored by the National Legal Center for the Medically Dependent & Disabled, Inc. and the Watson Bowes Research Institute Issues is devoted to providing technical and informational assistance to attorneys, health care professionals, educators and administrators on legal, medical, and ethical issues arising from health care decisions. Its subscribers include law libraries, medical libraries, university libraries, court libraries, attorneys, physicians, university professors and other scholars, primarily in the U. S. and Canada, but also in Austria, Australia, Belgium, Brazil, Italy, The Netherlands, New Zealand, Japan, Russia, South Korea, Spain, Taiwan, and the United Kingdom Issues includes original articles, verbatim legal documents, analytical summaries of recent national and international court decisions, abstracts of medical, legal, and ethical journal articles, and announcements of new books	0. 333
Journal of Competition Law & Economics②	The Journal of Competition Law & Economics is a quarterly journal that publishes peer-reviewed articles on competition law, including developments in the United States, the European Union, and other regions and nations	0. 728
Journal of Environmental Law③	The Journal of Environmental Law has established an international reputation as a lively and authoritative source of informed analysis for all those active in examining evolving legal responses to environmental problems in national and international jurisdictions. Appearing three times annually, the Journal is a rigorously peer-reviewed forum dedicated to publishing significant articles across a wide environmental law spectrum, seeking out innovative and authoritative appraisals	0. 814

① 更多信息可见期刊网站：http://issuesinlawandmedicine. com/about/，访问日期：2016 年 10 月 27 日。

② 更多信息可见期刊网站：https://jcle. oxfordjournals. org/，访问日期：2016 年 10 月 27 日。

③ 更多信息可见期刊网站：http://jel. oxfordjournals. org/，访问日期：2016 年 10 月 27 日。

续表

期刊名	刊物简介	影响因子
	of policy and practice, alongside current and emerging legal concepts. We aim to publish cutting edge articles that reflect the rich range of different disciplinary perspectives in relation to the study of environmental law. The Journal's concurrent commitment to a deepening dialogue around and within the field of environmental law is further advanced through its supporting analysis, book reviews and current survey sections	
Journal of International Economic Law①	The Journal of International Economic Law is dedicated to encouraging thoughtful and scholarly attention to a very broad range of subjects that concern the relation of law to international economic activity. It publishes four times a year The journal provides the major English language medium for publication of high-quality manuscripts relevant to the endeavors of scholars, government officials, legal professionals, and others	1.177
Journal of Law Medicine & Ethics②	Material published in The Journal of Law, Medicine & Ethics (JLME) contributes to the educational mission of The American Society of Law, Medicine & Ethics, covering public health, health disparities, patient safety and quality of care, and biomedical science and research. It provides articles on such timely topics as health care quality and access, managed care, pain relief, genetics, child/maternal health, reproductive health, informed consent, assisted dying, ethics committees, HIV/AIDS, and public health. Symposium issues review significant policy developments, health law court decisions, and books. It publishes four times a year A leading peer-reviewed journal for research at the intersection of law, health policy, ethics, and medicine, JLME is THE authoritative source for health law teachers, practitioners, policy makers, risk managers, and anyone involved with the safe, equitable, and ethical delivery and promotion of the public's health	1.613

① 更多信息可见期刊网站：https://jiel.oxfordjournals.org/，访问日期：2016年10月27日。

② 更多信息可见期刊网站：http://onlinelibrary.wiley.com/journal/10.1111/(ISSN)1748－720X，访问日期：2016年10月27日。

续表

期刊名	刊物简介	影响因子
Journal of Legal Analysis①	The Journal of Legal Analysis, founded in 2009, is a fully open access peer-reviewed general journal on all aspects of law, centered at Harvard Law School but with a board of editors drawn from many universities. It welcomes traditional legal articles as well as interdisciplinary work, and invites submissions from scholars worldwide. All publications may be viewed and downloaded free of charge. It publishes two times a year The Journal of Legal Analysis is published by the Oxford University Press on behalf of The John M. Olin Center for Law, Economics and Business at the Harvard Law School. The journal is underwritten by a generous grant from the Considine Family Foundation, and continues to enjoy the strong support of the Harvard Law School and the John M. Olin Center for Law, Economics, and Business	2. 333
Journal of Legal Education②	The Journal of Legal Education is a quarterly publication of the Association of American Law Schools. The primary purpose of the Journal is to foster a rich interchange of ideas and information about legal education and related matters, including but not limited to the legal profession, legal theory, and legal scholarship. With a readership of more than 10 000 law teachers and about 500 subscribers, the Journal offers an unusually effective medium for communication to the law school world	0. 203
Journal of Legal Medicine③	The Journal of Legal Medicine is the official quarterly publication of the American College of Legal Medicine (ACLM). Incorporated in 1960, the ACLM has among its objectives the fostering and encouragement of research and study in the field of legal medicine. The Journal of Legal Medicine is internationally circulated and includes articles and commentaries on topics of interest in legal medicine, health	0. 396

① 更多信息可见期刊网站：http://jla. oxfordjournals. org/，访问日期：2016 年 10 月 27 日。

② 更多信息可见期刊网站：http://jle. aals. org/home/，访问日期：2016 年 10 月 27 日。

③ 更多信息可见期刊网站：http://www. tandfonline. com/loi/ulgm20，访问日期：2016 年 10 月 27 日。

续表

期刊名	刊物简介	影响因子
	law and policy, professional liability, hospital law, food and drug law, medical legal research and education, the history of legal medicine, and a broad range of other related topics. Book review essays, featuring leading contributions to the field, are included in each issue	
Journal of The Copyright Society of The USA①	The peer-reviewed Journal of the Copyright Society of the U. S. A. (formerly known as the Bulletin of the Copyright Society of the USA) is the leading U. S. law review exclusively devoted to the subject of copyright law. Published four times a year, the Journal includes articles that are chosen by an Editorial Board comprised of the leading professors and practitioners in the field. For nearly sixty years, the Journal has published landmark articles on copyright law by prominent academics, judges, practitioners, and government officials Each issue includes a combination of theoretical articles, notes and summaries of domestic and foreign legislative and administrative developments, and news of important court decisions throughout the world. The Journal also publishes bibliographic data on books, articles and other data from law reviews, related periodicals and trade publications, and contains announcements of interest to the copyright field including news and notices from the Copyright Office	0. 2
Journal of World Energy Law & Business②	The Journal of World Energy Law & Business is the official journal of the AIPN. It is a peer-reviewed journal of record providing objective coverage of relevant issues. It provides high-quality articles that combine academic excellence with professional relevance and will benefit from the expertise of a Board of internationally respected academics, lawyers and other energy professionals The journal publishes articles on legal, business and policy issues in the international energy industry. This includes upstream oil and gas transactions, finance, taxation, regulation, dispute management, alternative energy resources,	0. 306

① 更多信息可见期刊网站：http://www. csusa. org/? page = Journal，访问日期：2016 年 10 月 27 日。

② 更多信息可见期刊网站：https://jwelb. oxfordjournals. org/，访问日期：2016 年 10 月 27 日。

续表

期刊名	刊物简介	影响因子
	energy policy and security and international energy organizations. It publishes six times a year The journal is of interest to legal practitioners, government and international agency officials, experts from professional, industry and non-governmental associations; and academics specializing in energy-related issues	
Journal of World Trade①	The World Trade Review was established at the initiative of the Secretariat of the World Trade Organization (WTO) in close cooperation with Cambridge University Press. It is an independent quarterly journal-the Editor and all but one member of the Editorial Board are drawn from university faculties-that includes articles written from economic, legal, political and inter-disciplinary perspectives on issues of relevance to the multilateral trading system. Priority is given to papers that, along with being academically rigorous, are also accessible to government policy officials and the wider public. The journal also includes shorter articles seeking to rebut or challenge published papers	0.616
Juvenile and Family Court Journal②	The quarterly, peer-reviewed Juvenile and Family Court Journal, published by the National Council of Juvenile and Family Court Judges since 1949, focuses on issues of interest to the field of juvenile and family justice, including child abuse and neglect, juvenile delinquency, domestic violence, substance abuse, child custody and visitation, judicial leadership, and related topics. Judges, court administrators, attorneys, social workers, probation and detention officers, child welfare professionals, and many others working in the field rely on the Journal for the latest research and information on best practices concerning issues affecting children and families	0.087

① 更多信息可见期刊网站：http://www.kluwerlawonline.com/toc.php? pubcode = TRAD，访问日期：2016 年 10 月 27 日。

② 更多信息可见期刊网站：http://onlinelibrary.wiley.com/journal/10.1111/(ISSN)1755 – 6988/issues，访问日期：2016 年 10 月 27 日。

续表

期刊名	刊物简介	影响因子
Law & Policy①	International and interdisciplinary in scope, Law & Policy embraces varied research methodologies that interrogate law, governance, and public policy worldwide. It publishes four times a year Law & Policy makes a vital contribution to the current dialogue on contemporary policy by publishing innovative, peer-reviewed articles on such critical topics as government and self-regulation, health, environment, family, gender, taxation and finance, legal decision-making, criminal justice, and human rights	1. 233
Law Library Journal②	Law Library Journal has been the "official" publication of the Association since 1908. It is published quarterly and distributed to members directly. Scholarly articles on law, legal materials, and librarianship are the mainstay of the journal. Practice-oriented articles, proceedings of the business sessions of the Annual Meeting, and historical record of the profession and Association are also included	0. 643
Medical Law Review③	The Medical Law Review is established as an authoritative source of reference for academics, lawyers, legal and medical practitioners, law students, and anyone interested in healthcare and the law The Review presents articles of international interest which provide thorough analyses and comment on the wide range of topical issues that are fundamental to this expanding area of law. It publishes four times a year	1. 156

① 更多信息可见期刊网站：http://onlinelibrary. wiley. com/journal/10. 1111/(ISSN)1467 – 9930，访问日期：2016 年 10 月 27 日。

② 更多信息可见期刊网站：http://www. aallnet. org/mm/Publications/llj，访问日期：2016 年 10 月 27 日。

③ 更多信息可见期刊网站：http://medlaw. oxfordjournals. org/，访问日期：2016 年 10 月 27 日。

续表

期刊名	刊物简介	影响因子
Medicine Science and The Law①	Medicine, Science and the Law is the official journal of the British Academy for Forensic Sciences (BAFS). It is dedicated to advancing the knowledge of forensic science and medicine. Through a variety of authoritative research articles submitted from across the globe, it covers a range of topical medico-legal issues. The journal keeps readers informed of developments and trends by reporting, discussing and debating current issues of importance in forensic practice. This quarterly journal is a member of the Committee on Publication Ethics (COPE)	0.569
Melbourne University Law Review②	Submissions to the Review are subject to independent, anonymous peer review prior to acceptance for publication. The Review is published three times a year and is managed by an Editorial Board comprising students of the Melbourne Law School at The University of Melbourne The Review publishes articles on all areas of law, as well as case notes, book reviews and review essays. The Review also publishes shorter comment-style pieces in the Critique and Comment section. Occasionally, the Review produces a symposium edition devoted to a particular aspect of law. Past symposium editions of the Review have focused on the centenary of federation, contemporary human rights in Australia, and tort law	0.420
Michigan Law Review③	The Michigan Law Review publishes eight issues annually. Seven of each volume's eight issues are composed of two major parts: Articles by legal scholars and practitioners, and Notes by law students. One issue in each volume is devoted to book reviews Michigan Law Review Online publishes short articles and op-ed style pieces by academics, judges, practitioners, and law students, as well as timely responses to articles in the print journal of the Michigan Law Review. Our online companion quickly disseminates the legal community's initial impressions of important judicial decisions and legislative developments	2.867

① 更多信息可见期刊网站：http://msl.sagepub.com/，访问日期：2016 年 10 月 27 日。
② 更多信息可见期刊网站：http://law.unimelb.edu.au/mulr，访问日期：2016 年 10 月 27 日。
③ 更多信息可见期刊网站：http://michiganlawreview.org/，访问日期：2016 年 10 月 27 日。

续表

期刊名	刊物简介	影响因子
Military Law Review①	The Military Law Review (ISSN 0026 - 4040) is the premier U. S. Armed Forces journal of military legal scholarship. It has been published quarterly by The Judge Advocate General's Legal Center & School (JAGS) since 1958. The Review is designed for use by military attorneys in connection with their official duties, and provides a forum for those interested in military law to share the products of their experience and research	0. 228
Minnesota Law Review②	The Minnesota Law Review is a law review published by students at University of Minnesota Law School. The journal is published six times a year in November, December, February, April, May, and June. It was established by Henry J. Fletcher and William Reynolds Vance in 1917	1. 592
Natural Resources Journal③	The Natural Resources Journal (NRJ) is published by the University of New Mexico School of Law and is an international, interdisciplinary forum devoted to the study of natural and environmental resources. The Journal is policy oriented, and seeks to overcome the isolation of scholars in various disciplines who are concerned with natural and environmental resources. It publishes two issues a year Interdisciplinary collaboration in solving resource-related problems was a formative principle in the creation of the Journal and, for 50 years, the Journal has been guided by that principle. The NRJ's contributors come from various disciplines, represent many countries, and provide many approaches to the complex issues raised by the need to balance resource development and environmental concerns	0. 222

① 更多信息可见期刊网站：https://www. loc. gov/rr/frd/Military_Law/Military-Law-Review-home. html，访问日期：2016 年 10 月 27 日。

② 更多信息可见期刊网站：http://www. minnesotalawreview. org/，访问日期：2016 年 10 月 27 日。

③ 更多信息可见期刊网站：http://lawschool. unm. edu/NRJ/index. php，访问日期：2016 年 10 月 27 日。

续表

期刊名	刊物简介	影响因子
Netherlands Quarterly of Human Rights①	The Netherlands Quarterly of Human Rights (NQHR) is an academic peer-reviewed journal that publishes the latest evolutions in the promotion and protection of human rights from around the world. The NQHR publishes multidisciplinary articles addressing human rights issues from an international perspective. In addition, the Quarterly also publishes recent speeches and lectures delivered on the topic of human rights, as well as a section on new documentation containing descriptions of recent documents and literature in the field of human rights. The Quarterly employs a double-blind peer review process, and the international editorial board of leading human rights scholars guarantees the maintenance of the highest standard of articles published	0. 222
New Yok University Law Review②	Founded in 1924, the New York University Law Review is a generalist journal publishing legal scholarship in all areas, including legal theory and policy, environmental law, legal history, international law, and more. Each year, it publishes issues in April, May, June, October, November, and December. These six issues contain cutting-edge legal scholarship written by professors, judges, and legal practitioners, as well as Notes written by members of the Law Review	2. 191
Northwestern University Law Review③	The Northwestern University Law Review is a student-operated journal that publishes four issues of high-quality, general legal scholarship each year. Student editors make the editorial and organizational decisions and select articles submitted by professors, judges, and practitioners, as well as student pieces	1. 235

① 更多信息可见期刊网站：http://www. nqhr. net/，访问日期：2016 年 10 月 27 日。

② 更多信息可见期刊网站：http://www. nyulawreview. org/，访问日期：2016 年 10 月 27 日。

③ 更多信息可见期刊网站：http://www. northwesternlawreview. org/，访问日期：2016 年 10 月 27 日。

续表

期刊名	刊物简介	影响因子
Notre Dame Law Review①	The Notre Dame Lawyer was organized in 1925. In 1981, the staff of the Lawyer changed the publication's name from the Lawyer to the Notre Dame Law Review, but all generations have remained committed to the original founders' vision of a law review "synonymous with respect for law and jealous of any unjust attacks upon it". Today the Law Review maintains its tradition of excellence, and its membership includes some of the most able and distinguished judges, professors, and practitioners in the country Entirely student-edited, the Law Review offers its members an invaluable occasion for training in precise analysis of legal problems and in clear and cogent presentation of legal issues. In addition, the Law Review affords its members the opportunity to foster scholarly discourse within the legal community. The Law Review seeks to enrich discourse in the legal community, while remaining mindful of the Catholic tradition of justice, a commitment prominently featured in each issue's dedication to Our Lady, Mirror of Justice Each year the Law Review publishes one volume, appearing in five separate issues between November and July. One issue of each volume, Federal Courts, Practice & Procedure, represents a forum for exploring civil practice and procedure in the federal courts	1. 478
Ocean Development and International Law②	Ocean Development and International Law is devoted to all aspects of international and comparative law and policy concerning the management of ocean use and activities. It focuses on the international aspects of ocean regulation, ocean affairs, and all forms of ocean utilization. The quarterly journal publishes high quality works of scholarship in such related disciplines as international law of the sea, comparative domestic ocean law, political science, marine economics, geography, shipping, the marine sciences, and ocean engineering and other sea-oriented technologies. Discussions of policy alternatives and factors relevant to policy are emphasized, as are contributions of a theoretical and methodological nature	0. 459

① 更多信息可见期刊网站：http://ndlawreview.org/，访问日期：2016 年 10 月 27 日。

② 更多信息可见期刊网站：http://www.tandfonline.com/toc/uodl20/current，访问日期：2016 年 10 月 27 日。

续表

期刊名	刊物简介	影响因子
Oxford Journal of Legal Studies①	The Oxford Journal of Legal Studies is published on behalf of the Faculty of Law in the University of Oxford. It is designed to encourage interest in all matters relating to law, with an emphasis on matters of theory and on broad issues arising from the relationship of law to other disciplines. No topic of legal interest is excluded from consideration. In addition to traditional questions of legal interest, the following are all within the purview of the journal: comparative and international law, the law of the European Union, legal history and philosophy, and interdisciplinary material in areas of relevance. It publishes four times a year	0. 887
Queen Mary Journal of Intellectual Property②	Intellectual property law attracts diverse international attention and warrants considered scholarship and analysis. Not only is this an area of detailed practice and study, but also a significant part of each citizen's daily life. From the question of access to products to concerns for the creative and innovative process, this area of law is of considerable interest to scholars and the general public alike. Modern intellectual property practice and scholarship is necessarily interdisciplinary, intersecting not only with other areas of law, but also with cultural and socio-economic approaches to knowledge. Contemporary research considers the operation of intellectual property in the context of human rights, social, political and economic spheres. Engaging the diversity of perspectives on these important issues is essential to comprehensive debate, and it is this richness of debate and interrogation to which QMJIP seeks to participate, by publishing high quality contributions to the field As an extension of the Queen Mary Intellectual Property Research Institute's reputation as one of the foremost centers for intellectual property research and education, QMJIP has become an important forum for quality scholarship in this field, publishing full-length articles as well as analysis pieces and case reports, on a quarterly basis. It publishes four times a year	期刊2016年JCR影响因子为0. 000，5年影响因子为0. 056

① 更多信息可见期刊网站：https://ojls. oxfordjournals. org/，访问日期：2016年10月27日。

② 更多信息可见期刊网站：http://www. elgaronline. com/qmjip，访问日期：2016年10月27日。

续表

期刊名	刊物简介	影响因子
Regulation & Governance①	Regulation & Governance serves as the leading platform for the study of regulation and governance by political scientists, lawyers, sociologists, historians, criminologists, psychologists, anthropologists, economists and others. Research on regulation and governance, once fragmented across various disciplines and subject areas, has emerged at the cutting edge of paradigmatic change in the social sciences. Through the peer-reviewed journal Regulation & Governance, we seek to advance discussions between various disciplines about regulation and governance, promote the development of new theoretical and empirical understanding, and serve the growing needs of practitioners for a useful academic reference Regulation & Governance reaches an international audience, and showcases research addressing the world's most pressing audit and risk challenges, across all fields of regulation. It addresses issues that transcend both intellectual and geographic boundaries and reports empirical results with broad implications. With guidance from an outstanding editorial board and carefully selected reviewers, Regulation & Governance publishes significant new studies of regulatory governance, review articles on major lines of research in the field, and occasional shorter essays exploring new insights and directions for study Published quarterly by Wiley-Blackwell, Regulation & Governance is essential reading for academics, regulators, and legal experts working in business and civil society. The editorial team is committed to open and critical dialogue and encourages scholarly papers from different disciplines, using diverse methodologies, and from all areas of the world	2.724

① 更多信息可见期刊网站：http://onlinelibrary.wiley.com/journal/10.1111/(ISSN)1748-5991，访问日期：2016年10月27日。

续表

期刊名	刊物简介	影响因子
Rutgers University Law Review①	The Rutgers University Law Review is the flagship law journal of Rutgers Law School and is a professional publication devoted to critical discussions of current legal problems. Issued five times a year, it includes lead articles by practitioners and scholars, as well as student contributions in the form of notes and case comments. Each year, the fourth issue of the Law Review is devoted to a survey of state constitutional law and the fifth issue is devoted to a symposium held at the Newark campus	0. 205
Securities Regulation Law Journal②	Featuring articles by noted practitioners and scholars in the field of securities regulation law, Securities Regulation Law Journal provides in-depth coverage of significant trends in legislative, judicial, and regulatory activity. This quarterly journal is a great source for securities specialists, corporate compliance experts, attorneys and accountants representing public companies, securities brokers and dealers, investment bankers and advisors	0. 081
Southern California Law Review③	Established in 1927, the Southern California Law Review is an independent and autonomous entity. Each year the Law Review publishes one volume, which is produced in six separate issues. Each issue normally contains several articles written by outside contributors and several notes written by USC Gould School of Law students. The Law Review strives to publish articles on a wide range of topics and to serve all segments of the legal community. In addition, the Law Review frequently hosts a symposium in order to explore timely or controversial areas of law	1. 063

① 更多信息可见期刊网站：https://www. google. com/#q = Rutgers + Law + Review，访问日期：2016 年 10 月 27 日。

② 更多信息可见期刊网站：http://legalsolutions. thomsonreuters. com/law-products/c/Securities-Regulation-Law-Journal/p/100029157，访问日期：2016 年 10 月 27 日。

③ 更多信息可见期刊网站：http://lawreview. usc. edu/，访问日期：2016 年 10 月 27 日。

续表

期刊名	刊物简介	影响因子
Stanford Law Review①	The Stanford Law Review Online was founded in 2011 to supplement to the Law Review's print editions with short, accessible, and timely pieces of legal scholarship. It publishes six times a year To this day, the Law Review has two principal functions: to educate and foster intellectual discourse among the student membership and to contribute to legal scholarship by addressing important legal and social issues. It serves these dual functions each year through the publication of one print volume with six separate issues—published once a month from January through June. These issues contain original scholarship by, among others, Law Review members, other Stanford Law School students, professors, judges, and practicing attorneys The Law Review is operated entirely by Stanford Law School students and is fully independent of faculty and administration review or supervision. Student Law Review editors select, edit, and publish articles and notes on the cutting edge of legal scholarship. They are trained to critically and comprehensively evaluate submissions. Through a team-editing process, they address each piece's analysis, writing style, research, organization, and accuracy and work closely with authors to improve their work. In addition, student authors who submit notes for publication receive extensive editorial assistance	4. 944
Supreme Court Review②	Since it first appeared in 1960, the Supreme Court Review has won acclaim for providing a sustained and authoritative survey of the implications of the Court's most significant decisions. SCR is an in-depth annual critique of the Supreme Court and its work, keeping up on the forefront of the origins, reforms, and interpretations of American law. SCR is written by and for legal academics, judges, political scientists, journalists, historians, economists, policy planners, and sociologists. It publishes only one issue a year	1. 882

① 更多信息可见期刊网站：https://www.stanfordlawreview.org/，访问日期：2016 年 10 月 27 日。

② 更多信息可见期刊网站：http://www.journals.uchicago.edu/toc/scr/current，访问日期：2016 年 10 月 27 日。

续表

期刊名	刊物简介	影响因子
Texas Law Review①	The Texas Law Review is a national and international leader in legal scholarship. Texas Law Review is an independent journal, edited and published entirely by students at the University of Texas School of Law. Our seven issues per year contain articles by professors, judges, and practitioners; reviews of important recent books from recognized experts, essays, commentaries; and student written notes. Texas Law Review is currently the ninth most cited legal periodical in federal and state cases in the United States and the thirteenth most cited by legal journals	3.947
Tijdschrift Voor Rechtsgeschied-enis-Revue D Histoire Du Droit-The Legal History Review②	The Legal History Review, inspired by E. M. Meijers, is a peer-reviewed quarterly journal and was founded in 1918 by a number of Dutch jurists, who set out to stimulate scholarly interest in legal history in their own country and also to provide a center for international cooperation in the subject. This has gradually through the years been achieved. The Review had already become one of the leading internationally known periodicals in the field before 1940. Since 1950 when it emerged under Belgo-Dutch editorship its position strengthened. Much attention is paid not only to the common foundations of the western legal tradition but also to the special, frequently divergent development of national law in the various countries belonging to, or influenced by it. Modern and contemporary, as well as ancient and medieval history is considered. Roman law and its later development, as well as canon law, have always been particularly important; in addition the history of the English Common Law has been extensively studied	0.031

① 更多信息可见期刊网站：http://www.texaslrev.com/，访问日期：2016 年 10 月 27 日。

② 更多信息可见期刊网站：http://www.brill.com/tijdschrift-voor-rechtsgeschiedenis-revue-dhistoire-du-droit-legal-history-review，访问日期：2016 年 10 月 27 日。

续表

期刊名	刊物简介	影响因子
Transnational Environmental Law①	Transnational Environmental Law (TEL) is a peer-reviewed journal for the study of environmental law and governance beyond the state. It publishes twice a year. It approaches legal and regulatory developments with an interest in the contribution of non-state actors and an awareness of the multi-level governance context in which contemporary environmental law unfolds. TEL has a broad disciplinary focus open to scholarly contributions covering a wide range of environmental issues and the evolving dynamics between environmental law and other legal disciplines. TEL strives for a new generation of environmental scholarship that will bridge geographical boundaries, scholarly styles and generations	0.963
UCLA Law Review②	The UCLA Law Review was founded in December 1953, a few years after the founding of the Law School at UCLA in 1949. The UCLA Law Review is published six times a year by the students of the UCLA School of Law and the Regents of the University of California. The Law Review is a completely student-run organization and all management, editorial, and publication control is vested in its members. The Law Review strives to publish articles of the highest academic quality, while also appealing to the general interests of practicing attorneys, legal scholars, law students, judges, and legislators	2.648
University of Chicago Law Review③	The University of Chicago Law Review is a quarterly journal of legal scholarship. Often cited in Supreme Court and other court opinions, as well as in other scholarly works, it is among the most influential journals in the field. Students have full responsibility for editing and publishing the Law Review; they also contribute original scholarship of their own. The Law Review's editorial board selects all pieces for publication and, with the assistance of staff members, performs substantive and technical edits on each of these pieces prior to publication	1.889

① 更多信息可见期刊网站：https://www.cambridge.org/core/journals/transnational-environmental-law，访问日期：2016年10月27日。

② 更多信息可见期刊网站：http://www.uclalawreview.org/，访问日期：2016年10月27日。

③ 更多信息可见期刊网站：https://lawreview.uchicago.edu/，访问日期：2016年10月27日。

续表

期刊名	刊物简介	影响因子
University of Cincinnati Law Review①	The University of Cincinnati Law Review is a quarterly publication produced by second and third-year law students. The Review, along with its counterparts at all other accredited law schools, makes a significant contribution to scholarly legal literature. In addition, the Review represents the College of Law to the outside community	0. 909
University of Illinois Law Review②	The University of Illinois Law Review is an academic publication published five times per year by the students of the University of Illinois College of Law. The Law Review provides practitioners, judges, professors, and law students with cogent analyses of important topics in the law	0. 990
University of Pennsylvania Law Review③	Founded in 1852 as the American Law Register, the University of Pennsylvania Law Review is the nation's oldest law review, which publishes seven issues a year. The Law Review has both a professional and an educational mission. It serves the legal profession, the bench, the bar, and the academy by providing a forum for the publication of original legal research of the highest quality. We accept and scrutinize approximately 2 000 written submissions annually to select approximately twelve articles in each volume. We also ensure uniformity in the citation of authority in legal scholarship and court documents by cooperating with our peer organizations at Columbia, Harvard, and Yale in the maintenance of The Bluebook: A Uniform System of Citation. The Twentieth Edition of The Bluebook was published on May 1, 2015	2. 987
University of Pittsburgh Law Review④	The University of Pittsburgh Law Review, founded in 1934, is the longest-standing publication of the University of Pittsburgh School of Law. It is produced by students and aims to publish excellent academic scholarship. It publishes four times a year	0. 238

① 更多信息可见期刊网站：http://scholarship. law. uc. edu/uclr/，访问日期：2016 年 10 月 27 日。

② 更多信息可见期刊网站：https://illinoislawreview. org/，访问日期：2016 年 10 月 27 日。

③ 更多信息可见期刊网站：https://www. pennlawreview. com/，访问日期：2016 年 10 月 27 日。

④ 更多信息可见期刊网站：https://lawreview. law. pitt. edu/ojs/index. php/lawreview，访问日期：2016 年 10 月 27 日。

续表

期刊名	刊物简介	影响因子
Urban Lawyer①	The Urban Lawyer is a quarterly journal containing substantive articles about issues such as eminent domain, workplace violence, and arbitrage	0. 148
Vanderbilt Law Review②	The Vanderbilt Law Review is published six times a year (in January, March, April, May, October, and November) by the Vanderbilt Law Review, Vanderbilt University Law School	1. 802
Virginia Law Review③	The Virginia Law Review is a journal of general legal scholarship published by the students of the University of Virginia School of Law. The continuing objective of the Virginia Law Review is to publish a professional periodical devoted to legal and law-related issues that can be of use to judges, practitioners, teachers, legislators, students, and others interested in the law. First formally organized on April 23, 1913, the Virginia Law Review today remains one of the most respected and influential student legal periodicals in the country	2. 194
Washington Law Review④	Established in 1919, Washington Law Review is Washington State's flagship legal publication, evolving from Washington State's bar journal to a nationally ranked law review. Throughout its history, the Review has consistently produced and published meaningful scholarship, serving the legal academy and profession. Law Review has also provided second-and third-year law students with valuable practical experience that serves them well in their future careers. Members have gone on to serve as valued members of the legal profession and academy throughout the country Washington Law Review publishes four issues each year and regularly posts online features. It also hosts an annual symposium on a timely and relevant issue of law; facilitates conversations with visiting legal scholars; and provides opportunities for University of Washington School of Law students to publish scholarship and contribute their original research to the larger legal conversation	0. 946

① 更多信息可见期刊网站：http://www1. law. umkc. edu/Urbanlawyer/，访问日期：2016 年 10 月 27 日。

② 更多信息可见期刊网站：https://www. vanderbiltlawreview. org/，访问日期：2016 年 10 月 27 日。

③ 更多信息可见期刊网站：http://www. virginialawreview. org/，访问日期：2016 年 10 月 27 日。

④ 更多信息可见期刊网站：https://www. law. uw. edu/wlr/，访问日期：2016 年 10 月 27 日。

续表

期刊名	刊物简介	影响因子
Washington Quarterly①	Hosted by the Elliott School of International Affairs and published by Taylor & Francis, The Washington Quarterly is a global security affairs journal providing diverse perspectives on strategic changes, trends, and relations around the world and their public policy implications. It publishes four times a year. It addresses topics such as: the U. S. role in the world, China, India and other emerging great powers, nuclear proliferation challenges including Iran, North Korea, and terrorism, pivotal states such as Pakistan and Turkey, the use of force including the responsibility to protect (R2P) and preemption, regional flashpoints such as the East and South China Seas, Taiwan, and Kashmir, and global political changes such as elections and mass uprisings Contributors are often drawn from outside, as well as inside, the United States and reflect diverse political, regional, and professional perspectives. Essays are authoritative yet written for the global affairs generalist. Members of the analytical, diplomatic, intelligence, media, and policymaking communities value TWQ as a source of incisive, independent thinking about global political and security challenges and policies. TWQ has subscribers in more than 50 countries	0.674
Wisconsin Law Review②	The Wisconsin Law Review is a student-run journal of legal analysis and commentary that is used by professors, judges, practitioners, and others researching contemporary legal topics. The Wisconsin Law Review, which is published six times each year, includes professional and student articles, with content spanning local, state, national, and international topics. In addition to publishing the print journal, the Wisconsin Law Review publishes the Wisconsin Law Review Forward and sponsors an annual symposium at which leading scholars debate a significant issue in contemporary law	1.043

① 更多信息可见期刊网站：https://twq.elliott.gwu.edu/，访问日期：2016 年 10 月 27 日。

② 更多信息可见期刊网站：http://wisconsinlawreview.org/，访问日期：2016 年 10 月 27 日。

续表

期刊名	刊物简介	影响因子
World Trade Review①	The World Trade Review was established at the initiative of the Secretariat of the World Trade Organization (WTO) in close cooperation with Cambridge University Press. It is an independent quarterly journal-the Editor and all but one member of the Editorial Board are drawn from university faculties-that includes articles written from economic, legal, political and inter-disciplinary perspectives on issues of relevance to the multilateral trading system. Priority is given to papers that, along with being academically rigorous, are also accessible to government policy officials and the wider public. The journal also includes shorter articles seeking to rebut or challenge published papers	0.863
Yale Law Journal②	The Yale Law Journal publishes original scholarly work in all fields of law and legal study. The journal contains articles, essays, and book reviews written by professors and legal practitioners throughout the world, and slightly shorter notes and comments written by individual journal staff members. The journal is published monthly from October through June with the exception of February	3.974

第二节 SSCI 法学期刊论文发表经验谈③

作为SCI的"姊妹篇"，SSCI在社科领域的地位举足轻重。在世界上绝大多数国家，职称评定与研究基金申请等都很大程度上取决于论文发表情况，而SSCI论文更是占有特殊的地位。这种情况在国内法学界亦是如此。国外一

① 更多信息可见期刊网站：https://www.cambridge.org/core/journals/world-trade-review，访问日期：2016年10月27日。

② 更多信息可见期刊网站：http://www.yalelawjournal.org/，访问日期：2016年10月27日。

③ 本节主要由FLIA创始人朱绍明博士和李晓郛博士共同整理和编写。

直有“publish or perish”的说法，国内多数情况下也是如此。[①]除了“多写多投稿外”，结合多位FLIA智库专家的经验，本节整理如何在SSCI期刊上发表法学类论文的方法与规则，以期为学者们的出版工作提供一些参考。

（一）选题与内容

选题的确定有三个出发点。一是根据自身研究兴趣和方向，自主确定选题。二是根据当前的国内或者国际热点、焦点进行选题。三是根据目标期刊的近期话题进行选题。对于第一个出发点而言，论文受时效性影响较小；对于第二个和第三个出发点而言，作者必须将发表期限列为重要考虑因素。随着中国在国际社会的影响力日渐提高，与中国法律、经济、社会治理、国际关系等方面相关的话题得到越来越多专家和读者的注意，一些影响因子较高的期刊名字本身就包含“中国”，比如 Journal of Contemporary China 和 The China Quarterly。因此，无论是通过剖析解读某一国内问题，引导西方了解中国或者纠正误区和错误观念，还是通过将国内与其他国家/地区同一问题的不同处理方式进行比较分析，都可能成为重要的学术成果，此类文章比较容易受到编辑与出版商的青睐。

（二）行文与格式

行文方面，除论述要“言之有物”“言之有据”外，能够使用恰当的学术语言也是重要的影响因素。很多论文无法进入国际学术界，并不是因为内容或者逻辑上的问题，往往是由于语言上的瑕疵。在SSCI期刊上发表论文，除需遵守学术规范外，学术英语必须标准流畅。国内作者在英文写作上容易出现语句不连贯、重复累赘等问题，还有搭配不一致的问题，例如主谓不一致、数的不一致、时态不一致及代词不一致等。同时，修饰语错位、句子不

---

① 国内法学院对师资招聘中的SSCI期刊大致可以分为两种态度：第一种是将SSCI期刊列为权威期刊或者（重要）核心期刊，在考核时优先考虑。例如“华侨大学2016～2017学年教师招聘启事”，华侨大学网站：http://rsc.hqu.edu.cn/s/21/t/2039/08/08/info133128.htm，访问日期：2016年12月17日。第二种是将SSCI期刊与CSSCI期刊并列，由学术委员会或者考核部门认定等级。例如，“西南政法大学2016年专任教师招聘启事”，西南政法大学网站：http://zt.swupl.edu.cn/tzgg/123573.htm，访问日期：2016年12月17日。

完整、词性误用等也是几大常见问题。一些初学者对于“such as” “for example”“e. g.”“ i. e.”“ etc.”和“ et al”混淆使用。这些都容易成为投稿文章被“打回”的理由。[①]在格式方面，即便同为英文出版物，美国期刊和欧洲期刊所采用的注释体例也是有所不同（见后文）。另外，美国期刊和欧洲期刊在字数上的要求也有不同。在美国，期刊论文的字数一般不做硬性要求，通常情况是在 10 000 词左右，可多可少；而在欧洲，通常很多期刊会限定字数。

（三）投稿与审稿

与国内不同的是，很多海外期刊，特别是美国期刊一般允许一稿多投。但是，稿件被某一期刊选定后，论文作者如果同意发表，则有义务将此信息告知其投递的其他期刊。在投递方式上，相当部分美国期刊仍采用邮寄或者电子邮箱投稿的方式；还有一些采用网络系统，例如 ExpressO，Scholastica，Sprinter，Elsewere。

在投递期刊方面也有一些技巧。特别是应当确定论文属于哪个法律部门，从而着意查找适合该法律部门的法学期刊。例如，法理学类的论文可以选择 Law And Philosophy；刑法类论文可以选择 Journal of Criminal Law & Criminology。如果论文属于交叉学科，法律与经济交叉范畴内的论文可以选择 Journal of Law & Economics。也可以考虑法学院的 Law Review，这类期刊对于话题限制较小，可作为“兜底”选择。

SSCI 期刊审稿都采用“peer review”（国内翻译为“同行评议”或者同行评审），[②]一般分为三步：编辑/期刊收到稿件后，根据稿件的话题和内容是否符合期刊的基本标准，进行第一次筛选。接下来为盲审，即隐去作者信息，

① 黄龙旺、龚汉忠：“英文论文中‘such as, for example, e. g. , i. e. , etc. , et al.’的用法分析”，载《编辑学报》2008 年第 2 期。

② Peer review 是一种学术成果审查程序，即一位作者的学术著作或者计划被同一领域的其他专家学者评审。一般学术出版单位主要以同行评审的方法来选择与筛选所投送的稿件录取与否，而学术研究资金提供机构，也广泛以同行评审的方式来决定研究是否授予资金、奖金等。同行评审程序的主要目的是确保作者的著作水平符合一般学术与该学科领域的标准。在许多领域著作的出版或者研究奖金的颁发，如果没有以同行评审的方式来进行就可能遭人质疑。

将论文寄送外审专家审读。和SCI期刊类似，SSCI期刊的外审专家可能是一个，也可能是多个，具体情况视不同期刊而定。最后是总编或者执行主编审定，根据近期期刊的整体内容与风格等，决定哪些通过盲审的论文可以最终被录用并发表。

第三节　美国法学类期刊注释体系与方法[①]

参与国际学术交流的前提之一是遵守国际学术规范，而严谨规范的注释作为一项基本的学术素养，也为国际学术界重视。注释规范是一个系统，不仅世界各国对于注释体例的规定各不相同，而且许多国家对自然科学、人文科学以及社会科学等不同学科也会分别采用不尽相同的注释体例。此外，注释规范的内容分类也五花八门，例如论文中引用处的注释规范、书籍/论文后参考书目处的注释规范、脚注规范。

作为全美法学期刊使用次数最多的注释体系，Bluebook由哈佛大学、耶鲁大学、哥伦比亚大学和宾夕法尼亚大学四所法学院的法律评论编委会联合编制，全称是《蓝皮书：统一注释体系》（The Bluebook：A Uniform System of Citation）。该书从1926年第一版时薄薄的26页，经过不断修订和完善，2015年已出版至第20版。[②]美国绝大多数法学院都以Bluebook为注释教材，绝大多数联邦法院也在各类文书中使用以Bluebook为标准的注释体例。现行的Bluebook体系十分精细，全书页数超过500页。本节仅提供脚注的基本范式，而非严格意义的精准范式，旨在使读者对美国学术规范有大致的了解。

（一）判决

判例是美国最重要的法律渊源之一。不同的联邦法院和州法院分别有不同缩写，在不同数据系统中出现的案例判决也有不同的引用格式。其基本格

① 本节主要由FLIA创始人朱绍明博士整理和编写。

② “The Bluebook：A Uniform System of Citation（20th ed. 2015）”，http://sites.uci.edu/lawlibrary/2015/06/bluebook-20th-ed/，访问日期：2016年12月17日。

式可以归纳如下：案例名 逗号 空格 案例号 空格 法庭 空格 开始页码 逗号 空格 引用页码空格（年份）句点

例如：Meritor Sav. Bank v. Vinson, 477 U. S. 57, 60 (1986).

对于中国案例的引用，基本格式如下：案例名称拼音（案例名称中文）［案例名称英文翻译］逗号 空格 案例来源（法庭 空格时间）（China）句点

例如：Wei Qinjian Su Zhongbao Caichan Baoxian Youxian Gongsi Taishan Shi Zhigongsi, Zhongguo Nongye Yinhang Taishan Shi Zhihang Xiachuan Yingyesuo（卫勤俭诉中保财产保险有限公司台山市支公司，中国农业银行台山市支行下川营业所）［Wei Qinjian v. PICCP&C Ltd., Taishan Branch & China Agric. Bank, Taishan Branch, Xiachuan Operation Office］, 1991 SUP. PEOPLE'S CT. GAZ. 101 (SUP. PEOPLE'S CT. 2001) (China).

*注意：在本注释中，案例来源和法庭均为大写字母，但是首字母字体较大，其余字母字体较小。

（二）宪法

对宪法修正案的引用格式基本如下：宪法简写 空格 修正案简写 空格 修正案号 逗号 § 空格 节号 句点

例如：U. S. Const. amend. XIV, § 2.

（三）法律条款

对法律条款的引用体例因法律性质的不同而不尽相同。例如，对于宪法修正案的引用和对于国会通过的法案的引用体例并不相同。在此，仅就引用法律条款的一般基本格式归纳如下：法律文件名 逗号 空格 法律文件号 空格 颁布机构 空格 引用章节 空格（年份）句点

例如：Comprehensive Environmental Response, Compensation, and Liability Act, 42 U. S. C. § § 9601 – 9675 (2006).

（四）书籍

对书籍的引用基本格式如下：作者名 逗号 空格 书名 空格 引用页数 空

格（出版编辑的名字或翻译者的名字（如有）逗号 空格 第几版 空格 出版年份）句点

例如：FRANCIS A. CAREY, ORGANIC CHEMISTRY 310 (Kent A. Peterson et al. eds., 6th ed. 2006).

如果书籍为1900年之前出版，还需包含出版商和出版商所在地，其基本引用格式如下：作者名 逗号 空格 书名 空格 引用页数 空格（出版商所在地 逗号 出版商 出版年份）句点

例如：JAMES FITZJAMES SETPHEN, A HISTORY OF THE CRIMINAL LAW OF ENGLAND 156 –67 (London, MacMillan & Co. 1883).

*注意：在对书的引用中，作者名和书名均为大写字母，首字母字体较大，其余字母字体较小（of、the 等字母字体均较小）。

（五）期刊

对期刊的引用基本格式如下：作者名 逗号 空格 文章标题 逗号 空格 期刊期数 空格 期刊名字 空格 开始页数 逗号 空格 引用页数或页数范围 空格（年份）句点

例如：*David Rudovsky*, *Police Abuse: Can the Violence Be Contained?*, 27 HARV. C. R. –C. L. L. REV. 465, 500 (1992).

*注意：在对期刊的引用中，文章标题为斜体；期刊名均为大写字母，首字母字体较大，其余字母字体较小。

（六）论文集

对论文集的引用基本格式如下：作者名字 逗号 空格 文章标题 逗号 空格 in 空格 文集名字 空格（编者名字 逗号 出版时间）句点

例如：*Andrew G. Ferguson*, *Continuing Seizure: Fourth Amendment Seizure in Section* 1983 *Malicious Prosecution Cases*, *in* 15 NAT'L LAWYERS GUILD, CIVIL RIGHTS LITIGATION AND ATTORNERY FEES ANNUAL HANDBOOK 54 –1 (Steven Saltzman ed., 1999).

*注意：在对论文集的引用中，文章标题为斜体；论文集前的 in 为斜

体；论文集名均为大写字母，首字母字体较大，其余字母字体较小（and、the 等字母字体均较小）。

（七）报纸

对报纸的引用基本格式如下：作者名 逗号 空格 文章标题 逗号 空格 报纸名字 逗号 空格 时间 逗号 空格 at 版面句点

例如：Andrew Rosenthal, White House Tutors Kremlin in How a Presidency Works, N. Y. TIMES, June 15, 1990, at A1.

＊注意：在对报纸的引用中，报纸名字均为大写字母，首字母字体较大，其余字母字体较小。

（八）网络

对网络资源的直接引用基本格式如下：作者名 逗号 空格 文章标题 逗号 空格 网站名 空格（访问时间精确到分钟）逗号 空格 网址 句点

例如：*Eric Posner*, *Moreon Section 7 of the Torture Convention*, VOLOKH CONSPIRACY（Jan. 29, 2009, 10:04 AM）, http://www.volokh.com/posts/1233241458.shtml.

＊注意：在对网络资料的引用中，文章标题为斜体；网站名均为大写字母，首字母字体较大，其余字母字体较小。

（九）缩写规则

缩写规则是注释规范的重要组成部分之一，许多学生因为无法正确辨识缩写而无法获取注释信息或者正确书写注释。在 Bluebook 中，缩写规则体系包括案例名称的缩写、法庭名称缩写、解释短语的缩写、立法文件的缩写、地理名词的缩写、法官和政府人员的缩写、月份的缩写、期刊的缩写、出版术语的缩写、公共机构的缩写和常用法律词汇的缩写。读者可以在写作或者阅读过程中根据以上缩写分类查询具体形式。

例如，Academy 缩写为 Acad.；Court of Appeal 缩写为 C. A.；Pennsylvania 缩写为 Pa.；Arbitrator 缩写为 Arb.；期刊 Journal of Law and Commerce 缩写为

J. L. & COM。

（十）简写规则

简写规则主要包括 Id. 、Supra 和 Infra 的用法。简言之，“Id. ”指的是本脚注与前一个脚注内容相同；“Supra”指的是本脚注与前面某一个脚注内容相同；“Infra”指的是此处所提到的内容与文章稍后某部分相关联。当需要在“Id. ”或者“Supra”后说明与关联脚注的页码不同时，只需添加“at ”页数既可。

除 Bluebook 外，有的法学期刊也适用 Maroonbook 或者 ALWD Citation Manual 注释体例；个别出版社则自行设计注释体例，本书在此不做一一介绍。

附　录[①]

一、国际智库信息

智库	领域	网址
Acton Institute	Religion and Liberty	http://www.acton.org/index/about
American Council for Capital Formation	Economic Policy; Energy & Climate Change Policy; Tax Policy	http://accf.org/
American Foreign Institute	U. S. Foreign Policy Debate	http://www.afpc.org/
American Legislative Exchange Council	Business and Economic Issues	https://www.alec.org/
Arab American Institute	U. S. – Arab Relations	http://www.aaiusa.org/about-institute
Ash Center for Democratic Governance and Innovation	Democratic Governance and Innovation	http://ash.harvard.edu/home
Aspen Institute	Vital Public Policy Issues	https://www.aspeninstitute.org/
Association for Public Policy Analysis and Management	Public Policy Analysis and Management	http://www.appam.org/
Atlantic Council	International Affairs	http://www.atlanticcouncil.org/

① 本附录主要由李晓郛博士根据法律与国际事务学会（FLIA）提供的材料整理和编写。

续表

智库	领域	网址
Baker Institute	Public Policy	http://bakerinstitute.org/
Belfer Center	Science & International Affairs	http://belfercenter.hks.harvard.edu/
Bipartisan Policy Center	Policy Development	http://bipartisanpolicy.org/
Breakthrough Institution	Energy & Environment	http://thebreakthrough.org/
Brooking Institution	Comprehensive field	http://www.brookings.edu/
The Berkeley Roundtable on the International Economy	American Economy	http://brie.berkeley.edu/
Campaign Finance Institute	Campaign Finance Policy	http://www.cfinst.org/default.aspx
Carnegie Endowment for International Peace	International Peace	http://carnegieendowment.org/#slide_1028_iran-deal-s-building-blocks-of-better-nuclear-order
Carr Center for Human Rights Policy	Human Rights Policy	http://carrcenter.hks.harvard.edu/
Carter Center	Peace, Fighting Disease, Building Hope	http://www.cartercenter.org/
Cascade Policy Institute	Public Policy	http://cascadepolicy.org/
Cato Institute	Public Policy (government, free markets and peace)	http://www.cato.org/
Center for A New American Security	New American Security	http://www.cnas.org/
Center for American Progress	Public Policy	https://www.americanprogress.org/
Center for American Women and Politics	American Women and Politics	http://www.cawp.rutgers.edu/
Center for an Urban Future	Policy debate around economic opportunity in New York	https://nycfuture.org/
Center for Civil-Military Relations	Civil-Military Relations	https://my.nps.edu/web/ccmr

二、美国智库信息

国际事务领域（**International Affairs**）

Organization	Specific areas
Acton Institute	Religion and Liberty
Arab American Institute	U. S. – Arab relations
Atlantic Council	International affairs
Belfer Center	Science & International Affairs
Brooking Institution	Comprehensive field
Carnegie Endowment for International Peace	International Peace
Carr Center for Human Rights Policy	Human Rights Policy
Carter Center	Peace, Fighting Disease, Building Hope
Center for Civil-Military Relations	Civil-Military Relations
Center for Global Development	Global Development
Center for International Development-HKS	International Development
Center for International Earth Science Information Network	Human interactions in the environment
Center for International Policy	Global relations
Center for International Trade and Security	International Trade and Security
Center for Reproductive Rights	Human rights
Center for the National Interest	U. S. foreign policy and international affairs
Center for Transatlantic Relations	Transatlantic Relations
Century Foundation	Domestic and foreign policy
Council on Foreign Relations	Foreign Relations
East-West Center	East-West relations
German Marchall Fund	Transatlantic Cooperation
Henry L. Stimson Center	Armed conflict
Hoover Institution on War, Revolution, and Peace	War, Revolution, Peace
Hudson Institute	International relations, economics, health care, technology, culture, law
Human Rights Watch	Human Rights
Institute for Global Ethics	Global Ethics

法律、政治与公共政策领域（**Law, Politics & Public Policy**）

Organization	**Specific areas**
American Foreign Institute	U. S. foreign policy debate
Ash Center for Democratic Governance and Innovation	Democratic Governance and Innovation
Aspen Institute	Vital public policy issues
Association for Public Policy Analysis and Management	Public Policy Analysis and Management
Baker Institute	Public Policy
Bipartisan Policy Center	Policy Development
Cascade Policy Institute	Public Policy
Cato Institute	Public Policy (government, free markets and peace)
Center for American Progress	Public Policy
Center for an Urban Future	Policy debate around economic opportunity in New York
Center for Congressional and Presidential Studies	Congressional and Presidential
Center for Democracy and Technology	Democracy and Technology
Center for Digital Government	Government
Center for Effective Government	Government
Center for Governmental Studies	Government
Center for Housing Policy	Housing Policy
Center for Information Policy Research	Policy, ethical, political, social and legal aspects of the global information society
Center for International and Security Studies at Maryland	Security policy
Center for Law and Social Policy	Law and Social Policy
Center for National Policy	National Policy
Center for New American Security	American Security
Center for Public Integrity	Public Integrity
Center for Public Leadership-HKS	Leadership education

续表

Organization	Specific areas
Center for Public Policy & Administration	Public Policy & Administration
Center for Public Policy Priorities	Public Policy
Center for Security Policy	Security Policy
Center for Strategic and Budgetary Assessments	National security strategy, defense planning and military investment
Center for Strategic and International Studies	Strategy and policy
Center for Voting and Democracy	Voting and Democracy
Center on Budget and Policy Priorities	Budget and Policy Priorities
Center on Public Diplomacy	Public Diplomacy
Dart Center for Journalism and Trauma	Violence and tragedy
Data-Pop Alliance	Politics and Governance
Demos	Public policy
Ethics and Public Policy Center	Ethics and Public Policy
Feinstein International Center	Social, Cultural, Ethical issues
Foreign Policy Research Institute	Foreign Policy Research Institute
Heritage Foundation	Heritage
Homeland Security Studies and Analysis Institute	Security
Hubert H. Humphrey Institute of Public Affairs	Public Affairs

经济领域（Economy）

Organization	Specific areas
American Council for Capital Formation	Economic Policy, Energy & Climate Change Policy, Tax Policy
American Legislative Exchange Council	Business and economic issues
Breakthrough Institution	Energy & environment
Campaign Finance Institute	Campaign finance policy
Center for Responsive Politics	Money in politics
Coalition for Environmentally Responsible Economies	Global economy

续表

Organization	Specific areas
Committee for Economic Development	Economic Development
Competitive Enterprise Institute	Economy
Economic Policy Institute	Economic Policy
Environmental and Energy Study Institute	Environmental & Energy
Global Development and Environment Institute	Environment
Global Institute of Sustainability	Environment
Heartland Institute	Social and economic problems
ICA Institute	Economic growth
Independent Institute	Social and economic issues
Institute for Agriculture & Trade Policy	Agriculture & Trade Policy
Center for Economic Policy and Research	Economic Policy

气候、环境与能源领域（Climate，Energy & Environment）

Organization	Specific areas
Center for Climate and Energy Solutions	Climate and Energy
Center for Climate and Security	Climate and Security
Environmental Law Institute	Environmental Law
Center for Progressive Reform	health，safety，environment
Institute for Energy and Environment Research	Energy and Environment

其他领域（Others）

Organization	Specific areas
Center for American Women and Politics	American Women and Politics
Center for Immigration Studies	Immigration
Center for Complex Operations	Sex Defloration
Center for Education Policy Analysis	Education Policy
Center for Education Policy Research	Education Policy
Center for Health Decision Science	Health

续表

Organization	Specific areas
Center for Information & Research on Civic Learning and Engagement	Civic Learning
Center for State Health Policy	Health
Employment Policies Institute	Employment
Foundation for Economic Education	Education

参考文献

一、图书报告类

［1］琳达·格林豪斯．美国最高法院通识读本［M］．何帆，译．南京：译林出版社，2013．

［2］张巍鸿．美国检察制度研究（第二版）［M］．北京：人民出版社，2011．

［3］邓正来．国家与社会：中国市民社会研究［M］．北京：北京大学出版社，2008．

［4］邓思清．检察权研究［M］．北京：北京大学出版社，2007．

［5］何美欢．论当代中国的普通法教育［M］．北京：中国政法大学出版社，2005．

［6］Randy E. Barnett. Contracts：Cases and Doctrines［M］. New York：Aspen Publishers，2012．

［7］Davis Angela. Arbitrary Justice：The Power of the American Prosecutor New York［M］. New York：Oxford University Press，2007．

［8］Christopher Kelley. Rethinking Presidential Power-The Unitary Executive and the George W. Bush Presidency［R］. Presented at 2005 meeting of the Midwest Political Science Association，2005．

［9］James V. Calvi & Susan Coleman. American Law and Legal Systems［M］. London：Prentice Hall Press，2003．

［10］Richard A. Epstein. Torts（5th ed.）［M］. New York：Aspen

Publishers, 1999.

[11] World Trade Organization: Legal Service Background Note by the Secretariat, S/C/W/43, 6 July 1998.

[12] Richard Mayer. The Elusive Search for Teachable Aspects of Problem Solving, Historical Foundations of Educational Psychology [M]. New York: Plenum Press, 1987.

二、期刊类

[1] 张文剑，刘琪，饶丹雪. 法治人才培养机制创新的现实障碍和路径选择 [J]. 中国高校科技，2016 (9).

[2] 黄进. 如何办好中国特色社会主义法学教育 [J]. 中国高等教育，2016 (7).

[3] 蒋凯. 终身教职的价值与影响因素——基于美国八所高校的经验研究 [J]. 教育研究，2016 (3).

[4] 邓矜婷. 确定先例规则的理论及其对适用指导性案例的启示——基于对美国相关学说的分析 [J]. 法商研究，2015 (3).

[5] 吴玄. 美国白宫法律顾问制度研究 [J]. 环球法律评论，2014 (5).

[6] 李龙博. 兰代尔判例教学法及其法律观 [J]. 法学教育研究，2014 (1).

[7] 秦炜炜. 翻转学习：课堂教学改革的新范式 [J]. 电化教育研究，2013 (8).

[8] 徐立. 美国法学教育及其对我国的启示 [J]. 法学杂志，2012 (12).

[9] 郝茂成. 美国律师管理工作简况 [J]. 中国司法，2011 (8).

[10] 何卫平. 关于"Seminar"方式的意义——兼谈德国大学文科教学中解释学和辩证法的传统 [J]. 高等教育研究，2011 (4).

[11] 汪习根. 美国法学教育的最新改革及其启示——以哈佛大学法学院为样本 [J]. 法学杂志，2010 (1).

[12] Judith A. McMorrow. 美国法学教育和法律职业养成 [J]. 法学家, 2009 (6).

[13] 刘剑. 美国法律现实主义视野下的法学教育 [J]. 当代法学, 2009 (3).

[14] 马印普. 管窥美国高等教育——浅析终身教职制度 [J]. 教育育人, 2008 (18).

[15] 王春梅. 美国大学教师终身聘任制及其启示 [J]. 内蒙古师范大学学报 (教育科学版), 2008 (7).

[16] 黄龙旺, 龚汉忠. 英文论文中 "such as, for example, e. g., i. e., etc., et al." 的用法分析 [J]. 编辑学报, 2008 (2).

[17] 周俊. 美国大学终身聘任制的发展趋势及其对我国的启示 [J]. 教育研究, 2007 (9).

[18] 李金春. 美国大学终身教授的聘后评审制度及其启示 [J]. 中国高教研究, 2007 (8).

[19] 孙建. 美国联邦政府律师制度探源 [J]. 中国司法, 2006 (12).

[20] 张乐平, 路景菊. 美国法学教育对中国法学教育改革的启示 [J]. 河北法学, 2005 (9).

[21] 王保星, 张斌贤. "大学教师终身教职" 的存废之争 [J]. 教育研究, 2004 (9).

[22] 夏建芬. 美国大学教授终身聘任制及其启示 [J]. 大学教育科学, 2004 (1).

[23] 徐家力. 美国检察官在刑事诉讼中的主导作用 [J]. 国家检察官学院学报, 2002 (1).

[24] 王进喜. 美国律师协会《司法行为示范守则 (1990)》评介 [J]. 中外法学, 1999 (4).

[25] Jennifer Segal Diascro & Rorie Spill Solbert. George W. Bush's Legacy on the Federal Bench: Policy in the Face of Diversity [J]. Judicature, 2009, 92 (6).

三、报纸类

[1] 刘桂明. 浅谈美国律师制度 [N]. 民主与法制时报，2016－01－17（12）.

[2] 陈小方. 美国：律师管理多层次注意品德审查 [N]. 法制日报，2015－08－18（7）.

[3] 张德友. 细说美国联邦法院行政管理局 [N]. 人民法院报，2014－07－25（3）.

[4] 孙培军. 美国法官的罪与罚 [N]. 南方日报，2013－09－26（3）.

[5] 丁相顺. 美国的法学教育 [N]. 光明日报，2012－06－02（5）.

[6] 徐爱国. 美国的法官与政党 [N]. 人民法院报，2011－11－11（8）.

[7] 王绽蕊. 美国大学的董事会作用大 [N]. 科学时报，2007－06－19（2）.

[8] 李敏谊. 美国高校终身聘任制何去何从——终身聘任后评审制（Post-Tenure Review）浮出水面 [N]. 科学时报，2003－07－15（2）.

四、公众号

[1] 数说司法（微信公众号：justice_ data）

[2] 智合东方（微信公众号：zhihedongfang）

[3] 法学院申请专家（微信公众号：mylawschool）

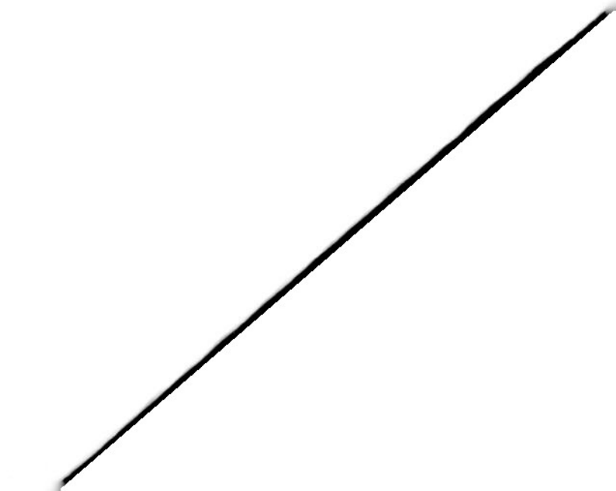

后　记

第一次编辑此类书籍，经验欠缺，如果书稿有不妥当的地方，是劣者的责任。在此特别感谢编委会的付出，还要感谢华东政法大学、上海财经大学法学院和四川理工学院的支持；特别感谢大泰金石集团经理黄欢女士的宝贵意见以及国内首家中外联营律师事务所奋迅·贝克麦坚时的两位法律人唐豪臻和张璇在第三章“律师”部分的答疑；也感谢泉州五中校友黄丹琦女士的帮助，为本书封面提供精美图片。本书系2016年度国家博士后科学基金面上资助项目（批准号2016M591641）和四川省高校人文社会科学重点研究基地基层司法能力研究中心重点项目（批准号JSCF2015－07，“高校法治人才培养创新机制研究”）阶段性成果。

此书系“法律与国际事务学会（FLIA）系列丛书”第二册。FLIA是一家注册于美国哥伦比亚华盛顿特区、辐射全球13个国家和地区的非官方、无党派、独立的学术型、教育型和咨询型智库。本书内容也包括对“法律与国际事务学会（FLIA）系列丛书”第一册——《美国法学院申请攻略》中的一些数据的更新，例如美国律师资格考试的最新变化、美国各州律师资格考试通过率。更多学术版和教育版系列丛书，敬请期待。

2016 年 FLIA 促进国际学术交流大事记

1. 2016 年 6 月 18 日，华东政法大学法治中国研究中心、FLIA 及意大利都灵国际事务研究所在上海联合举办关于司法改革的学术座谈会——“欧美司法制度四人谈”。

2. 2016 年 10 月，FLIA 在美国宾州举办国际学术会议“海牙南海仲裁裁决——法律与外交的趋异（The Hague Ruling on the South China Sea: The Divergence of Law and Diplomacy）”。

3. 2016 年 11 月 21 ~ 22 日，联合国在日内瓦万国宫举行首届“人权、民主与法治论坛”，主题“扩大民主范围：青年在公共决策中的作为”。FLIA 派代表参加了大会，并且在万国宫举办了一场边会。

4. 2016 年 6 月 20 日，FLIA 主席朱绍明、学者 Larry Backer 教授和 Flora Sapio 教授，以及应 FLIA 邀请的清华大学公共管理学院教授、公益慈善研究院院长王名在意大利期刊“Orizzonte Cina”上发表对《中华人民共和国慈善法》的四份评论。

5. 2016 年 4 ~ 10 月，FLIA 主持中国民政部课题“社会组织走出去政策体系研究”，课题结项并获得三等奖。报告包括三个部分：“中国社会组织国际化的政策环境评估与建议”“美国与欧盟地区社会组织国际化研究报告”以及“一带一路战略下的社会组织”。

2017 年 FLIA 还将举办众多促进国际学术交流、教育与合作的活动和项目。4 月 22 ~ 23 日，FLIA 将与英国曼彻斯特大学曼彻斯特商学院经济与人权促进中心（Business and Human Rights Catalyst, Alliance Manchester Business School）以及美国宾夕法尼亚州立大学法律与国际事务学术和职业发展组织

(The Penn State Research and Career Development Network for Law and International Affairs) 合作在美国宾州举办召开国际会议“New International Trade and Investment Rules in the Wake of Globalization and Anti-Globalization (全球化与反全球化浪潮下的国际贸易投资新规则)”。更多活动和项目信息，请关注网站 flia. org 和公众号。